Zwischen Alltag und Ausnahme:
Seelsorgerinnen

Sabine Pemsel-Maier (Hrsg.)

# Zwischen Alltag und Ausnahme: Seelsorgerinnen

Geschichte, Theologie und gegenwärtige Praxis

Schwabenverlag

Die Deutsche Bibliothek – CIP-Einheitsaufnahme
Ein Titeldatensatz für diese Publikation ist bei
Der Deutschen Bibliothek erhältlich

Alle Rechte vorbehalten
© 2001 Schwabenverlag AG, Ostfildern
www.schwabenverlag.de

Umschlaggestaltung: unikat GmbH, Ostfildern
Layout: Joachim Letsch, Stuttgart
Satz: Schwabenverlag MediagmbH, Ostfildern
Herstellung: Freiburger Graphische Betriebe, Freiburg i. Br.
Printed in Germany

ISBN 3-7966-1036-6

# Inhalt

Vorwort    7

SABINE PEMSEL-MAIER
   Seelsorge – Heilssorge – Leibsorge – Menschensorge
   Einige Vorbemerkungen zu einem vieldeutigen Begriff    11

HANNELIESE STEICHELE
   »Auf das Wort der Frau hin kamen sie zum Glauben«
   (Joh 4,39)
   Die Rolle der Frau in der urchristlichen Seelsorge    21

HILDEGARD KÖNIG
   »... eine Frau zum Dienste der Weiber«
   Seelsorge von Frauen an Frauen in frühchristlicher Zeit    40

GISELA MUSCHIOL
   »Den Weinberg der Seele bebauen«
   Seelsorge vom Mittelalter bis zur Gegenwart    58

SABINE PEMSEL-MAIER
   Nicht Lückenbüßerinnen, sondern theologisch legitimiert
   Seelsorge von Frauen im Sinne des
   Zweiten Vatikanischen Konzils    81

ILONA RIEDEL-SPANGENBERGER
   Gesandt und beauftragt
   Kirchenrechtliche Möglichkeiten der Seelsorge
   von Frauen    106

GERTRUD CASEL
   Partizipation – auch in der Kirche
   Seelsorgerinnen im Ehrenamt   *118*

VERONIKA PRÜLLER-JAGENTEUFEL
   In doppelter Differenz: Seelsorge als Frauenberuf
   Von den Seelsorgehelferinnen zur heutigen Situation
   von Frauen in pastoralen Berufen   *139*

SILVIA BECKER
   Eine Chance für die Kirche
   Der spezifische Beitrag von Frauen für die Seelsorge   *165*

Autorinnen   *184*

# Vorwort

*»Ums Himmels willen keine Frau!«*

»Eine Frau ist gestorben, die Angehörigen sind traurig. Selbstverständlich lasse ich alles liegen, rufe die Tochter an (...). Gerne will ich sie besuchen, damit wir über dieses Leben, das nicht mehr ist, sprechen können, über Tod und Auferstehung, über das ewige Leben in Gottes Liebe, und vielleicht gibt es auch Dinge, die schwer geworden sind und wir nun abgeben können. Auch für die Beerdigung selber gibt es noch einiges zu besprechen. – ›Ums Himmels willen!‹ – Was ist denn passiert? – Ich merke, die Tochter ist zutiefst erschüttert und ich weiss nicht warum. ›Halten Sie die Beerdigung?‹ – Da scheint wirklich etwas nicht in Ordnung zu sein! – ›Ja, denn ich bin ihre zuständige Seelsorgerin!‹ – ›Nein, ums Himmels willen keine Frau!‹ schreit die Stimme kanonenartig durch den Hörer. ›Meine Mutter war nämlich eine gläubige Katholikin!‹«[1]

Die Erfahrung, erzählt von einer katholischen Seelsorgerin aus der Schweiz, reizt je nach Stimmungslage und persönlichem Hintergrund entweder zum Lachen oder macht traurig und wütend, vielleicht auch alles zugleich. Auf jeden Fall ist sie symptomatisch. Frauen haben zwar in der Kirche zu allen Zeiten seelsorgliche Aufgaben wahrgenommen. Der Begriff »Seelsorge« war jedoch über Jahrhunderte hinweg so exklusiv mit dem priesterlichen Amt verknüpft, dass die betreffenden Frauen ihn in der Regel für ihr Tun nicht reklamierten und die Gemeinden andere Personen als den Priester nicht damit in Verbindung brachten.

Sowohl die Theologie als auch die Praxis haben diesen Zustand mittlerweile überholt. Seelsorgerinnen begegnen neben dem entsetzten Ausruf »Ums Himmels willen keine Frau« auch dem manchmal verhalten, manchmal ausdrücklich ausgesprochenen Wunsch: »Ich wünsch mir, es käme eine Frau.« Und doch wirken die alte Vorstellung und der frühere Sprachgebrauch lange nach, haben sich in den Köpfen von Männern wie Frauen festgesetzt.

## Zwischen Alltag und Ausnahme

Einerseits sind Frauen heute aus den verschiedenen Feldern der Seelsorge nicht wegzudenken. Andererseits sind Präsenz und Akzeptanz von Seelsorgerinnen nach wie vor keine Selbstverständlichkeit:

Die Tischmutter in der Erstkommunionvorbereitung, die Leiterin der Firmkatechese, die Seelsorgerin am Krankenbett sind ein vertrauter Anblick – doch erregt die Predigerin im Gottesdienst nicht immer noch mehr Aufmerksamkeit als ein Mann, ist die Abteilungsleiterin im Seelsorgeamt für die Bistumspresse nicht immer noch eine Schlagzeile wert?

Die Ordensfrau weiß um ihr Charisma als geistliche Begleiterin – aber fühlt sie sich nicht oft genug als Seelsorgerin zweiter Klasse behandelt?

Die Gemeinde möchte ihre Gemeindereferentin nicht missen – doch sind nicht viele enttäuscht, wenn »nur« sie und nicht der Pfarrer die Beerdigung hält?

Der Vater ist stolz auf seine Tochter, die Theologie studiert – aber kann er sie sich als Predigerin in einem Wortgottesdienst vorstellen?

Frauen engagieren sich ehrenamtlich im Besuchsdienst der Gemeinde – aber kommen sie ernsthaft auf den Gedanken, ihre Tätigkeit als »Seelsorge« zu bezeichnen?

Die Krankenseelsorgerin wird dringend gebraucht – aber ist sie nicht doch mehr oder minder eine Notlösung angesichts mangelnder Priester?

Der Pfarrer vor Ort schätzt Einsatz und Kompetenz der Frauen, ohne die er die regelmäßigen Familiengottesdienste nicht halten könnte – doch verunsichert ihn ihr Engagement nicht gleichzeitig auch?

Und schließlich: Frauen haben Anteil an seelsorglicher Vollmacht – aber bleiben sie letztlich nicht doch von den entscheidenden Vollzügen ausgeschlossen?

*Zu diesem Sammelband*

Das Anliegen dieses Sammelbandes ist es aufzuzeigen: Frauen haben ihren Ort in der Seelsorge, und zwar seit den Anfängen der Kirche. Sie nehmen diese Aufgabe nicht nur als »Lückenbüßerinnen«, sondern theologisch legitimiert, gewollt und begründet wahr. Sie tun dies auf unterschiedliche Weise, als Hauptamtliche und im Ehrenamt. Sie entfalten dabei ungeahnte Möglichkeiten, stoßen aber auch an ungeahnte Grenzen.

Nach einer einführenden Klärung des Begriffs »Seelsorge« (Sabine Pemsel-Maier) zeigt Hanneliese Steichele anhand des Neuen Testaments auf, in welcher Weise Frauen im Urchristentum Seelsorge wahrgenommen haben. Die beiden folgenden Beiträge richten den Blick auf die Geschichte des Christentums: Hildegard König untersucht am Beispiel der Syrischen Didaskalie die Seelsorge von Frauen in der alten Kirche. Gisela Muschiol gibt einen Überblick über seelsorglich tätige Frauen vom Mittelalter bis in die Gegenwart. Die Herausgeberin zeichnet aus der Perspektive der Dogmatik nach, inwiefern das Kirchenverständnis des Zweiten Vatikanischen Konzils die Weichen für die Seelsorge durch Frauen gestellt hat. Ilona Riedel-Spangenberger benennt die Möglichkeiten, die das Kirchenrecht eröffnet. Die Beiträge von Gertrud Casel und Veronika Prüller-Jagenteufel skizzieren zum einen die Situation ehrenamtlicher Seelsorgerinnen, zum anderen die spezifischen Schwierigkeiten und Möglichkeiten von hauptamtlichen Seelsorgerinnen. Am Ende steht ein persönliches Zeugnis. Der Beitrag von Silvia Becker spiegelt ihre individuellen Erfahrungen mit Frauen als Seelsorgerinnen unter anderem in der geistlichen Begleitung wider.

Mein Dank gilt den Autorinnen für vielfältige Gespräche und Anregungen und nicht zuletzt für ihre Bereitschaft, Neues und Ungewohntes anzudenken. Mein Dank gilt ebenso der zuständigen Lektorin beim Schwabenverlag, Frau Gertrud Widmann, die die Entstehung des Buches mit liebevollem Interesse und aufmerksamen Hinweisen begleitet hat.

Das Buch will Wissensdefizite beheben, theologische Grundlagen klären, seelsorgliches Wirken von Frauen früher und heute sichtbar machen, Gewohntes hinterfragen, bestehende

Probleme benennen – und nicht zuletzt den haupt- wie ehrenamtlichen Seelsorgerinnen in der Kirche Mut machen.

Sabine Pemsel-Maier

### Anmerkung

1   Gadenz-Mathys, Pia Elisabeth, »Was meinen Sie, Frau Pfarrer?«, in: Liggenstorfer, Robert/Muth-Oelschner, Brigitte (Hrsg.), (K)Ein Koch-Buch. Anleitungen und Rezepte für eine Kirche der Hoffnung. Festschrift zum 50. Geburtstag von Bischof Dr. Kurt Koch, Freiburg (Schweiz) 2000, 190–194, 191f.

Sabine Pemsel-Maier

# Seelsorge – Heilssorge – Leibsorge – Menschensorge
Einige Vorbemerkungen zu einem vieldeutigen Begriff

Der Begriff »Seelsorge« weckt unterschiedlichste Assoziationen: Trost und Beistand, wenn ein nahe stehender Mensch stirbt – Exerzitien, die neue Lebensorientierung schenken – der Besuch bei einer Kranken – ein Beichtgespräch, das erleichtert und befreit – der alte Pfarrer aus Kindertagen – Begleitung in der Ehekrise – geistliche Gespräche – eine Predigt, die anrührt und nachwirkt ... Ist alles, was im Raum der Kirche geschieht, Seelsorge?

## *Seelsorge ist Heilssorge*

### Die Sehnsucht nach »Ganz-Sein«

Seelsorge ist zuerst und vor allem anderen »Heilssorge«, »Heilsdienst«[1]; ihr Sinn und Ziel ist das Heil des Menschen. Dieses Wort mag in den Ohren vieler abgegriffen oder nach theologischer Sondersprache klingen, sein Inhalt ist für die Menschen von heute ebenso bedeutungsvoll wie vor 2000 Jahren. »Heil-Sein« bedeutet im ursprünglichen Sinn des Wortes soviel wie »Ganz-Sein«. Im englischen Wort »whole«, das sowohl »ganz« als auch »unversehrt, heil« bedeutet, klingt dieser Zusammenhang noch an. In der Sehnsucht nach »Ganz-Sein« oder »Heil-Sein« drückt sich ein Urbedürfnis der Menschen aus. Heil-Sein meint mehr als die Abwesenheit von Gottverlassenheit, Hass, Verzweiflung, Zerstörung, Hunger, Krankheit, Tod und allen Übels. Heil-Sein ist vielmehr der Inbegriff von erfülltem Menschsein.

Gott selbst ist das Heil

Für das Alte und Neue Testament ist das Heil Gott selbst bzw. die Begegnung mit ihm, einem Gott, der den Menschen nicht fremd und fern bleibt, sondern zu ihnen in Beziehung tritt, sich ihnen mitteilt. Umgekehrt ist der Mensch vom Grund seines Wesens her auf die heilmachende Begegnung mit Gott angelegt; darin erfüllt sich seine tiefste – oft verdeckte – Sehnsucht. In der Übersetzung von Gen 17,1 durch den jüdischen Religionsphilosophen Martin Buber scheint dieser Zusammenhang zwischen Gottesbeziehung und Heil- bzw. Ganz-Werden auf. Als Gott mit Abraham den Bund schließt, gibt er ihm eine Weisung mit auf den Weg, die in der Übersetzung der Einheitsübersetzung lautet: »Geh deinen Weg vor mir und *sei rechtschaffen*.« Im Hebräischen steht hier das Wort *tamim*, das »vollkommen«, »vollständig«, »ganz« bedeutet. Entsprechend übersetzt Buber diese Stelle mit »Sei ganz!«[2] Nicht um moralisches Verhalten geht es in erster Linie, sondern um die Aufforderung: »Sei ein Mensch, der sich ganz von seinem Gott erfüllen lässt – und werde dadurch ganz, heil!«

Aus gutem Grund spricht die Theologie von der Geschichte der Offenbarung und Selbstmitteilung Gottes als »Heilsgeschichte«. Aus gutem Grund nennt sie Jesus Christus den »Heiland«, den Heilsbringer, der das Heil als Botschaft vom Reich Gottes nicht nur verkündet, sondern mit seiner ganzen Person verkörpert – in seinen Taten, in seinem Verhältnis zum Vater, in der Art und Weise, wie er sich anderen Menschen zuwendet, bis dahin, dass er sie in den Krankenheilungen seelisch wie körperlich heil macht. Diesen Dienst am Heil fortzuführen, ist die ureigene Aufgabe der Kirche.

Wie heil werden?

Die Kirche des Ostens verstand unter Heil in erster Linie die gnadenhafte Vergöttlichung des einzelnen Menschen, den Gott in einem lebenslangen Prozess erzieht, umwandelt und sich ähnlich macht. Seelsorge bestand vor diesem Hintergrund in der Begleitung dieses Prozesses. Für die Kirche des Westens hingegen bedeutete Heil nahezu ausschließlich Sündenvergebung.

Die Hauptaufgabe von Seelsorge sah man darin, die Menschen der Verdammnis durch die Sünde zu entreißen. Beide Interpretationen hatten etwas Entscheidendes erfasst – und beide standen in der Gefahr, ihre jeweilige Sicht zu vereinseitigen und die andere Perspektive aus dem Auge zu verlieren.

Wurde Seelsorge in den ersten Jahrhunderten vorwiegend als Individualseelsorge betrieben, trat nach dem Wandel der Kirche zur Volkskirche die Konzentration auf den Einzelnen und die Einzelne zurück. Nunmehr waren die ordnungsgemäße Spendung der Sakramente und die gottesdienstliche Versorgung der Gläubigen die vorrangigen Ziele. Die Gegenwart mit ihrem Trend zur Individualisierung auf der einen und den vielfältigen Bedrohungen des Individuums auf der anderen Seite – durch Leistungs- und Profitdenken, wachsende Bürokratisierung und Anonymität, durch die Forderung nach grenzloser Mobilität und Flexibilität – hat zu einer verstärkten Besinnung auf die einzelne Person und damit zu einer Wiederentdeckung der Individualseelsorge geführt. Nicht so sehr die Vergebung von Sünde und Schuld ist es, was Menschen in ihrer Suche nach Heil heute primär umtreibt – wenngleich sie irgendwann unweigerlich zum Thema wird –, sondern viel eher die Frage, wie in einer immer komplexeren und letztlich unüberschaubaren Welt Menschsein gelingen und in Verantwortung vor Gott gelebt werden kann.

*Das mögliche zweifache Missverständnis von »Seelsorge«*

Das Wort »Seel-sorge« birgt die Gefahr von – mindestens – zwei Missverständnissen bzw. Engführungen.

Wo bleibt der Leib?

So könnte es scheinen, als ziele Seelsorge allein auf die Seele des Menschen – wie es dem Leib ergeht, sei dabei völlig nebensächlich. In der Tat ist der Begriff ein Indikator für einen verhängnisvollen Dualismus, der ursprünglich im griechischen Denken beheimatet ist und durch dessen Rezeption ins Christentum Einzug gehalten hat. In der Sicht der griechischen Philosophie ist die ganze Wirklichkeit von zwei gegensätzlichen Prinzipien geprägt: hier die Materie, dort der Geist; hier die konkreten Dinge dieser Welt, dort ihre »Idee«, ein geistiges Strukturprinzip, das selbst nicht greifbar ist, aber in allen Dingen greifbar wird und ihnen erst das Sein verleiht; hier die sichtbare, dort die unsichtbare Welt. Dieser Dualismus setzt sich fort im Menschen: hier der Leib, der vergänglich ist und am Ende des Lebens zerfällt, dort die unsterbliche Seele, die den Tod überwindet. Die Seele galt als das eigentliche Identitätsprinzip, das den Menschen zu dem macht, was er ist, der Leib hingegen als das Untergeordnete und zu Überwindende.

Dieses Menschenbild entspricht nicht dem der Bibel, das die Menschen immer nur als Ganzheit in den Blick nimmt. Altes wie Neues Testament kennen zwar die Begriffe »Fleisch« (hebräisch: »basar«; griechisch: »sarx«) und »Seele« (hebräisch: »nefesch«; griechisch: »psyche«). Doch dienen sie stets zur Bezeichnung des ganzen Menschen unter einem bestimmten Blickwinkel: »Fleisch« ist der Mensch im Blick auf seine Hinfälligkeit – und insofern er sich von Gott abwendet; »Seele« ist er, insofern er sich von Gott erfüllen lässt. Der Mensch *hat nicht* Leib und Seele, sondern er *ist* Leib und Seele; beide sind aufeinander verwiesen und können nicht einfach getrennt werden. Wenngleich das Christentum den griechischen Dualismus zurückgewiesen hat, trat im Zuge der Rezeption der griechischen Philosophie die Seele doch mehr und mehr in den Vordergrund. Die Rede vom »Seelenheil«, von »Allerseelen« oder eben auch von der »Seelsorge« geben ein anschauliches Zeugnis davon. Mittlerweile haben sich die theologische Anthropologie ebenso wie die Psychosomatik schon lange wieder auf die Zusammengehörigkeit von Leib und Seele und die Ganzheitlichkeit des Menschen besonnen. In diesem Sinne zielt auch die »Seelsorge« nicht auf eine Aufteilung, sondern auf den ganzen Menschen. Sie schließt die »Leibsorge« nicht aus, sondern ein. Die konkreten Lebensumstände eines Menschen dürfen ihr so wenig gleichgültig sein wie seine Befindlichkeit. Insofern ist Seelsorge »Menschensorge« im umfassenden Sinn.

### Keine »Expertensorge«

Ein mögliches weiteres Missverständnis löst wie bereits angedeutet der zweite Teil des Wortes – »Sorge« – aus. Seelsorge könnte von daher verstanden werden als ein Geschehen, bei dem die Rollen klar festgelegt sind: Eine Gruppe von »Pastoralexpert(inn)en« sorgt für – d. h. betreut, berät, belehrt, führt – den/die andere(n). In der Tat war dies über Jahrhunderte hinweg das dominierende Seelsorgeverständnis.

Die Theologie der Gegenwart hat demgegenüber eine andere Richtung eingeschlagen, wenn sie betont, dass die ganze Kirche und alle Gläubigen zur Seelsorge berufen sind. Damit veränderte sich auch das Konzept von Seelsorge: Sie ist kein eindimensional ausgerichteter Kommunikationsprozess mit klar festgelegten Rollen, bei dem der/die wissende Seelsorger(in) einem rat- und ahnungslosen Menschen sagen muss, »wo es langgeht«, nicht einfach ein Verhältnis zwischen »Experten« und »Klienten«, zwischen »Geben« und »Nehmen«. Seelsorge ist kein einliniges, sondern ein dialogisches Geschehen, wechselseitige Kommunikation und damit eher Begegnung denn reine Belehrung oder Führung, auch wenn diese für die Einzelnen ein wichtiges Moment im seelsorglichen Prozess darstellen mag.

### Kein besserer Begriff

Ist der Begriff »Seelsorge« angesichts der ihm innewohnenden Missverständnisse also überhaupt geeignet? Trotz aller Einwände hat sich kein wirkliches Ersatzwort eingebürgert. Eine Alternative ist »Pastoral«, abgeleitet vom lateinischen pastor = Hirte, also »Hirtensorge« oder »Hirtentätigkeit«[3]. Allerdings haftet diesem Begriff die Vorstellung vom Hirten, der führt, und der Herde, die geführt wird und ihm hinterherläuft, an. Zudem gibt es keine geeignete Bezeichnung für die Träger der Pastoral – es sind ja gerade nicht nur die »Pastoren«. Der die Sache treffende Begriff »Heilssorge« konnte sich in der Umgangssprache nicht wirklich durchsetzen. So bleibt die theologische Sprache am Ende doch wieder auf das altbekannte Wort »Seelsorge« bzw. auf die sie tragenden und verwirklichenden »Seelsorger« und »Seelsorgerinnen« verwiesen.

*Seelsorge als Begleitung*

Das Material ist das Leben

Das in diesem Buch zugrunde gelegte Seelsorgeverständnis[4] sieht das Wesen von Seelsorge in der Begleitung. Seelsorge betreiben heißt, Menschen mit der ganzen Wirklichkeit ihres Lebens zu konfrontieren, mit seinem Gelingen ebenso wie mit seinem Scheitern, gemeinsam mit ihnen dem Wirken des Geistes Gottes in ihrem Leben nachzuspüren und seine religiöse Dimension zu erschließen. Seelsorge setzt bei den konkreten Erfahrungen an, begleitet und deutet sie. Nicht nur, aber besonders an den Brennpunkten des Lebens, in Situationen der Krise, der Entscheidung und der Neuorientierung, fordern Menschen diese Begleitung ein.

Ein solches Verständnis von Seelsorge ist, so sehr es sich mit aktuellen Bedürfnissen deckt, nicht im eigentlichen Sinne modern, sondern entspricht ganz und gar dem Geist des Neuen Testamentes. Paulus bestätigt dies in seinem Brief an die Gemeinde von Rom: »Ich möchte euch geistliche Gaben vermitteln, damit ihr dadurch gestärkt werden, oder besser: *damit wir, wenn ich bei euch bin, miteinander* Zuspruch empfangen *durch euren und meinen Glauben*« (Röm 1,11f – Hervorheb. v. d. Verf.). Seelsorge lebt damit vom geteilten Glauben bzw. dort, wo sie es mit zweifelnden und suchenden Menschen zu tun hat, von der gemeinsamen Suche nach dem Glauben[5].

Wegführer und Wegführerinnen zu Gott

Karl Rahner hat für diese Gestalt von Seelsorge den Begriff der »neuen Mystagogie«[6] geprägt. War damit ursprünglich im Griechischen die Einführung in das Erleben und Verstehen der kultischen Vollzüge gemeint, versteht Rahner darunter die an der persönlichen Erfahrung anknüpfende Erschließung des christlichen Glaubens. Mystagogische Seelsorge lebt von der persönlichen Glaubenserfahrung, die durch theologisches Wissen bzw. Belehrung nicht ersetzt werden kann. Nur dann kann ein Mensch zum Glauben kommen, »wenn er eine wirklich echte, persönliche religiöse Erfahrung gemacht hat, immer neu macht und darin durch die Kirche eingeweiht wird«[7].

Dabei besteht kein Zweifel, dass nicht die Seelsorger(innen) oder die Kirche diese Erfahrungen »machen« bzw. »leisten«. Sie stellen sie nicht einfach her, sie bewirken und initiieren sie nicht, sondern vor allem Tun der Kirche ist Gott selbst am Werk. Wohl aber können sie zu solchen Glaubenserfahrungen hinführen, sie ermöglichen, sie im Kontext des eigenen Lebens deuten, kurzum: begleiten. In dieser Begleitung besteht ihre spezifische und ureigene Aufgabe. Seelsorger(innen) sind »Wegführer« und »Wegführerinnen« zu Gott – »im Zuhören und Er-Hören, im Mitgehen und Verstehen, im Aushalten von Belastungen und in ihrer Treue bei Misserfolg und Enttäuschung, in der Offenheit, Bereitschaft und in der Fähigkeit, bei allem Ernst des Lebens Humor zu ermöglichen und zu erleben«[8].

Was Karl Rahner mit dem Begriff »Mystagogie« bezeichnet, bringt Rudolf Zerfaß mit einem Bild zum Ausdruck: »Ein Seelenführer gleicht nicht einem Mannschaftsführer oder Industriekapitän, der die Ziele vorgibt, sondern einem Urwaldführer, der eine Expedition begleitet, die selbst ihren Weg festlegt, aber seine Geländekenntnisse in Anspruch nimmt. Er gleicht einem Fahrlehrer, der aufmerksam und risikobewusst mitfährt, aber dem Fahrschüler das Steuer überlässt, damit er selber zu fahren lernt.«[9]

*Eine Kerndimension kirchlichen Handelns*

Alles kann zur Seelsorge werden

Wird Seelsorge im Sinne von Begleitung verstanden, ist sie nicht eine spezielle Aufgabe oder Funktion der Kirche neben anderen, kein segmentierbarer und abgrenzbarer eigener Bereich, sondern eine »Kerndimension« kirchlichen Handelns, ja im Grunde die Grunddimension von Kirche überhaupt[10]. Nicht alles, was in der Kirche geschieht, ist Seelsorge, aber alles kann – muss freilich nicht – seelsorglichen Charakter annehmen. Seelsorge umfasst darum alle Bemühungen, die darauf abzielen, Menschen in ihrem Glauben zu begleiten und so zu Gott zu führen. Dies kann im Rahmen eines Gespräches, bei geistlicher Begleitung und

Exerzitien, in Gottesdienst, Predigt und allen sakramentalen Vollzügen (einschließlich der zugehörigen Katechese), im Dienst an Kranken, Obdachlosen, Gefangenen, Ausländern, Flüchtlingen und Asylbewerbern oder innerhalb sozial-karitativer Dienste wie Telefonseelsorge, Schwangerschafts-, Ehe- und Familienberatung geschehen. Seelsorge hat ihren Sitz im alltäglichen Leben genauso wie in speziellen Konflikt- und Krisensituationen. So unterschiedlich wie die Lebenswirklichkeit von Menschen ist damit auch ihr jeweiliges Gesicht.

In Martyria, Liturgia, Diakonia

Seelsorge ereignet sich damit in allen drei Grundfunktionen der Kirche – »martyria«, liturgia«, »diakonia« –, ohne dass sie sich in einem dieser Bereiche erschöpfen würde oder einem in besonderer Weise zuzuordnen wäre. Sie vollzieht sich als »martyria« in den vielfältigen Formen der Verkündigung und im persönlichen Zeugnis, als »liturgia« in den unterschiedlichen Gestalten des Gottesdienstes und der Feier der Sakramente, als »diakonia« in den verschiedenen sozial-karitativen Angeboten – und eben dadurch unterscheiden sich die diakonischen Angebote und Beratungsstellen der Kirchen von den entsprechenden staatlichen Einrichtungen. Umgekehrt gilt aber auch: Jede dieser Grundfunktionen hat in sich – als Desiderat formuliert: sollte haben – eine seelsorgliche Dimension. Das gilt auch für jene Bereiche, die auf den ersten Blick keine primär seelsorgliche Ausrichtung haben wie etwa der schulische Religionsunterricht, die kirchliche Erwachsenenbildung oder Öffentlichkeitsarbeit.

Explizite und implizite Seelsorge

Seelsorge als Begleitung im Glauben kann ausdrücklich und gezielt geschehen, sei es im Rahmen eines seelsorglichen Berufes, sei es als ehrenamtliches Engagement mit und ohne Ausbildung. Wenn es aber stimmt, dass alles in der Kirche seelsorglichen Charakter annehmen kann, dann gibt es neben dieser expliziten vielfältige Formen einer impliziten Seelsorge. Sie geschieht ohne Amt und ohne Auftrag, nicht ausdrücklich und

nicht immer reflektiert – und ist doch von ihrer Intention her eindeutig Seelsorge.
Nicht nur, aber gerade hier begegnen Frauen. Sie nahmen in der Geschichte Seelsorge vielfach in einem impliziten Sinn wahr, ohne Amt und besonderen Auftrag – und tun es nach wie vor: in der religiösen Begleitung ihrer Kinder, gegenüber der eigenen Familie, im Gespräch mit der Nachbarin, in der selbstverständlichen Begleitung von Kranken und Sterbenden. Dieses vielfältige seelsorgliche Engagement von Frauen gilt es ebenso sichtbar zu machen wie alle Formen von ausdrücklich wahrgenommener Seelsorge.

## Anmerkungen

1 Vgl. die schon einige Jahrzehnte alte, aber nach wie vor grundlegende Bestimmung von Victor Schurr in seinem Artikel »Seelsorge«, in: Rahner, Karl (Hrsg.), Sacramentum mundi. Theologisches Lexikon für die Praxis, Bd. 4, Freiburg 1969, 482 und ff; daran anknüpfend Müller, Philipp, Seelsorge. Begriff und Formen, in: Kasper, Walter (Hrsg.): Lexikon für Theologie und Kirche, Bd. 9, Freiburg 2000, 383f.
2 Die Schrift. Band 1: Die fünf Bücher der Weisung. Verdeutscht von Martin Buber gem. mit Franz Rosenzweig, Darmstadt 1997, 44.
3 Bisweilen wird in der Literatur der Begriff »Pastoral« vor allem auf gemeindliche Aktivitäten bezogen, während »Seelsorge« stärker die individuelle Dimension bzw. die Begleitung Einzelner bezeichnet; diese Unterscheidung wird allerdings nicht einheitlich durchgeführt und auch nicht strikt durchgehalten.
4 Dieses Seelsorgeverständnis ist grundlegend für den Ansatz von Zerfaß, Rudolf, Menschliche Seelsorge, Freiburg 1988, sowie Schmatz, Franz, Lebensbegleitung aus dem Glauben. Wir alle sind Seelsorger/innen, Innsbruck-Wien 1992.
5 Vgl. Wanke, Joachim, »Den Dank vervielfachen, Gott zur Ehre« (2 Kor 4,15): Was in der Seelsorge aufgetragen bleibt, in: Krieger, Walter/Schwarz, Alois (Hrsg.), Amt und Dienst. Umbruch als Chance, Würzburg 1996, 118–133, 132: »Der in unserem Tun geteilte, mitgeteilte oder auch empfangene Glaube ist die innerste Mitte dessen, was wir Seelsorge nennen.«
6 Rahner, Karl, Die Notwendigkeit einer neuen Mystagogie, in: Arnold, Franz Xaver u.a. (Hrsg.), Handbuch der Pastoraltheologie II/1, Freiburg ²1971, 269f. Vgl. auch Knobloch, Stefan/Haslinger, Herbert (Hrsg.), Mystagogische Seelsorge. Eine lebensgeschichtlich orientierte Pastoral, Mainz 1991; sowie Zulehner, Paul M., Denn du kommst unserem Tun mit deiner Gnade zuvor. Zur Theologie der Seelsorge heute. Paul M. Zulehner im Gespräch mit Karl Rahner, Düsseldorf 1984.
7 Rahner, Karl, vgl. Anmerkung 6.

8 Karrer, Leo, Zum Christ-Sein ermutigen. Welche Dienste bzw. Ämter braucht das Volk Gottes heute?, in: Krieger, Walter/Schwarz, Alois (Hrsg.), vgl. Anmerkung 5, 92–117, 116.
9 Zerfaß, Rudolf, Art. »Seelsorge/Seelenführung«, in: Schütz, Christian (Hrsg.), Praktisches Lexikon der Spiritualität, Freiburg 1988, 1119.
10 Dieses Seelsorgeverständnis wurde erstmals vom Begründer der Pastoraltheologie, Linus Bopp, formuliert, insbesondere in seinen beiden Werken »Zwischen Pastoraltheologie und Seelsorgewissenschaft«, München 1937 und »Unsere Seelsorge in geschichtlicher Sendung«, Freiburg 1952.

Hanneliese Steichele

# »Auf das Wort der Frau hin kamen sie zum Glauben« (Joh 4,39)

Die Rolle der Frau in der urchristlichen Seelsorge

Unser Bild vom Urchristentum ist in den letzten Jahrzehnten durch eine Reihe von Untersuchungen zur Rolle der Frau in der Urkirche[1] erheblich lebendiger und präziser geworden. Vor allem zeigte sich, dass Frauen gerade in der Anfangszeit nicht nur Objekte kirchlicher Verkündigung und Mission waren, sondern am Werden und Wachsen der Kirche aktiv Anteil hatten. Im Folgenden soll der speziellen Rolle der Frau in der urchristlichen Seelsorge nachgegangen und diesbezügliche Tätigkeiten und Aufgabenbereiche von Frauen herausgestellt werden. Natürlich wird vieles lückenhaft bleiben, da die neutestamentlichen Quellen in einer patriarchalen Umwelt entstanden sind und von daher die Aktivitäten und Leistungen von Frauen nur in geringem Maße Berücksichtigung finden. Hinzu kommt, dass der Großteil der neutestamentlichen Schriften in der zweiten und dritten Generation nach Jesu Tod verfasst wurde und ihre Wiedergabe der Anfangsereignisse von späteren Deutungen und Entwicklungen beeinflusst und überlagert ist. In Anbetracht dieser Gegebenheiten ist das, was wir im Neuen Testament vom Einsatz der Frauen in der Urkirche berichtet finden, umso erstaunlicher und erfreulicher.

Im Folgenden wird das Seelsorgeverständnis des Neuen Testaments kurz allgemein gekennzeichnet und auf diesem Hintergrund die Vielfalt des seelsorglichen Wirkens von Frauen in der Urkirche, aber auch die restriktive Entwicklung und Einschränkung ihrer Mitwirkung gegen Ende des ersten Jahrhunderts n. Chr. dargestellt.

*Einige Grundlinien und frauenrelevante Aspekte des neutestamentlichen Verständnisses von Seelsorge*

## Zum Begriff »Seelsorge« im Neuen Testament

Obwohl der Begriff »Seelsorge« dem Neuen Testament noch unbekannt ist, begegnen bei Jesus und in der Urkirche vielfältige Handlungen und Vorgehensweisen, die die »Integration von Glauben und Leben«[2] zum Ziel haben und von daher als seelsorglich bezeichnet werden können. Es geht dabei um Bemühungen, die das »Heil« (soteria) des Menschen betreffen, um Hilfestellungen für ein authentisches und erfülltes »Leben« (zoe), um die Befreiung von zerstörerischen Unheilsmächten, um den »Dienst am Wort« ebenso wie um Trösten, Ermutigen, Beten und die Stärkung im Glauben (Mk 1,23ff; Joh 10,10; Apg 6,4; Röm 1,16; Röm 10,1f; Röm 12,8.12; 1 Kor 14,3; Eph 1,13; 1 Thess 5,11.14; 2 Thess 2,13; 1 Petr 1,9; 1 Petr 2,2; u.a.). Leitbild urchristlicher Seelsorge ist immer Jesus und sein heilender Umgang mit den Menschen, seine befreiende Botschaft vom menschenfreundlichen Gott und seine Vision von der neuen Welt des Reiches Gottes.

## Enge Verbindung von Leib und Seele

Da das biblische Menschenbild eine Trennung von Leib und Seele, wie sie für Sokrates und die griechische Philosophie typisch war, nicht kennt, beschränkt sich das seelsorgliche Tun im Neuen Testament nicht auf die Innerlichkeit des Menschen, sondern schließt – wie die Krankenheilungen Jesu zeigen – die Sorge für den Leib sowie die soziale Dimension menschlichen Lebens mit ein. So bezeichnet auch der Begriff »Seele« (griechisch: psyche) im Neuen Testament keinen höheren, unsterblichen Teil des Menschen im Gegensatz zum vergänglichen Körper und Leib, sondern meint den ganzen Menschen in seinem Lebendigsein und seiner Vitalität und ist im Deutschen meist am besten mit »Leben« zu übersetzen. Diese ganzheitliche Sichtweise des Neuen Testaments kommt sehr klar in 1 Thess 5,23 zur Sprache, wo es heißt: »Er aber, der Gott des Friedens, heilige euch ganz und gar und bewahre euren Geist, eure Seele und euren Leib unversehrt, damit ihr ohne Tadel seid, wenn Jesus Christus, unser Herr, kommt.«[3] Nicht nur um die Seele, sondern um das Leben des Menschen geht es auch in dem Jesuswort in Mk 8,36: »Denn was nützt es einem Menschen, die ganze Welt zu gewinnen und sein Leben (= psyche) dabei einzubüßen?« Jesu Frage zielt hier auf ein Leben, das mehr ist als Reichtum und Besitz, aber auch mehr ist als das nackte Überleben. Es geht um eine besondere Qualität von Leben, für die der Mensch sich einzusetzen und Sorge zu tragen hat.

»Da ist nicht mehr Mann und Frau« (Gal 3,28)

Ausschlaggebend für die Rolle der Frau innerhalb der urchristlichen Seelsorge und Verkündigung war die feste Überzeugung der Urkirche, dass mit Jesus die messianische Endzeit gekommen und Gottes neue Schöpfung mitten in dieser Welt angebrochen ist (2 Kor 5,17). Dieses Bewusstsein ermutigte zu einem Aufbruch aus alten Strukturen und zu neuen Formen des Miteinanders. Man sah die Verheißungen der alttestamentlichen Propheten erfüllt, dass Gott einen »neuen Bund« (Jer 31,31) mit dem Haus Israel schließen und ihm einen »neuen Geist« (Ez 36,26) schenken wird, der die bestehenden Schranken nicht nur zwischen den Generationen und den sozialen Klassen, sondern auch zwischen Mann und Frau endgültig überwinden wird. Bestätigt sah man sich in dieser Überzeugung durch die vielen urchristlichen Geistaufbrüche und charismatischen Begabungen, die in der Pfingstszene der Apostelgeschichte eindrucksvoll ins Bild gesetzt und mit Hilfe von Joël 3,1–5 gedeutet worden sind: »Jetzt geschieht es, was durch den Propheten Joël gesagt worden ist: In den letzten Tagen wird es geschehen, so spricht Gott: Ich werde von meinem Geist ausgießen über alles Fleisch. Eure Söhne und eure Töchter werden Propheten sein, eure jungen Männer werden Visionen haben und eure Alten werden Träume haben. Auch über meine Knechte und Mägde werde ich von meinem Geist ausgießen in jenen Tagen und sie werden Propheten sein« (Apg 2,17f). Wie für die Apostelgeschichte gilt auch für Paulus, dass »in Jesus Christus« der neue Äon begonnen hat und deshalb die alten Rollendefinitionen und Privilegien zwischen

Juden und Nichtjuden, Freien und Sklaven sowie Männern und Frauen außer Kraft gesetzt sind (vgl. Gal 3,28). Die Gaben des Geistes werden in dieser messianischen Endzeit allen Getauften ohne Unterschied zuteil (1 Kor 12,11), wobei Paulus bei der Aufzählung dieser Charismen sowohl Gaben der Organisation und Leitung sowie der ekstatischen Zungenrede als auch eine Reihe von Charismen anführt, die dem unmittelbar seelsorglichen und sozial-karitativen Bereich zuzuordnen sind (1 Kor 12,8–10.28 und Röm 12,6–8). Die Grenzlinie verläuft für Paulus bei allen diesen Charismen nicht zwischen Männern und Frauen, sondern ihm ist es wichtig zu betonen, dass keiner im Besitz aller Charismen ist und deshalb eine christliche Gemeinde die unterschiedlichen Geistesgaben aller ihrer Mitglieder benötigt.[4]

In engem Zusammenhang mit dem messianischen Bewusstsein der Urkirche ist auch die neutestamentliche Aussage von der allgemeinen »Priesterschaft« der Gläubigen in 1 Petr 2,9 (vgl. Offb 1,6 und 5,10) zu sehen. Hier wird die alttestamentliche Bestimmung Israels, ein Königreich von Priestern und Gottes heiliges Volk zu sein (Ex 19,6), auf die Kirche Jesu Christi übertragen und damit ebenfalls allen Christen und Christinnen – ungeachtet der sich gleichzeitig herausbildenden kirchlichen Dienstämter – eine besondere Erwählung, Sendung und geistliche Würde zuerkannt. Folge dieses Kirchenverständnisses war eine aktive Beteiligung aller Männer und Frauen am urchristlichen Gemeindeleben und noch keine einseitige Konzentration der Seelsorge auf die kirchlichen »Amtsträger«.

*Die Vielfalt seelsorglicher Tätigkeiten von Frauen im Neuen Testament und im Urchristentum*

Wie wirkten sich die »starken emanzipatorischen Impulse«[5], die durch das messianische Selbstbewusstsein und den Geistaufbruch zu Beginn des Urchristentums freigesetzt wurden, genauerhin auf die Mitwirkung von Frauen am Gemeindeaufbau und in der urchristlichen Verkündigung aus? Interessant ist in diesem Zusammenhang nicht nur die Frage, was uns diesbezüglich an Nachrichten im Neuen Testament erhalten geblieben ist, sondern vor allem auch die Frage, in welchen Bereichen und auf welchen Ebenen Frauen tätig waren und welche Kompetenzen man ihnen zuerkannte.

## Frauen in der Verkündigung des Evangeliums

Alle vier Evangelien beenden ihre Darstellung vom Leben Jesu mit dem Hinweis, dass am Ostermorgen die Frauen, die zum Grab Jesu gekommen waren, als erste die Botschaft von der Auferstehung Jesu vernahmen und als erste mit der Verkündigung dieser Botschaft beauftragt wurden. Diese Osterszene ist für die Bestimmung der Rolle der Frau in der urchristlichen Verkündigung sehr aufschlussreich und steht wie eine Art Vorzeichen vor dem vielseitigen Einsatz der Frauen in der Urkirche. Denn unabhängig von der Frage, was an der Darstellung dieser Osterszene ältere Tradition, was Hinzufügung von Seiten der Evangelisten ist, spiegelt sich in dieser Szene allemal die Bedeutung, die man damals – zumindest im Umkreis der Evangelientraditionen – den Frauen zuerkannte. Dabei fällt zum einen auf, dass der Verkündigungsauftrag, der an die Frauen ergeht, nichts Nebensächliches oder nur Frauenrelevantes, sondern die Auferstehung als Herzmitte und Fundament des christlichen Glaubens zum Inhalt hat. Zum anderen ist interessant, dass als Adressaten der Verkündigung »die Jünger und Petrus« (Mk 16,7) genannt werden und somit die Verkündigung von den Frauen zu den Männern und nicht – wie in den nachfolgenden Jahrhunderten – von den Männern zu den Frauen erfolgt. Gegen die exponierte Stellung, die hier am Ende der Evangelien den Frauen eingeräumt wird, darf nicht das anschließende Schweigen der Frauen ins Feld geführt werden. Dieses Schweigen geht wohl auf die redaktionelle Arbeit des Verfassers des Markusevangeliums zurück und soll aufzeigen, dass Frauen wie Männer in ihrer Jesusnachfolge und ihrem Verkündigungsauftrag versagen können.[6] Auch wird durch das Schweigen der Frauen das Unerhörte und Überwältigende der den Frauen anvertrauten Osterbotschaft nochmals eindrucksvoll hervorgehoben.

Historisch gesehen ist der Einsatz von Frauen bei der urchristlichen Verkündigung des Evangeliums am eindeutigsten in den Paulusbriefen und der Apostelgeschichte belegt. Paulus nennt einige von ihnen betont »Mitarbeiterinnen« (Röm 16,3) und erwähnt lobend, wie sie sich in der Missionsarbeit »abmühten« (1 Kor 16,16; Röm 16,6.12) und für das Evangelium »gekämpft« haben (Phil 4,3). Da Paulus die gleichen Begriffe und Wendungen auch für seine männlichen Mitarbeiter und für sich selbst gebraucht, lässt dies erkennen, dass die Frauen nicht nur als untergeordnete Gehilfinnen, sondern als mitverantwortliche »Arbeitskolleginnen« und Missionarinnen neben Paulus tätig waren.[7] Sie waren am Aufbau von Gemeinden beteiligt (Phil 4,2f), in der Glaubensvermittlung tätig (Phil 1,27) und hatten wie Paulus einen hohen physischen und psychischen Einsatz zu leisten. In Anbetracht ihrer großen Verdienste versichert Paulus, dass ihre Namen »im Buch des Lebens« Aufnahme und Berücksichtigung finden werden (Phil 4,3).

Besonders aufschlussreich ist in diesem Zusammenhang eine Episode, die in Apg 18,24–26 von Priszilla, einer der bedeutendsten Mitarbeiterinnen des Paulus, erzählt wird. Als der hochgebildete und redegewandte Judenchrist Apollos aus Alexandria nach Ephesus kam und über den Weg Jesu zu lehren begann, hörten ihn Priszilla und ihr Mann Aquila, »nahmen ihn zu sich und legten ihm den Weg Gottes noch genauer dar« (Apg 18,26), da er – so heißt es – nur die Taufe Johannes des Täufers kannte. Wie auch immer dieser theologische Sonderunterricht durch Priszilla und Aquila historisch zu beurteilen sein mag, bemerkenswert ist allemal, dass Priszilla hier ganz selbstverständlich als die Lehrerin des großen Apollos fungiert und zusammen mit ihrem Mann dessen Predigt korrigiert. Nach dem Darstellungskonzept der Apostelgeschichte kommt dieser Belehrung offizielle Bedeutung zu, da Apollos auf diese Weise mit der »kirchlichen Lehr- und Verkündigungstradition«[8] vertraut gemacht und in die apostolische Kirche integriert wird.

Dass Frauen in der Urkirche eine zentrale Rolle bei der Vermittlung des Evangeliums innehatten, ist auch im johanneischen Schrifttum vielfach belegt. Dabei wird am Beispiel der Samariterin am Jakobsbrunnen (Joh 4) eindrucksvoll deutlich, dass sich das Johannesevangelium nicht auf die Darstellung der äußeren Verkündigungsarbeit beschränkt, sondern das Hauptaugenmerk auf die Innenseite der Glaubensvermittlung und die persönliche Biographie der in der Verkündigung Tätigen legt. So steht am Anfang des Wirkens der samaritischen Frau die persönliche Begegnung mit Jesus und die Auseinandersetzung mit den Brüchen und Wunden der eigenen Lebensgeschichte. Erst nach diesen persönlichen Erfahrungen macht sich die Samariterin auf den Weg zu den anderen Samaritern, die – so heißt es – »auf das Wort der Frau hin« nun ihrerseits zum Glauben finden (Joh 4,39). Für das Johannesevangelium wird an der Gestalt der Samariterin Grundsätzliches deutlich: dass nämlich gelingende Seelsorge und Verkündigung im persönlich gelebten Glauben gründen und von dort ihre wichtigste Motivation und Überzeugungskraft erhalten.

Das Charisma des Tröstens, des Glaubens und Betens

Neben der Verkündigung des Evangeliums spielen im Neuen Testament bei der praktischen Umsetzung des Glaubens noch viele andere Verhaltensweisen eine zentrale Rolle. Immer wieder ergeht an alle Christen und Christinnen der Appell: »Ermutigt die Ängstlichen, nehmt euch der Schwachen an« (1 Thess 5,14); »tröstet und ermahnt einander« (1 Thess 5,11); »bringt auf den rechten Weg zurück« (Gal 6,1); »belehrt einander« (Kol 3,16). Gemeint ist damit sicherlich keine Bevormundung oder Gängelung einzelner Gemeindemitglieder, sondern gegenseitige Zuwendung und Empathie sowie die Gewährung von Wegbegleitung und Zuspruch in Not- und Krisenzeiten. Gerade in diesen mitmenschlichen Verhaltensweisen wurde die Nachfolge Jesu und seine Botschaft vom menschfreundlichen, barmherzigen Gott konkret (vgl. 2 Kor 1,4). Es wurde deutlich, was Christsein im Alltag bedeutet und worin sich eine christliche Gemeinde von anderen, weltlichen Zusammenschlüssen unterscheidet.

Zum Lebensvollzug der christlichen Gemeinden gehörte ebenfalls von Anfang an das anhaltende Gebet, an dem sich Männer wie Frauen beteiligten (Apg 1,14; 2,42). Es war Frauen möglich, bei den Gemeindegottesdiensten öffentlich Gebete zu sprechen (1 Kor 11,5). Auch waren es teilweise Frauen, die wie

Maria, die Mutter des Johannes Markus, ihr Haus für das gemeinschaftliche Gebet zur Verfügung stellten (Apg 12,12). Nach urchristlichem Verständnis war das Beten ein Einstimmen in das Gebet Jesu und eine Hinwendung zu dem, den Jesus »Abba« nannte. Man war überzeugt, dass nur in der Kraft dieses Gebets das »Geheimnis Christi« so gepredigt werden konnte, dass es die Herzen der Menschen erreichte und sie in ihren Ängsten und Hoffnungen aufrichtete (Kol 4,2).

Abgesehen von diesen allgemein menschlichen und spirituellen Kompetenzen, die nach Auffassung des Neuen Testaments allen getauften Christen und Christinnen zukommen, bringt Paulus in seinen Briefen noch ein besonderes seelsorgliches Charisma des »Glaubens«, des »Tröstens« und des »Heilens« ins Spiel (Röm 12,8; 1 Kor 12,9). Es handelt sich um Befähigungen und Begabungen, die nur bestimmten Männern und Frauen zuteil werden und besondere Geschenke Gottes sind. Wenn Paulus dabei vom Charisma des »Glaubens« spricht, hat er einen Glauben im Blick, der nicht nur im Hören und Aufnehmen der christlichen Botschaft besteht, sondern Berge versetzt und Wunder wirkt (Mk 9,23; Mt 17,20), der sich im Leiden bewährt, nicht aufgibt und wider alle Hoffnung vertraut. Während Paulus selbst vor allem Abraham als den Vater solchen Glaubens ansah, wird zu Beginn des Lukasevangeliums Maria, die Mutter Jesu, als exemplarisch Glaubende herausgestellt, die sich mit ihrem ganzen Frausein auf die Verheißungen Gottes einlässt und eben dadurch zum Vorbild aller Glaubenden wird. Groß und entschieden ist auch das Glaubensbekenntnis der Martha im Johannesevangelium, die trotz des Todes ihres Bruders Lazarus zu bekennen wagt: »Ja Herr, ich glaube, dass du der Messias bist, der Sohn Gottes, der in die Welt kommen soll« (Joh 11,27). Was das von Paulus angeführte besondere Charisma des »Trostes« betrifft, so ist dabei wohl an einen spezifischen Dienst bei den urchristlichen Gemeindeversammlungen und Gemeindegottesdiensten zu denken. Vermutlich war es ein Dienst, der sich von der Lehre und katechetischen Unterweisung unterschied und – dem Predigtdienst ähnlich – die geistliche Stärkung und Auferbauung der Gläubigen zum Ziel hatte.[9]

Für die Urkirche waren diese besonderen seelsorglichen Charismen von unschätzbarem Wert. Sie ermöglichten, dass die Kraft des Glaubens konkret erlebbar und Kirche als ein Raum des heilenden und erfüllten Lebens erfahrbar werden konnte.[10]

Der Einsatz von Frauen im sozial-karitativen Bereich

Dass sich seelsorgliches Handeln im Urchristentum nicht ausschließlich auf den »Dienst des Wortes« beschränkte, sondern den Dienst der konkreten helfenden Tat mit einschloss, wird an vielen Stellen des Neuen Testaments deutlich. Die Apostelgeschichte sieht in diesem sozialen Engagement ein wesentliches Erkennungsmerkmal der Jerusalemer Urgemeinde und beschreibt diese Seite urchristlicher Glaubenspraxis – etwas idealisierend und verallgemeinernd – mit folgenden Worten: »Es gab auch keinen unter ihnen, der Not litt. Denn alle, die Grundstücke oder Häuser besaßen, verkauften ihren Besitz, brachten den Erlös und legten ihn den Aposteln zu Füßen« (Apg 4,34f). Die urchristliche Sorge um die in Not Geratenen umfasste eine Reihe von Tätigkeiten wie die Armen- und Krankenpflege, den »Tischdienst« bei den gemeinsamen Mahlfeiern, die Fürsorge für Witwen, Fremde und Gefangene sowie die Gastfreundschaft für reisende Missionare und Missionarinnen (vgl. Apg 6,1ff; Röm 12,13; Hebr 13,1–3). Dieser sozial-karitative Bereich war gemeinsame Aufgabe aller Christen und Christinnen und alle – Männer wie Frauen – waren zur Mithilfe aufgerufen. Ein herausragendes Beispiel männlicherseits war der Missionar Josef-Barnabas, der seinen Acker zugunsten armer Gemeindemitglieder verkaufte (Apg 4,36). Als besonders eindrucksvolles Beispiel unter den Frauen der Urkirche wird in Apg 9,36–42 eine judenchristliche Frau namens Tabita angeführt, die aus der Hafenstadt Joppe stammte. Obwohl sich ihre Darstellung in der Apostelgeschichte an alttestamentliche Erweckungsgeschichten anlehnt und manche Spuren der Überarbeitung erkennen lässt, werden die Konturen einer besonders vorbildlich engagierten und hilfsbereiten urchristlichen Frau erkennbar. Es heißt von ihr, dass »sie viele gute Werke tat und reichlich Almosen gab« (Apg 9,36). Ebenfalls wird sie als einzige Frau im Neuen Testament explizit als »Jüngerin« bezeichnet. Als sie auf den Tod erkrankte und Petrus herbeigerufen wurde, kamen – so erzählt es die Apostelgeschichte – die Witwen, denen ihre vorrangige Sorge gegolten hatte, und zeigten Petrus weinend die Röcke und Mäntel, die Tabita für sie gemacht hatte. In der wunderbaren Heilung der Frau durch Petrus bestätigt sich für die Apostelgeschichte, dass auf solch einem herausragenden sozialen Engagement der Segen Gottes liegt. Als weitere Frau, die durch ihr soziales Verhalten andere übertraf, wird im Neuen Testament namentlich Phöbe, die Diakonin der Gemeinde von Kenchreä, erwähnt. Paulus bekennt in Röm 16,2, dass sie vielen, darunter auch ihm, ganz persönlich geholfen hat. Der griechische Begriff »Prostatis«, den Paulus dabei gebraucht, kann sowohl »Patronin«, »Vorsteherin« und »Beistand« bedeuten. Das weist darauf hin, dass Phöbe für die gesamte, auch sozial-karitative Gemeindearbeit in Kenchreä zuständig und verantwortlich war.[11]

*Orte des seelsorglichen Wirkens von Frauen*

Die Hausgemeinden

Der wichtigste Ort urchristlichen Gemeindelebens waren die Hausgemeinden. Man traf sich in Privathäusern, die teilweise Frauen gehörten wie z. B. Maria, der Mutter des Johannes Markus, in Jerusalem (Apg 12,12) oder der Purpurhändlerin Lydia in Philippi (Apg 16,15) sowie Nympha in Laodizea (Kol 4,15). Eine christliche Hausgemeinde bestand aus durchschnittlich zwanzig bis vierzig Personen, deren Kern die Familie des Hausbesitzers oder der Hausbesitzerin, ferner Verwandte und Sklaven bildeten, die sich der christlichen Bewegung angeschlossen hatten. Im Mittelpunkt der Zusammenkünfte standen Gebet, katechetische Unterweisung und das gemeinsame eucharistische Mahl. Für die Rolle der Frau in den Hausgemeinden war entscheidend, dass das Haus der natürliche Wirkungsbereich der Frau in der Antike war und dass sich bei diesen Hausgemeinden als »Kirche vor Ort« der private häusliche Bereich und der »kirchliche« Bereich überschnitten. Dadurch war es für Frauen nicht schwer, gleichrangig mit den Männern in der Verkündigung und bei den gottesdienstlichen Feiern eingesetzt zu werden. Jeder und jede trug etwas bei: »einer einen Psalm, ein anderer eine Lehre, der dritte eine Offenbarung; einer redet in Zungen und ein anderer deutet es« (1 Kor 14,26). Ebenfalls wird davon auszugehen sein, dass jene Frauen, die Gastgeberinnen waren und ihr Haus für die gemeindlichen Zusammenkünfte zur Verfügung stellten, »wohl auch ganz selbstverständlich die Gottesdienste geleitet haben«.[12] Seelsorglich gesehen ermöglichten die Hausgemeinden nicht nur intensive persönliche Kontakte, sondern auch eine lebensnahe Verkündigung und effektive Unterstützung der in Not Geratenen.

Die urchristliche Mission

Die Hausgemeinden waren darüber hinaus die wichtigsten Stützpunkte der urchristlichen Mission, die sich im ersten Jahrhundert n. Chr. mit großer Schnelligkeit von Jerusalem nach Damaskus und Antiochien sowie nach Kleinasien, Griechenland und Rom ausbreitete. In den Hausgemeinden trafen sich die Missionare und Missionarinnen; von hier aus ging man in die Synagogen und auf die Marktplätze und brach zu neuen Unternehmungen und Missionsreisen auf. Die Grußliste, die Paulus am Ende seines Römerbriefes anführt, lässt wie kein anderer neutestamentlicher Text erkennen, wie selbstverständlich und intensiv auch Frauen an dieser Missionsarbeit beteiligt waren. Paulus führt allein in dieser Grußliste zehn Frauen an, die wie z. B. Priszilla mit ihrem Mann Aquila viele Reisen unternahmen und weit über ihre Heimatgemeinde hinaus bekannt und anerkannt waren (vgl. Röm 16,4). Nach der Darstellung der Apostelgeschichte blieb allerdings die öffentliche Missionspredigt außerhalb der Hausgemeinden den »zwölf Aposteln« und männlichen Missionaren vorbehalten. Diese Darstellung ist jedoch – unabhängig von der Frage, was damals überhaupt für Frauen gesellschaftlich möglich war – sehr stark von der theologischen Absicht des Verfassers der Apostelgeschichte bestimmt, der die Verkündigung der Urkirche auf ein festes, apostolisches Fundament stellen wollte.

*Die besonderen Funktionen von Frauen in der Urkirche*

Auch wenn es unzulässig ist, von festumrissenen »Ämtern« im Urchristentum im Sinne einer späteren kirchlichen Amtstheologie zu sprechen, so kristallisierten sich doch bereits in den ersten Jahrzehnten nach Jesu Tod bestimmte gemeindliche Funktionen heraus, um die anfallenden pastoralen Aufgaben zu meistern. Im Folgenden werden jene Funktionen dargestellt und erläutert, die nachweislich und durch neutestamentliche Aussagen bestätigt auch von Frauen wahrgenommen wurden.

## Diakonin

Zweimal wird im Neuen Testament auf Frauen verwiesen, die als Diakoninnen tätig waren: Zum einen erwähnt Paulus in Röm 16,1f höchst lobend die »Schwester Phöbe, Diakonin in der Gemeinde von Kenchreä«. Zum anderen spricht viel dafür, die in 1 Tim 3,11 erwähnten Frauen nicht als die Ehefrauen der zuvor genannten männlichen Diakone zu verstehen, sondern als Frauen, die ihrerseits die Funktion des Diakons übernommen hatten.[13] Wie es zur Herausbildung des Diakonendienstes im Urchristentum kam, lässt sich nicht mehr ganz eindeutig rekonstruieren. Nach Darstellung der Apostelgeschichte (Apg 6,1ff) waren es Engpässe in der Witwenversorgung, die es notwendig machten, die sozial-karitativen Aufgaben besonderen Gemeindemitgliedern zu übertragen. Auffällig ist dann allerdings, dass die hierfür ausgewählten sieben Männer (Apg 6,3), zu denen so bedeutende Persönlichkeiten wie Stephanus und Philippus gehörten, als Personen »voll Geist und Weisheit« gekennzeichnet werden und in der Folgezeit keineswegs nur »den Dienst an den Tischen« besorgten, sondern voll mit in der Verkündigung und Missionsarbeit tätig waren. Sicherlich wirft diese Darstellung der Apostelgeschichte viele Fragen auf und ist der historische Verlauf der Ereignisse nur ungenau wiedergegeben. Interessant ist allerdings, dass das Wort »diakonein« auch sonst im Neuen Testament in einer großen Bedeutungsbreite verwendet wird und neben der Grundbedeutung »für den Tischdienst sorgen« die konkret gelebte Jesusnachfolge und den Einsatz für das Evangelium bezeichnet. In Anbetracht dieses

Sachverhalts lässt sich vermuten, dass auch der urchristliche Dienst des Diakons und der Diakonin mehrere Aufgabenbereiche umfasste und neben der materiellen Versorgung der Bedürftigen zusätzlich den Dienst in der Verkündigung beinhaltete.[14] Leider macht das Neue Testament keine exakteren Angaben zu den Arbeitsschwerpunkten der Diakone und Diakoninnen. Aus der Forderung ihrer »Prüfung« und der Erwartung einer tadellosen Lebensführung (vgl. 1 Tim 3,8–10) ergibt sich allerdings, dass »ihr Rang in der Gemeinde nicht unbedeutend war, dass sie also eine durchaus wichtige Stellung im Rahmen der Verkündigung und der Glaubensweitergabe einnahmen«[15]. Wegweisend ist in diesem Zusammenhang auch die Aussage von 1 Tim 3,9, dass die Diakone »mit reinem Gewissen am Geheimnis des Glaubens festhalten sollen«. Sie waren demnach mit dafür zuständig und verantwortlich, dass das Evangelium Jesu unverfälscht und unverkürzt weitergegeben wurde. Das aber heißt, dass sich ihre Tätigkeit nicht auf die materielle Versorgung Bedürftiger beschränkte, sondern in eine entsprechende Glaubenshaltung und Spiritualität eingebettet war.

»Gemeindewitwe«

Zurückgehend wohl auf die besondere Fürsorge, die die Witwen von Anfang an in den christlichen Gemeinden erfuhren, bildete sich aus dieser Gruppe ein eigener Stand mit besonderen gemeindlichen Aufgaben heraus. In 1 Tim 5,3–16 werden einige der Kriterien und Aufnahmebedingungen angeführt, welche eine »wirkliche Witwe«, also eine von der christlichen Gemeinde als Angehörige dieses besonderen Standes anerkannte Witwe, zu erfüllen hatte. Sie musste, so heißt es, mindestens sechzig Jahre alt und – nach nur einmaliger Heirat – alleinstehend sein. Außerdem musste sie sich in Werken tätiger Nächstenliebe bewährt haben (1 Tim 5,9.10). Waren alle diese Voraussetzungen gegeben, konnte sie »in die Liste der Witwen« eingetragen und damit in die Gruppe der offiziellen Gemeindewitwen aufgenommen werden. Dass es sich dabei in erster Linie um einen Stand mit religiös-geistlicher Ausrichtung handelte, lässt sich nicht nur aus dem »Treueversprechen« schließen, das diese Witwen Christus gegeben haben (V. 12), sondern auch aus ihrer Bereitschaft, besondere Zeichen christlicher Hingabe wie die Fußwaschung auszuführen (V. 10) und ihr Leben ganz auf Gott hin auszurichten (V. 5). Da die Hauptaufgabe der Gemeindewitwe im »beharrlichen und inständigen Gebet bei Tag und Nacht« (V. 5) bestand, war sie gewissermaßen eine »hauptamtliche Beterin«[16] mit vermutlich festen Gebetszeiten und Gebetsverpflichtungen. Als Gegenleistung kamen die christlichen Gemeinden für ihren Unterhalt auf. Im Lukasevangelium wird im Rahmen der Kindheitsgeschichte Jesu die hochbetagte Prophetin Hanna, die nur wenige Jahre verheiratet war und sich dann »ständig im Tempel aufhielt und Gott Tag und Nacht mit Fasten und Beten diente« (Lk 2,36–38) als Vorbild und Idealtyp einer solchen christlichen Witwe gezeichnet. Manche Bibelwissenschaftler sehen in diesem urchristlichen Witwenstand eine »Vorform späterer religiöser Gemeinschafts- und Ordensbildungen«[17].

Apostolin

Während in den Aposteln listen der Evangelien ausschließlich Männer angeführt werden (Mk 3,16–19par) und das Lukasevangelium aus theologischen Gründen den Kreis der Apostel auf jene »Zwölf« einschränkte, die von Jesus als die Repräsentanten des endzeitlichen Israel ausgewählt worden waren, ist historisch gesehen davon auszugehen, dass der Kreis der Apostel größer und vielschichtiger war. Er umfasste sowohl jene, die sich wie Paulus durch eine Erscheinung des Auferstanden berufen wussten (1 Kor 9,1; 15,8), als auch jene, die im Auftrag einer Gemeinde zur Verkündigung des Evangeliums ausgesandt waren (Apg 14,14; 1 Kor 12,28; 2 Kor 8,23; Phil 2,25). Außerdem bezeugt Paulus in Röm 16,7, dass zu diesem erweiterten Kreis der Apostel nicht nur Männer, sondern auch eine Frau namens Junia gehörte. In den Übersetzungen und Römerbriefkommentaren wurde diese Junia allerdings bis in die jüngste Gegenwart als ein Mann namens Junias gedeutet, obwohl jegliche Belege für einen Männernamen Junias in der Antike fehlen und die kirchliche Tradition bis ins 13. Jahrhundert in Junia die Frau des ebenfalls von Paulus in Röm 16,7 angeführten Andronikus gesehen hat.[18] Nach Aussage des Paulus stammten beide – Junia und Andronikus – aus dem Judentum und waren noch vor Paulus, also in den allerersten Stunden der Urkirche, Christen geworden. Vor allem aber bescheinigt Paulus beiden, dass sie »einen hervorragenden Platz unter den Aposteln einnahmen« und somit zu den führenden judenchristlichen Missionaren der Urkirche neben Paulus gehört haben dürften. Wörtlich übersetzt heißt »Apostolos« Gesandter und bezieht sich zunächst auf eine Evangeliumsverkündigung, die sich von Jesus Christus gesandt und autorisiert weiß. Da im Gesandten zugleich aber auch der ihn Sendende präsent und wirksam ist, hat der Apostel Jesu Christi teil am Schicksal seines Herrn und unterliegt wie dieser Leiden, Anfechtungen und Misshandlungen. So kommt es nicht von ungefähr, dass auch Junia und Andronikus, wie Paulus in Röm 16,7 erwähnt, mit Paulus um des Evangeliums willen im Gefängnis waren. Über den genauen Einsatz- und Aufgabenbereichbereich von Junia und Andronikus erfahren wir keine weiteren Details. Grundsätzlich kann aufgrund von Röm 16,7 davon ausgegangen werden, dass Frauen in der Anfangszeit des Christentums auf allen Ebenen seelsorglich und pastoral tätig waren.[19]

Prophetin

Gerade im Charisma der Prophetie wurde nach urchristlichem Verständnis der mit Jesus begonnene eschatologische Neubeginn in besonderer Weise sichtbar und erfahrbar. Dabei ging man ganz selbstverständlich davon aus, dass dieses Charisma auch Frauen gegeben war und dass dementsprechend in den christlichen Gemeindeversammlungen Frauen ebenso wie die Männer öffentlich prophetisch redeten (1 Kor 14,3). Neben dem allgemeinen prophetischen Charisma gab es Personen mit einer besonderen Prophetengabe, die zum Teil einzeln, zum Teil als Gruppe auftraten. Die Apostelgeschichte erinnert an die urchristlichen Propheten Agabus, Silas und Judas sowie an die vier prophetisch begabten Töchter des Evangelisten Philippus, die in Cäsarea wohnten und – wie Apg 21,8f andeutet – mit Paulus in Kontakt standen. Ebenfalls werden Propheten in Antiochien (Apg 13,1f) oder innerhalb der korinthischen Gemeinde (1 Kor 12,28) erwähnt. Fragt man nach dem spezifischen Aufgabenbereich dieser urchristlichen Propheten und Prophetinnen, so erschloss sich ihnen das Wort Gottes in besonderer Unmittelbarkeit und sie redeten »vom heiligen Geist getrieben im Auftrag Gottes« (2 Petr 1,21). In der Tradition der Propheten und Prophetinnen Israels stehend zeichneten sie sich durch freimütige Rede (Apg 4,29.31) und durch die Fähigkeit aus, wie die hochbetagte Prophetin Hanna die Ereignisse im Lichte des Heilshandelns Gottes zu deuten. Eben dadurch führte die Gabe der Prophetie zu Auferbauung, Trost und Ermutigung (1 Kor 14,3). Für Paulus wirkte sich die Prophetie darüber hinaus noch – anders als die rein ekstatische, unverständliche Zungenrede – positiv auf Ungläubige und im Glauben Unkundige aus; denn da ihr die Gabe der Herzenskenntnis gegeben war und sie »aufdeckte, was im Herzen des Menschen verborgen ist« (1 Kor 14,25), vermochte sie den Menschen mit sich selbst, seinem Gewissen und dem lebendigen Gott in Berührung zu bringen (1 Kor 14,24f). Das Urchristentum musste allerdings auch die Erfahrung machen, dass das Charisma der Prophetie nicht ungefährlich ist und es einer besonderen Gabe der »Unterscheidung der Geister« sowie einer deutlichen Abgrenzung gegenüber Falschpropheten und Falschprophetinnen bedurfte. So wird in Offb 2,20 vor der Falschprophetin Isebel gewarnt, die angeblich zur Unzucht und zum Essen von Götzenopferfleisch verführte.

*Einschränkungen der seelsorglichen Aktivitäten von Frauen gegen Ende des ersten Jahrhunderts*

War die Mitwirkung von Frauen in Verkündigung und Mission in den ersten Jahrzehnten nach Jesu Tod völlig selbstverständlich und unproblematisch, so erfolgten gegen Ende des ersten Jahrhunderts n. Chr. erhebliche Einschnitte und Einschränkungen. Den christlichen Frauen wurde nicht nur das Lehren, sondern auch das Reden in den Gemeindeversammlungen verboten und eine strikte Unterordnung unter die Männer gefordert.

Ihren Niederschlag erfuhr diese Entwicklung in Texten wie 1 Tim 2,9ff; Tit 2,3ff; Eph 5,22f; Kol 3,18 und 1 Petr 3,1ff. Diese Texte stammen alle aus der Zeit um 100/110 n. Chr. und spiegeln die Situation und die Probleme der christlichen Gemeinden am Ausgang des ersten Jahrhunderts wider. Diese späte Entstehungszeit gilt nach Auffassung vieler Exegeten und Exegetinnen ebenfalls für 1 Kor 14,33b-36, wo es heißt: »Wie in allen Gemeinden der Heiligen sollen die Frauen in den Gemeindeversammlungen schweigen; denn nicht ist ihnen erlaubt zu reden, sondern sie sollen sich unterordnen, gleichwie auch das Gesetz sagt.« Dieser Text stammt nicht von Paulus und dürfte erst im Nachhinein in den Korintherbrief eingefügt worden sein. Dafür spricht, dass diese Passage nicht nur den unmittelbaren Textzusammenhang stört, sondern auch in deutlichem Widerspruch zu vielem steht, was gerade Paulus über das herausragende Wirken von Frauen in der Urkirche mitteilt.

Gründe für die Zurückdrängung

Mehrere Gründe waren es, die zum Zurückdrängen der Frauen am Ausgang des ersten Jahrhunderts n. Chr. führten: Zum einen ließ die messianische Hochspannung der Anfangszeit unmittelbar nach Jesu Tod nach, was ganz unwillkürlich zu einer Anpassung der christlichen Gemeinden an die jüdisch-hellenistische Umwelt und ihre patriarchalen Ordnungsstrukturen führte. Zum anderen verstand sich die Kirche zunehmend als ein »großes Haus«, in dem – den Regeln des antiken Hausstandes entsprechend – die Männer als die »Hausherren« (oikodespotes) galten und die Frauen sich unterzuordnen hatten. Hinzu kam außerdem, dass sich die urchristlichen Gemeinden von aufkommenden Irrlehren, vor allem der Gnosis, abzugrenzen hatten. Da gerade die Gnosis sehr frauenemanzipatorisch ausgerichtet und die Lehrtätigkeit von Frauen in gnostischen Kreisen weit verbreitet war, geriet das öffentliche Wirken von Frauen in den christlichen Gemeinden alsbald unter Häresieverdacht.[20] Einen engen Zusammenhang zwischen der Gnosis und dem Zurückdrängen der urchristlichen Frauen aus der aktiven Verkündigungstätigkeit lässt auch die Polemik des Kirchenvaters Tertullian erkennen, der den gnostisch beeinflussten Frauen bescheinigt, dass sie »frech und anmaßend sind. Sie unterstehen sich zu lehren, zu disputieren, Exorzismen vorzunehmen, Heilungen zu versprechen, vielleicht auch noch zu taufen ...«[21] Die Eindringlichkeit, mit der die Pastoralbriefe die christlichen Frauen zum Schweigen und zur Unterordnung drängen, lässt allerdings die Vermutung zu, dass es auch weiterhin innerkirchliche Gruppierungen und Frauen gab, die nicht bereit waren, diese restriktiven Entwicklungen hinzunehmen. Elisabeth Schüssler-Fiorenza weist deshalb in ihrer bedeutsamen Untersuchung zur Frau im Urchristentum[22] mit Recht darauf hin, dass die diesbezüglichen Passagen in den Pastoralbriefen »präskriptiv« und nicht »deskriptiv« seien und deshalb den Wunsch ihrer Verfasser, aber nicht unbedingt die Realität widerspiegeln.

»Veramtlichung« der Seelsorge

Die Linie der Pastoralbriefe mit ihrer Einschränkung der Frauenaktivitäten setzte sich in den nachfolgenden Jahrhunderten im Raum der Kirche immer weiter durch und führte zu einer »Veramtlichung der Seelsorge« und einer fast ausschließlichen Bindung der Seelsorge an das Bischofs- und Priesteramt. Dadurch wurden die emanzipatorischen Aufbrüche der Jesuszeit und der große Anteil, den die urchristlichen Frauen am Aufbau der Kirche hatten, überdeckt und aus dem Gedächtnis verdrängt. Erst im Zuge der Frauenbewegung und der christlichen Frauenforschung der letzten Jahrzehnte kommen die Frauen als Trägerinnen der urchristlichen Mission und Verkündigung wieder neu ans Tageslicht und vermögen uns Frauen heute Ansporn und Vorbild zu sein.

## Anmerkungen

1 Vgl. Schüssler-Fiorenza, Elisabeth, Zu ihrem Gedächtnis ... Eine feministisch-theologische Rekonstruktion der christlichen Ursprünge, Mainz 1988; Dautzenberg, Gerhard/Merklein, Helmut/Müller, Karlheinz (Hrsg.), Die Frau im Urchristentum. Quaestiones disputatae 95, Freiburg i. Br. 1983.
2 Tiemann, Ingeborg, Artikel »Frauenseelsorge«, in: LThK IV, [3]1995, 81.

3 Vgl. Möller, Christian, Entstehung und Prägung des Begriffs Seelsorge, in: ders. (Hrsg.), Geschichte der Seelsorge in Einzelporträts, Bd. 1, Göttingen 1994, 14.
4 Vgl. Klauck, Hans-Josef, Gemeinde – Amt – Sakrament: neutestamentliche Perspektiven, Würzburg 1989, 223 und 232–234.
5 A.a.O., 210.
6 Vgl. Melzer-Keller, Helga, Jesus und die Frauen: Eine Verhältnisbestimmung nach den synoptischen Überlieferungen, Freiburg 1997, 62ff.
7 Vgl. Ollrog, Wolf-Henning, Paulus und seine Mitarbeiter: Untersuchungen zu Theorie und Praxis der paulinischen Mission, Neukirchen-Vluyn 1979.
8 Weiser, Alfons, Die Apostelgeschichte Kapitel 13–28, Ökumenischer Taschenbuchkommentar zum Neuen Testament Bd. 5/2, Würzburg 1985, 510.
9 Vgl. Theobald, Michael, Römerbrief Kapitel 12–16, Stuttgarter Kleiner Kommentar Neues Testament 6/2, Stuttgart 1993, 45.
10 Vgl. Wilckens, Ulrich, Der Brief an die Römer (Röm 12–16), Evangelisch-Katholischer Kommentar zum Neuen Testament VI/3, Neukirchen-Vluyn ²1989, 16.
11 Vgl. Anmerkung 9, 225f.
12 Weiser, Alfons, Die Rolle der Frau in der urchristlichen Mission, in: Dautzenberg, Gerhard u.a., Anmerkung 1, 174.
13 Vgl. Oberlinner, Lorenz, Die Pastoralbriefe. Erste Folge: Kommentar zum 1. Timotheusbrief, Herders theologischer Kommentar zum Neuen Testament XI/2, Freiburg 1994, 139.
14 Vgl. a.a.O., 133f.
15 A.a.O., 138.
16 Roloff, Jürgen, Der Erste Brief an Timotheus, Evangelisch-Katholischer Kommentar zum Neuen Testament XV, Neukirchen-Vluyn 1988, 290.
17 A.a.O., 302.
18 Vgl. Anmerkung 10, 135f.
19 Vgl. Anmerkung 4, 235.
20 Vgl. a.a.O., 244.
21 Tertullian, De praescriptione haereticorum 41; zitiert in Anmerkung 4, 244.
22 Schüssler-Fiorenza, Elisabeth, Anmerkung 1, 376.

## *Literatur*

Bühler, Marianne/Enzner-Probst, Brigitte/Meyer-Wilmes, Hedwig/Steichele, Hanneliese, Frauen zwischen Dienst und Amt. Frauenmacht und -ohnmacht in der Kirche. Beiträge zur Auseinandersetzung, Düsseldorf 1998.

Schottroff, Luise/Wacker, Marie-Theres (Hrsg.), Kompendium Feministische Bibelauslegung, Gütersloh 1998.

Schüssler-Fiorenza, Elisabeth, Zu ihrem Gedächtnis ... Eine feministisch-theologische Rekonstruktion der christlichen Ursprünge, Mainz 1988.

Hildegard König

## » ... eine Frau zum Dienste der Weiber«
### Seelsorge von Frauen an Frauen in frühchristlicher Zeit

*Eine Spurensuche*

Wer nach der Seelsorge von Frauen an Frauen in der Frühzeit der Kirche sucht, begibt sich auf unerschlossenes Terrain mit all den Risiken, die ein solches Unternehmen üblicherweise zeitigt. Es gibt keine angelegten Wege: Das Thema »Seelsorge« wurde bislang in der patristischen Forschung wenig untersucht[1]. Es ist nicht einmal klar, welches Material hier für die Anlage von Wegen taugt: Die frühchristliche Zeit hat keinen terminus technicus für das, was wir heute als Seelsorge bezeichnen. Die in der griechischen Tradition von Platon bis zu den Texten des Neuen Testaments benützten Begriffe sind vielfältig, decken jedoch meist nur einen Teilaspekt von Seelsorge ab. Gründliche Begriffsuntersuchungen dazu stehen noch aus[2].

Vorsicht ist geboten

Unter diesen Umständen ist die Chance, dass wir uns bei der Spurensuche verrennen, durchaus gegeben, etwa wenn wir meinen, das Kartenmaterial moderner Seelsorgetheorien eigne sich als Orientierungshilfe in der Unübersichtlichkeit der antiken Textzeugnisse: Es führt höchstwahrscheinlich in die Irre.

Oder wenn wir zu suchen beginnen, ohne die Eigenheiten des Geländes wahrgenommen zu haben, d. h. ohne die gegebenen kulturellen und gesellschaftlichen Bedingungen erwogen zu haben, die das Erscheinungsbild der Spuren bestimmen: Zu schreiben und beschrieben zu werden war Privileg von Eliten. Der Durchschnittsmensch hatte weder die Zeit noch das Geld, richtig lesen und schreiben zu lernen, Bücher abzufassen und Bibliotheken zu besuchen. Und Kultur war, wie alle öffentlichen Angelegenheiten, Männersache, von Ausnahmen abgesehen. Wenn wir also nach den Spuren der Seelsorge von Frauen an Frauen suchen, müssen wir einen anderen Zugang zum vorliegenden Terrain wählen als den uns aus dem Blickwinkel der Autoren-Männer gebotenen: Sonst ist mit Ablenkung zu rechnen, die das Gesuchte übersehen lässt, und zwar nicht nur bei den antiken Verfassern, sondern womöglich auch bei ihren modernen Übersetzern.

Verlaufen können wir uns aber auch, wenn wir eine Spur aufgenommen haben und dann meinen, die erschließe uns das ganze Gelände: Dann verlieren wir die Vielgestaltigkeit des historisch Gegebenen und die Relativität der einzelnen Spur aus dem Blick und geraten so auf den Holzweg. Dieses Risiko ist besonders bei Texten zu bedenken, die in den ersten drei Jahrhunderten entstanden sind, also in jener Zeit vor der politischen und gesellschaftlichen Anerkennung des Christentums, als sich aus einem breiten Spektrum theologischer Richtungen und gemeindlicher Strukturen allmählich die Tendenz durchsetzte, kirchliche Lehre und kirchliches Leben zu vereinheitlichen und zu institutionalisieren.

Tendenz zur Normierung

Besonders eindrückliche Zeugnisse für das Bemühen um Vereinheitlichung und Normierung des kirchlichen Lebens sind die frühen Kirchenordnungen. Es handelt sich dabei um anonym verfasste Texte, die ihre Autorität mit einer fiktionalen Urheberschaft durch die Apostel begründen. Auf dieser Basis beanspruchen sie generelle Geltung. Ihre Intention ist vorrangig normativ, wobei es nicht nur konservativ um die Absicherung des Bestehenden geht, sondern auch um die Durchsetzung angestrebter Ziele. Gleichwohl liegen ihrer Abfassung reale Gemeindesituationen zugrunde, sie sind auf eine reale Adressatengemeinde hin verfasst und spiegeln die dortigen Verhältnisse und Probleme[3].

Diese Spannung zwischen Situationsgebundenheit und normativem Geltungsanspruch, zwischen Lokalkolorit einer bestimmten christlichen Gemeinde und der entsprechend getönten Reaktion des Textverfassers einerseits und seiner Allgemeingültigkeit heischenden Antwort in Form der Kirchenordnung andererseits, ist zu bedenken, wenn man solchen Texten Auskünfte über die frühkirchliche Gemeindepraxis entnehmen möchte. Wir bewegen uns hier also auf unsicherem Boden: Die normative Intention des Textes darf uns nicht dazu verleiten, die dort geschilderten Situationen als allgemein gegeben zu nehmen, sie sind allenfalls in dieser konkreten Gemeinde vorzufinden, und vielleicht nicht einmal das, vielleicht gibt es sie nur als überschießende Reaktion eines besorgten Kirchenmannes.

## Die Syrische Didaskalie – Wer ist für Seelsorge zuständig?

Nun finden sich die markantesten und deutlichsten Auskünfte über die Seelsorge von Frauen an Frauen in frühchristlicher Zeit in einer solchen Kirchenordnung, nämlich der Syrischen Didaskalie, einer Schrift, die Mitte des 3. Jahrhunderts in einer Gemeinde Syriens entstanden und wohl von einem Bischof verfasst worden sein dürfte; das legt jedenfalls die Betonung des Bischofsamtes in diesem Text nahe[4]. Sie war ursprünglich in Griechisch verfasst worden, liegt aber nur noch in alten syrischen Übersetzungen vollständig vor.

### Bischöfliche Gemeindeleitung und Laienkompetenz

Der Verfasser dieser Kirchenordnung schreibt mit einer klar zutage tretenden Intention: Es geht ihm um ein Zurückdrängen frei praktizierter seelsorglicher Dienste zugunsten einer umfassenden Amtsbefugnis des Bischofs und der ihm unterstellten Kleriker. Dabei versucht er, die Kompetenz der Laien[5] auf ein Minimum zu beschränken, etwa wenn er zum Bischof sagt:

> »Denn der Laie sorgt nur für sich selbst, du aber trägst die Last eines jeden, und sehr groß ist die Last, die du trägst, denn, ›wem der Herr viel gegeben hat, von dessen Hand wird er auch viel fordern‹ (Lk 12,48)« (D 7, AF 28).

Die Laien sind also nur für sich selbst zuständig; gefordert wird von ihnen Liebe untereinander und Liebe zum Bischof (D 7, AF 31). Es deutet sich freilich auch ein gewisses seelsorgliches Bemühen an, wenn es in D 11 heißt:

> »Ihr also, ihr Laien, seid friedlich miteinander, und eilet wie kluge Tauben, die Kirche zu füllen, und die wilden bringet zur Umkehr, zähmet sie und führt sie herein. Das ist der große Lohn, der von Gott verheißen ist, wenn ihr (sie) aus dem Feuer befreit und der Kirche zuführt, gestärkt und gläubig« (AF 67).

Dieses Bemühen der Laien scheint aber ganz in den Bereich eines privaten Einsatzes für andere zu gehören, wie eine andere Bemerkung vermuten lässt:

> »Tue also gute Werke und ›lege dir bei Seite einen ewigen Schatz im Himmel, wo ihn nicht die Motten verzehren und nicht die Diebe stehlen‹ (vgl. Mt 6,20; Lk 12,33). Und wenn du so tust, so richte nicht den Bischof und auch nicht deinen Mitbruder, denn euch, den Laien, ist gesagt: ›Richtet nicht, dass ihr nicht gerichtet werdet‹ (Lk 6,37; Mt 7,1)... Einem Laien aber ist es nicht erlaubt, seinen Nächsten zu richten, auch nicht eine Last auf sich zu nehmen, die nicht die seinige ist. Denn eine solche schwere Last kommt nicht dem Laien zu, sondern den Bischöfen. Darum, da du ein Laie bist, so wirf dir nicht Schlingen über, sondern überlass das Gericht denen, die darüber Rechenschaft zu geben haben. Du aber sei bemüht, Frieden zu halten mit jedermann, und liebe deine Glieder, deine Volksgenossen, denn der Herr sagt: ›Liebe deinen Nächsten als dich selbst‹ (Mt 22,39)« (D 9, AF 52).

*Seelsorge und Fürsorge als Aufgabe des Bischofs*

Der Bischof ist der eigentliche und einzige Seelsorger der Gemeinde. Sein Verhältnis zu den Laien ist das eines Vaters zu seinen Kindern[6] und dementsprechend gestaltet sich sein seelsorgliches Verhalten: Er sorgt gegebenenfalls für das materielle Wohl der schwachen Gemeindemitglieder[7], jedenfalls aber für das seelische Wohl aller[8], auch derer, die in Schuld geraten sind, und die er mit dem notwendigen Augenmaß behandeln soll, damit sie nicht vollends in die Irre gehen[9]. Alle Aktivitäten der Gemeindemitglieder, seien sie Laien oder Kleriker, laufen auf ihn zu oder gehen von ihm aus. So wird den Laien nahe gelegt:

> »Darum müsst ihr, um den Bischof zu ehren, alles, was ihr tut, ihm mitteilen, und durch ihn muss alles vollendet werden. Und wenn du jemand kennst, der sehr in Not ist, der Bischof aber kennt ihn nicht, so teile es ihm mit, ohne ihn aber tue nichts, was Vorwürfe für ihn verursachen könnte, dass du nicht Schande über ihn bringst, als über einen, der die Armen vernachlässigt« (D 9, AF 47)[10].

Und die Diakone werden ermahnt:

> »... der Diakon soll den Bischof alles wissen lassen, wie Christus seinen Vater, so aber der Diakon kann, da soll er seine Anordnung treffen, und den Rest der übrigen Angelegenheiten soll der Bischof entscheiden. Es soll jedoch der Diakon Gehör des Bischofs sein, sein Mund, sein Herz und seine Seele, denn indem ihr beiden Eines [sic!] Sinnes seid, ist infolge eurer Übereinstimmung auch Frieden in der Kirche« (D 11, AF 59).

### Die Diakonin – vom Bischof angestellte Seelsorgerin an den Frauen

Der Bischof, der hier einer so großen Gemeinde vorsteht, dass er nicht mit allen Mitgliedern vertraut und über jedes Problem informiert sein kann, delegiert Aufgaben an seine Kleriker, hier sind es insbesondere die männlichen und weiblichen Diakone[11].

> »Darum, o Bischof, stelle dir Arbeiter bei der Almosenpflege an und Helfer, die mit dir zum Leben helfen; die, welche dir von dem ganzen Volke wohlgefallen, wähle aus und stelle

(sie) als Diakonen an, sowohl einen Mann zur Beschickung der vielen Dinge, die nötig sind, als eine Frau zum Dienste der Weiber« (D 16, AF 84f).

Die weiblichen Diakone sollen im Bereich der Frauenseelsorge tätig sein, und die Notwendigkeit ihres Dienstes wird mit den gesellschaftlichen Gegebenheiten[12] begründet:

»Es gibt nämlich Häuser, wohin du einen Diakon zu den Frauen nicht schicken kannst um der Heiden willen, eine Diakonin[13] aber wirst du schicken (können), zumal da auch (noch) in vielen andern Dingen die Stellung einer Diakonin[14] nötig ist. Zunächst, wenn die Frauen in das Wasser hinabsteigen, ist es nötig, dass die, welche zum Wasser hinabsteigen, von einer Diakonin mit dem Öl der Salbung gesalbt werden, und wo keine Frau zugegen ist und besonders (keine) Diakonin, da muss der Täufer den (weiblichen) Täufling salben; wo aber eine Frau da ist und besonders eine Diakonin, ist es nicht Sitte, dass die Frauen von Männern gesehen werden, sondern salbe nur das Haupt unter Handauflegung, wie früher Priester und Könige in Israel gesalbt worden sind ... Und darnach, wenn du taufst, oder den Diakonen und den Presbytern zu taufen befiehlst, soll eine Diakonin ... die Frauen salben, ein Mann aber soll über ihnen die Namen der Anrufung der Gottheit im Wasser sprechen. Und wenn der (weibliche) Täufling aus dem Wasser herausgestiegen ist, soll ihn die Diakonin in Empfang nehmen, belehren und erziehen, wie das Siegel der Taufe unzerstörbar ist, in Keuschheit und Heiligkeit. Darum sagen wir, dass der Dienst einer Frau als Diakonin sehr erwünscht und besonders notwendig ist, ... Auch du bedarfst des Dienstes der Diakonin zu vielen Dingen, denn in die Häuser der Heiden, wo gläubige (Frauen) sind, muss eine Diakonin gehen, die Kranken besuchen und sie bedienen, mit dem, was sie brauchen; und die, welche anfangen von ihrer Krankheit zu genesen, soll sie [im Bad] waschen« (D 16, AF 85)[15].

Ihre Aufgaben reichen, wie diese Bemerkungen zeigen, von der Taufassistenz und der Frauenkatechese bis zur Krankenpflege und, wie sich aus weiteren Anweisungen entnehmen lässt, darüber hinaus: In das Aufgabengebiet von Diakon und Diakonin fällt die Sorge um alte Menschen (D 16, AF 86) und um Bedürftige (D 16, AF 87) und die Gefangenenseelsorge (D 18, AF 91).

Von diesen weiblichen Diakonen spricht der Verfasser mit Hochachtung:

»Der Diakon aber steht an der Stelle Christi, und ihr sollt ihn lieben; die Diakonin aber soll nach dem Vorbild des heiligen Geistes von euch geehrt werden« (D 9, AF 45).

Nach ihm gehören sie zum Klerus, jedenfalls sind sie vom Bischof wie die männlichen Diakone für ihr Amt ausgewählt und eingesetzt[16]. Als *diakonoi* gehören sie zum Kreis der Unterhaltsempfänger der Gemeinde[17].

*Umstrittene Seelsorgerinnen – Die Witwen in der Didaskalie*

Im deutlichen Kontrast zu diesem diakonalen Dienst von Frauen in der Gemeinde stehen die Bemerkungen zum Dienst der Witwen. Die Witwen gehören als Bedürftige zum Kreis der Unterhaltsberechtigten der Gemeinde. Dabei unterscheidet der Verfasser zwischen unterstützungsbedürftigen, alleinstehenden, meist älteren Frauen und solchen Witwen, die in der Gemeinde eingesetzt werden[18]; für den Eintritt in diesen Dienst gilt ein Mindestalter von 50 Jahren[19].

Witwenschelte

Das Verhalten dieser Gemeindewitwen wird vom Verfasser ausgesprochen streng beurteilt. Das ist umso auffälliger, als er die übrigen Dienste und Ämter nicht mit einem derart kritischen Blick betrachtet. Zwar stellt er auch an das Amt des Bischofs höchste Ansprüche, dabei zielt er aber auf die hohe Verantwortlichkeit und die Gefährdungen, spricht also von potenziellen Risiken, die dieses Amt mit sich bringt, während er im Falle der

Gemeindewitwen den Missbrauch ihres Dienstes anprangert und tatsächliche Missstände zu geißeln scheint:

> »Es ziemt sich nicht, dass eine Witwe umherschweift und sich in den Häusern herumtreibt, denn diejenigen, welche herumschweifen und keine Scham haben, haben auch in ihren Häusern keine Ruhe, weil sie nicht Witwen, sondern Blinde sind, und nichts anderes ihnen Sorge macht, als dass sie bereit seien, etwas zu erhaschen, und weil sie schwatzhaft, vorlaut und verleumderisch sind, Streit erregen, frech sind und keine Scham kennen ... Wir sehen also, dass es Witwen gibt, von denen die (ganze) Sache als Handelsgeschäft betrachtet wird: sie nehmen mit Begierde und anstatt Gutes zu tun und dem Bischof zu geben zur Aufnahme der Fremden und zur Erleichterung der Bedrängten, leihen sie aus zu drückendem Zins und kümmern sich nur um den Mammon, sie, deren Gott ihr Beutel und ihr Bauch ist ... Und wenn sie dasteht, um zu beten, so denkt sie daran, wohin sie gehen soll, um etwas zu bekommen, oder dass sie vergessen hat, irgend etwas ihrer Freundin zu sagen, und während sie steht, ist ihr Sinn nicht auf ihr Gebet gerichtet, sondern auf jenen Gedanken, der ihr in den Sinn gekommen ist« (D 15, AF 77.78f).

In diese Linie der Witwenschelte gehört auch der Vorwurf der unterlassenen Hilfeleistung für Kranke:

> »Du aber, o Witwe, die du ohne Zucht bist, du siehst (wohl) die Witwen, deine Genossinnen oder deine Brüder in Krankheit, aber du kümmerst dich nicht um deine Glieder, (für sie) zu fasten, zu beten, die Hand aufzulegen und sie zu besuchen, sondern du stellst dich selbst, als wärest du nicht gesund oder als wärest du nicht frei. Aber zu andern, die in Sünden oder aus der Kirche gewiesen sind, bist du mit Freuden bereit zu gehen und sie zu besuchen, weil sie viel geben« (D 15, AF 80).

Demgegenüber erhebt der Verfasser jeder Witwe gegenüber energisch die Forderung, »sanftmütig, ruhig und still zu sein« (D 15, AF 76). Sie soll wissen, »dass sie der Altar Gottes ist, und sie soll beständig in ihrem Haus sitzen, soll nicht herumschweifen und sich (nicht) in den Häusern der Gläubigen herumtreiben ...; denn der Altar Gottes schweift niemals umher und bewegt sich von seinem Platze, sondern ist fest gegründet an Einer [sic!] Stelle« (D 15, AF 77).

Wenn er ihr als einzige Aufgabe das Gebet zuweist: – sie »soll sich nicht um irgendetwas anderes kümmern, als dass sie für die Geber und für die ganze Kirche bete« (D 15, AF 76)[20] und es ihre »Pflicht« nennt, »rein zu sein und den Bischöfen und Diakonen zu gehorchen ... und sich nicht nach eigenem Willen zu benehmen und nicht den Wunsch zu hegen, irgend etwas zu tun außer dem, was ... vom Bischof befohlen ist« (D 15, AF 79f), dann ist offensichtlich, dass er einen Konflikt zwischen den Gemeindewitwen und dem Bischof wahrnimmt und ihn durch eine Verdrängung der Witwen aus der Gemeindeöffentlichkeit beenden möchte.

Seelsorgliches Wirken von Witwen

Ermittelt man in der Witwenschelte des Verfassers das Handlungsspektrum des Dienstes dieser Frauen, so wird ein erstaunlich umfangreiches seelsorgliches Wirken sichtbar, das deutlich mit dem des Bischofs konkurriert. Dazu gehören zunächst Verkündigung und Lehre:

> »... wenn sie von jemand nach etwas gefragt wird, so soll sie nicht sogleich antworten, außer wenn es sich allein um die Gerechtigkeit und um den Glauben handelt, und sie soll die, welche sich unterrichten wollen, zu den Vorstehern schicken; und denen, die sie fragen, sollen sie nur Antwort geben«; denn es ist »keine Witwe und auch kein Laie verpflichtet zu reden. Indem sie nämlich ohne Kenntnis der Lehre reden, bringen sie Verleumdung über das Wort; ...« (D 15, AF 76).

Der Verfasser bemerkt, dass es Leute gab, die sich mit ihrem Interesse an der christlichen Lehre an die Witwen richteten. Dass er diese dann als Lehrerinnen fungieren sieht, geht aus seiner entschiedenen Stellungnahme gegen ihre Lehrtätigkeit hervor:

»Es ist also nicht nötig oder gar dringend erforderlich, dass Frauen Lehrerinnen sind, besonders in Betreff des Namens Christi und der Erlösung durch sein Leiden. Denn nicht um zu belehren seid ihr Frauen und besonders ihr Witwen angestellt, sondern um zu beten und Gott den Herrn zu bitten« (D 15, AF 77).

Die Witwen scheinen in der syrischen Gemeinde auch als spirituelle Begleiterinnen gewirkt zu haben; auch in dieser Hinsicht verbietet die Didaskalie, dass sie etwas ohne Befehl des Bischofs oder des Diakons unternehmen:

»entweder dass sie ohne (sich) Rat (zu holen) mit jemand reden zum Zweck der Bekehrung, oder dass sie zu jemand gehen, um zu essen und zu trinken, oder dass sie mit jemand fasten, oder von irgend jemand etwas annehmen, oder jemand die Hand auflegen und (für ihn) beten« (D 15, AF 80).

Krankenseelsorge wird den Witwen zugestanden, zugleich aber mit dem Vorwurf verbunden, sie kämen dieser Aufgabe nicht nach. Zu ihr gehören der Krankenbesuch, Fasten und Gebet für die Kranken und die Handauflegung.

Dass sich die Witwen, aber auch Laien außerhalb dieses Standes außerdem seelsorglich um die Sünder und Exkommunizierten kümmerten, wird als eine schwere Kompetenzüberschreitung betrachtet und entsprechend wird Strafe angedroht:

»Aber zu anderen, die in Sünden oder aus der Kirche gewiesen sind, bist du [Witwe] mit Freuden bereit zu gehen ... Wenn ihr aber dem Willen der Bischöfe und Diakonen nicht gehorcht, so sind sie zwar unschuldig an euren Vergehungen, ihr aber müsst Rechenschaft geben für alles, was ihr aus eigenem Willen tut, sei es Mann oder Frau.[...] Ein jeder nämlich, der mit einem aus der Kirche Gestoßenen betet oder Verkehr hat, muss von Rechts wegen ihm gleich geachtet werden ... Wenn nämlich jemand mit einem aus der Kirche Gestoßenen Verkehr hat und betet und dem Bischof nicht gehorcht, so gehorcht er (auch) Gott nicht ...« (D 15, AF 80f).

Hier erwartet der Verfasser von den Gemeindewitwen wie auch von den Laien, dass sie die Exkommunikation des Bischofs unterstützen, indem sie die Betroffenen meiden. Er verortet damit die mit der Bußdisziplin verbundene Seelsorge ausschließlich im Verantwortungsbereich des Bischofs.

Auch den Dienst der Taufspendung will der Autor der Didaskalie den Laien, insbesondere den Frauen, entziehen:

> »Wir billigen nicht, dass eine Frau tauft oder dass sich [welche] von einer Frau taufen lassen, denn das ist eine Übertretung des Gebotes und sehr gefährlich für die, welche tauft und für den, der sich taufen lässt... Bringt also keine Gefahr über euch, Brüder und Schwestern, indem ihr euch wie außerhalb des Gesetzes des Evangeliums stehend betragt« (D 15, AF 81).

Es scheint zur missionarischen Tätigkeit der Laien und auch – sonst wäre die Bemerkung in dem Abschnitt über die Witwen unangebracht – der Gemeindewitwen gehört zu haben, den von ihnen Neubekehrten die Taufe zu spenden. Zur Begründung seiner restriktiven Position beruft sich der Verfasser auf die Autorität der Heiligen Schrift, allerdings mit einer recht fadenscheinigen Argumentation:

> »Denn wenn es erlaubt gewesen wäre, von einer Frau getauft zu werden, so wäre unser Herr und Meister von seiner Mutter Maria getauft worden; nun aber ist er von Johannes getauft worden, wie auch die andern aus dem Volke« (ebd).

Neben diesen Tätigkeitsfeldern, die alle dem Bereich der Seelsorge zugeordnet werden können, haben die Gemeindewitwen offensichtlich auch Aufgaben im Bereich der Armenfürsorge übernommen und dabei gelegentlich ein wirtschaftliches Denken bewiesen, das ihnen besondere Schelte einträgt. Eine solch geschäftstüchtige Witwe ist »Sklavin des Mammon«, sie »dient dem unrechten Gewinn«, ist »gefangen genommen von dem Eifer der Habsucht«, ihr Gott ist »ihr Beutel und ihr Bauch« (D 15, AF 78). Dies mag auf dem Hintergrund realer Missstände gesagt sein. Es kann aber auch verstanden werden als Versuch, den mit diesem Aufgabengebiet verbundenen Einfluss der Witwen in der Gemeinde dadurch zurückzudrängen, dass ihr Dienst besonders krass als unsozial und egoistisch gezeichnet wird. Es besteht jedenfalls ein bemerkenswerter Kontrast zwischen der Inkriminierung der Gemeindewitwe und der Schonung des Bischofs in dieser Sache. Bezüglich seiner Mittelverwaltung mahnt nämlich die Didaskalie:

> »Fordere nicht Rechenschaft von dem Bischof und beobachte ihn nicht, wie er seinen Haushalt verwaltet und ausführt, oder wann er gibt, oder wem, ob er gut oder schlecht gibt, oder wie es sich gebührt. Denn er hat einen, der von ihm Rechenschaft fordert, Gott, den Herrn, der diese Haushaltung in seine Hände übergeben hat und ihn des Priestertums mit all dieser Würde für würdig gehalten hat« (D 9, AF 51).

**Umstrittene Seelsorge: Ein Konflikt um die Rolle der Frau in der frühen Kirche**

Zusammenfassend lässt sich sagen, dass die Didaskalie die Gemeindewitwen als auf einem breiten seelsorglichen Aufgabenfeld tätig darstellt, welches sich nicht auf Seelsorge an Frauen beschränkte, sondern die Gesamtgemeinde umfasste und sich bis auf am Glauben Interessierte und zeitweise Exkommunizierte erstreckte. Die Frauen, die diesen Dienst ausübten, scheinen sich durch ihre Einsetzung als Gemeindewitwe zu diesem Dienst autorisiert betrachtet zu haben. Außerdem haben sie derart selbständig gearbeitet, dass sich der Verfasser der Kirchenordnung veranlasst sieht, mehrmals und energisch ihren Gehorsam gegenüber dem Bischof und ihre Unterordnung unter den Klerus einzufordern.

Sollte das Bild, das die Didaskalie vom seelsorglichen Dienst von Frauen in einer syrischen Gemeinde Mitte des 3. Jahrhunderts zeichnet, nicht die Horrorvision eines besorgten Bischofs sein, sondern die gegebene Gemeindesituation spiegeln, so könnte man mit aller Vorsicht den Schluss ziehen, dass mit zunehmender Ausbildung einer institutionellen Gemeindestruktur, die auf den Bischof zentriert und hierarchisch geordnet ist, der Seelsorgedienst dieser Frauen in Konkurrenz gerät zur Seelsorge- und Fürsorgeaufgabe des Bischofs[21]. Die Didaskalie wäre dann der Versuch, diesen Konflikt durch die Zurückdrängung der Gemeindewitwen und die Förderung eines eng auf die Frauenseelsorge begrenzten weiblichen Diakonenamtes zu lösen.

Dass derartige Spannungen zwischen einer von Frauen praktizierten oder intendierten Seelsorge und der von Männern beanspruchten gemeindlichen Leitungskompetenz im 3. Jahrhundert nicht nur in der Adressatengemeinde der Didaskalie virulent waren, lässt sich auch aus kritischen Bemerkungen des Nordafrikaners Tertullian entnehmen; er weiß von Frauen, die sich auf eine Tradition berufen, aus der sich eine seelsorgliche Kompetenz von Frauen ableiten lässt, und er versucht, ihnen das Argument zu entreißen, indem er diese Tradition als literarische Fälschung hinstellt[22]. Auch wenn im Dunkel bleibt, was sich im Einzelnen hinter der Polemik des Tertullian verbirgt, er wird dadurch nolens-volens zum Zeugen eines Konflikts um die Rolle der Frau im Seelsorgedienst der frühen Kirche.

## Anmerkungen

1 Steiger, Johann Anselm, Seelsorge I. Kirchengeschichtlich; Hauschild, Eberhard, Seelsorge II. Praktisch-Theologisch, in: TRE 31 (2000) 7–31 und 31–54 (umfangreiche Bibliographie); Müller, Philipp, Seelsorge, in: LThK³ 9 (2000) 383–387.

2 Zu nennen sind hier: epimeleia und merimna: Sorge, Sorge um die Seele (epimeleia tes psyches) oder um den Lebensunterhalt oder Fürsorge für andere; kedemonia: Fürsorge, Pflege; oikonomia: Verwaltung, Leitung der Seele (oikonomia peri ten psychen); therapeia: Behandlung, Sorge; hiatreia: Behandlung, Heilung. Einzelne Aspekte seelsorgerlichen Verhaltens werden benannt mit nouthesia: Ermahnung, Zurechtweisung; paraklesis: Ermahnung, Bitte; paramythia: Trost, Zuspruch; hodegos: Wegführer und psychagogos: Seelenführer können im Sinne seelsorglich Handelnder verstanden werden. Vgl. dazu die einschlägigen Artikel in: Coenen, Lothar u.a. (Hrsg.), Begriffslexikon zum NT, Wuppertal 1967. – Die begriffsanalytischen Beiträge von Thomas Bonhoeffer »Zur Entstehung des Begriffs Seelsorge«, in: Archiv für Begriffsgeschichte 33 (1990) 7–21 und »Ursprung und Wesen der christlichen Seelsorge«, München, 1985 schließen die Lücke in der Forschung nicht.

3 Vgl. Steimer, Bruno, Art. Kirchenordnung. In: LACL, 1998, 376–378.

4 Deutsche Übersetzung mit Erläuterungen von Achelis, Hans/Flemming, Johannes, Die Ältesten Quellen des Orientalischen Kirchenrechts. II. Die

Syrische Didaskalia, Leipzig 1904; im Folgenden zitiert: D [Kapitel], AF [Seite]. Die lateinische Übertragung und die griechischen Überreste in den Apostolischen Konstitutionen: Didascalia et Constitutiones Apostolorum. Ed. Funk, Franz Xaver, Paderborn 1905; im Folgenden zitiert: Funk, D [Buch, Kapitel, Abschnitt] / CA [Buch, Kapitel, Abschnitt]). – Einschlägige Studie zur Didaskalie: Schöllgen, Georg, Die Anfänge der Professionalisierung des Klerus und das kirchliche Amt in der Syrischen Didaskalie, Münster 1998.

5 Die Unterscheidung zwischen Klerus und Laien, bzw. zwischen Bischof und Laien ist scharf gezogen. Im Konfliktfall betont der Verfasser die inferiore Stellung des Laien gegenüber dem Bischof; vgl. z.B. D 6, AF 22: »Denn du darfst nicht, o Bischof, indem du Haupt bist, auf den Schwanz hören, das ist auf einen Laien, einen streitsüchtigen Menschen, der das Verderben des anderen will; sondern richte dein Augenmerk auf das Wort Gottes, des Herrn«.

6 In D 7, AF 31 werden die Laien ermahnt, den Bischof zu lieben, zu ehren und zu fürchten »wie einen Vater und Herrn und Gott, nächst dem allmächtigen Gott«. Dementsprechend wird auch der Bischof ermahnt, »die Laien wie Kinder« zu lieben. – Die Vorstellung, dass der Bischof eine Stellung in der Gemeinde in Analogie zu Gott bzw. Christus einnimmt, entwickelte bereits Ignatius von Antiochien Anfang des 2. Jahrhunderts in seinem Brief an die Epheser (6,1): »Den Bischof müssen wir also offenbar wie den Herrn selbst ansehen« (vgl. auch Trall 2,1; Magn 7,1; Smyrn 8,1). Die Zentrierung von Gemeindeleitung und Seelsorge auf den Bischof ist bei Ignatius markant. Seine Aufforderung: »Tut nichts ohne den Bischof« (Philad. 7,2 u.ö.) wirkt wie ein Grundsatz, der in der Didaskalie ausgeführt wird. Schon Ignatius verbietet Aktivitäten in der Gemeinde, die nicht vom Bischof autorisiert sind: »Es ist nicht erlaubt, ohne den Bischof zu taufen oder das Liebesmahl zu halten; was jener aber geprüft hat, dies ist Gott wohlgefällig, damit alles, was ihr tut, sicher und zuverlässig sei« (Smyrn 8,2).

7 In D 14, AF 75 erstreckt sich die materielle Fürsorge des Bischofs nicht nur auf Witwer und Witwen, sondern auch auf Kranke und in Not geratene Eltern.

8 Vgl. D 7, AF 28f, wo es um die seelsorgerliche Betreuung der Büßenden und der noch Unbußfertigen durch den Bischof geht.

9 D 7, AF 33 zum Bischof gesagt: »Wenn du hart umgehst mit deinen Laien, mit Gewalt sie züchtigst und die Sünder vertreibst und hinauswirfst und nicht (wieder) aufnimmst, sondern hart und unbarmherzig ihnen die Reue verbirgst, so wirst du Mithelfer an der Wendung zum Bösen und an der Zerstreuung der Schafe zum Fraße der Tiere des Feldes, das ist nämlich für die bösen Menschen dieser Welt, indessen nicht in Wahrheit für die Menschen, sondern für die Tiere: die Heiden und Häretiker. Denn wer aus der Kirche hinausgewiesen ist, dem sind sie sofort auf der Spur und wie böse Tiere verschlingen sie ihn zum Fraß. Und deiner Härte wegen geht jener, der aus der Kirche ausgewiesen ist, entweder fort zum Tempel der Heiden (und) tritt ein, oder er taucht unter in den Häresien, wird ganz fremd und kommt ab von der Kirche und von der Hoffnung auf Gott. Und an dem Untergange jenes bist du schuld ...«

10 In D 18–19 wird die Aufgabenverteilung zwischen Laien und Klerus sichtbar: Die Gläubigen sind diejenigen, welche die Mittel für die Fürsorge-

dienste des Klerus aufbringen: »Also aus dem rechtschaffenen Erwerb der Gläubigen sollt ihr [Bischöfe] die Dürftigen nähren und kleiden, und wiederum das, was von ihnen, wie oben gesagt, gegeben worden ist, verteilet zum Loskauf der Gläubigen, und befreit die Sklaven, Gefangenen und Gefesselten... Die Diakonen sollen zu ihnen gehen und einen jeden von ihnen besuchen, und mit dem, was er bedarf, versehen« (D 18, AF 91). Und an die Laien gerichtet heißt es: »Einen Christen aber, der um des göttlichen Namens... willen... verurteilt worden ist, sollen eure Augen nicht übersehen, sondern von eurer Arbeit und von dem Schweiße eures Angesichts sollt ihr ihm zum Unterhalt schicken und zum Lohn der Soldaten, die ihn bewachen, dass ihm Erleichterung und Fürsorge zuteil werde, auf dass euer seliger Bruder nicht gänzlich niedergedrückt werde«. Und kurz darauf: »Denn ist es nötig, dass ihr Gläubigen alle den Märtyrern eifrig dient und Erleichterung schafft von eurem Besitz durch die Bischöfe« (D 19, AF 92). Die Aufgaben sind hier klar abgegrenzt: Die Laien sorgen für die Mittel, der Bischof ist der verantwortliche Fürsorger, der über die Diakone mit den Notleidenden in Kontakt tritt.

11 Weibliche Diakone sind für die Frühzeit der Kirche mehrfach bezeugt. Die Spuren reichen bis in die neutestamentliche Zeit zurück (vgl. Röm 16,1; 1 Tim 3,11) und lassen sich durch das ganze erste Jahrtausend der Kirchengeschichte verfolgen. Vgl. dazu: Heine, Susanne, Diakoninnen – Frauen und Ämter in den ersten christlichen Jahrhunderten, in: IkaZ 78 (1988) 213–227.

12 Die gleiche Begründung bot Clemens von Alexandrien um 200 in seiner Schrift »Teppiche« (III 53,3–4), wo er unter Berufung auf Paulus bemerkt, die Apostel hätten ihre Frauen mit sich geführt, »damit sie ihre Gehilfinnen (syndiakonous) bei den Hausfrauen seien; und durch sie konnte die Lehre des Herrn auch in das Frauengemach kommen, ohne dass übler Nachruf entstand«. Und weiter, nochmals mit Hinweis auf Paulus, bemerkt er: »Wir kennen ja auch die Anordnungen, die der edle Paulus in dem einen der beiden Briefe an Timotheus für die Diakoninnen (peri diakonon gynaikon) gibt« (BKV2 17, 286; GCS Clemens II, 220). Klemens spielt zunächst auf 1 Kor 9,4f an und bezieht sich dann auf 1 Tim 3,11. Er interpretiert den Text dabei so, dass er das, was dort schlicht zu den »Frauen« (gynaikas) gesagt ist, als peri diakonon gynaikon gesagt betrachtet, d.h. als über die Diakoninnen neben den Diakonen gesagt, von denen an dieser Stelle ebenfalls die Rede ist.

13 Achelis weist in seiner Abhandlung II, Eine Christengemeinde des dritten Jahrhunderts (AF 266–317) darauf hin, dass der Titel in der griechischen Texttradition he diakonos ist und dass der Text unter dem Plural diakonoi Diakon und »Diakonisse« zusammenfasst. »Der gleiche Titel für beide Geschlechter erleichterte die Zusammenfassung; und die hohe Schätzung, die man dem Diakonissenamt zu teil werden ließ, legte vollends nahe, sie dem Diakonen möglichst gleichzustellen. Die Diakonisse der Didaskalia ist kein besonderer ordo; es ist der Diakonat weiblichen Geschlechts« (AF 282). Da die syrische bzw. die lateinische Übersetzung »Diakonin« mit »diaconissa« wiedergibt, ging dieser Titel auch in die deutsche Ausgabe von Achelis/Flemming ein. Es ist aber zu fragen, ob mit dieser eindeutigen frauenspezifischen Bezeichnung in der Texttradition nicht bereits eine spätere Schicht in der Entwicklung des weiblichen diakonalen Dienstes dokumentiert wird, die eine stärkere Differenzierung zwischen männlichem

und weiblichem Dienst kennt bzw. forciert. Im Übrigen wird im heutigen Sprachempfinden unter »Diakonisse« eine evangelische, monastisch lebende Frau verstanden, nicht aber wird damit das Amt eines weiblichen Diakons konnotiert; deshalb ändere ich hier Flemmings Übersetzung in »Diakonin«.

14 Flemming übersetzt hier und gelegentlich an anderen Stellen in diesem Abschnitt »diaconissa« (he diakonos) mit »dienende Frau«. Dies geschieht wohl aus sprachästhetischen Gründen: variatio delectat. Aber es hat eine Depotenzierung des Textes zur Folge, denn es wird auf diese Weise verwischt, wie energisch der Verfasser der Didaskalie hier die Existenz des weiblichen Diakonats einfordert, von dem er wenige Zeilen später erklärt, »valde desiderari et maxime necessarium esse ministerium mulieris«, also dass der »Dienst einer Frau als Diakonin sehr erwünscht und besonders notwendig sei«. Wenn Flemming das dann so übersetzt, »dass besonders der Dienst einer dienenden Frau nötig und erforderlich ist«, erfolgt bewusst oder unbewusst wiederum eine Abschwächung dieser Textintention.

15 D III 12,1–4/CA III 16,1–4.

16 D 16, AF 84f: »Die, welche dir von dem ganzen Volke wohlgefallen, wähle aus und stelle (sie) als Diakone an, sowohl einen Mann... wie eine Frau...«; D III 12,1: »Qui tibi placent ex populo universo, eos eligas ac diaconos constituas, virum... mulierem...«; CA III 16,1 bietet für die Amtseinsetzung beider dasselbe Verb procheirizesthai: auswählen, anstellen.

17 D 8, AF 41: »Wie ihr [Bischöfe] also die Last eines jeden tragt, also gehört es sich auch, dass ihr die Versorgung mit Nahrung, Kleidung und anderen nötigen Dingen von jedem (Gliede) eures Volkes nehmt, und so sollt ihr andererseits von diesen Gaben, die euch von dem unter euch stehenden Volke dargebracht werden, die Diakonen, die Witwen und Waisen, die Bedürftigen und Fremden erhalten.« Vgl. dazu die Bemerkungen von Achelis, Abhandlung II, 282 und 268; vgl. dazu auch Schöllgen, 91ff, der es für »sehr fraglich« und »eher unwahrscheinlich« hält, »dass die weiblichen Diakone bereits professionalisiert waren« und dabei auf den Mangel an expliziten und impliziten Hinweisen »auf ein Unterhaltsrecht der Diakoninnen« hinweist (93). Er lässt dabei aber außer Acht, dass im griechischen Text die Diakonin als he diakonos bezeichnet wird, und deshalb anzunehmen ist, dass die Didaskalie dort, wo sie plural von diakonoi geredet hat, männliche wie weibliche Diakone meinte.

18 D 14, AF 74 (D III 1–2/CA III 1–2): Der griechische Text (CA) gebraucht das Verb kathistanai, das in frühchristlichen Texten in der Bedeutung »bestimmen, einsetzen, ernennen« vorkommt. Obgleich eine präzise Unterscheidung dieser beiden Gruppen in der Didaskalie nicht erfolgt (vgl. Schöllgen, 147–152), lässt sich wahrnehmen, dass es Witwen mit einem besonderen Status gab, nämlich solche, die als Witwen eingesetzt oder bestimmt wurden und die sich eben dadurch von der Gesamtheit der unterstützungsbedürftigen Witwen abhoben. Diese Differenzierung zeichnet sich m. E. auch in D 9, AF 46 ab. Dort ist von den Ehrenportionen bei Agapemahlen die Rede, die laut Schöllgen zunächst nicht als Unterhaltsleistungen aus der Gemeindekasse zu verstehen sind, sondern als freiwillige Zuwendungen der Gläubigen (vgl. 92). Im Text heißt es: »Und denen, welche die Witwen zu den Agapen einladen, wird er [der Bischof] die, die er in großer Not weiß, mehrfach schicken; und wiederum, wenn jemand für

die Witwen Gaben darbringt, so wird er der, die dessen bedarf, ganz besonders schicken. Aber der Anteil des Hirten soll abgesondert und ihm zugeteilt werden nach Brauch... Wie viel aber einer jeden Witwe gegeben wird, das Doppelte davon soll jedem der Diakonen gegeben werden zur Ehre Christi, zwei doppelte Anteile dem Vorsteher zum Preise des Allmächtigen.« Der Text bietet zwei Verteilungsschlüssel. Der erste bezieht sich auf bedürftige Witwen und orientiert sich an der Bedürftigkeit (»in großer Not«... »die dessen bedarf«). Der zweite bezieht sich auf die unterhaltsberechtigten Kleriker der Gemeinde, die rangabhängig ihre Anteile an den Ehrenportionen erhalten. Hier wird der Anteil »einer jeden Witwe« zum Maßstab für die Klerikeranteile. Da kann man sich fragen, ob sich der variable, aus Bedürftigkeit abgeleitete Witwenanteil als Orientierungsmaß für die Klerikerzuteilung eignet und ob im Kontext des rangabhängigen Verteilungsschlüssels mit dem Anteil »jeder Witwe« nicht der der eingesetzten Witwen gemeint ist. – Wenn der Verfasser hier erwähnt, die Zuteilung an den Bischof solle nach der Gewohnheit, ex consuetudine, erfolgen, dann deutet er an, dass er nichts grundsätzlich Neues initiieren möchte, sondern von den in der Gemeinde üblichen Gepflogenheiten ausgeht.

19  Vgl. D 14, AF 74 (D III 1,1/CA III 1,1). Hier wird 1 Tim 5,9 zitiert, allerdings mit einer Änderung der Jahresangabe von 60 auf 50 Jahre, während die griechischen CA bei der neutestamentlichen Vorgabe bleiben. Die institutionellen Elemente des Witwenstatus (Alter, einmalige Verheiratung, Auswahl) in der Didaskalie orientieren sich am ersten Timotheusbrief. Auch die witwenkritische Perspektive der Didaskalie dürfte dort ihren Ausgangspunkt haben; sie geht aber weit über den Pastoralbrief hinaus. – Zu den unterschiedlichen Altersangaben vgl. Schöllgen, 152f.

20  Vgl. auch D 15, AF 79: »Die Witwe aber, die Gott wohlgefallen will, sitzt in ihrem Haus und denkt an den Herrn Tag und Nacht und bringt unaufhörlich zu jeder Zeit (ihre) Bitte vor und betet mit reinem (Herzen) vor dem Herrn und empfängt alles, was sie verlangt, weil all ihr Sinnen gerade darauf gerichtet ist.«

21  Schöllgen verortet den Konflikt an dem Punkt der Gemeindeentwicklung, wo es zu einer Professionalisierung des Amtes kommt, also zu einem Wechsel von der nebenamtlich ausgeübten Gemeindeleitung zur unterhaltsgestützten hauptamtlichen zumindest von Bischöfen und Diakonen in ihren Gemeinden (vgl. 170ff). Dass Schöllgen dabei nur von einer Professionalisierung des männlichen Klerus ausgeht, liegt daran, dass er die diakonoi nur als männliche Diakone wahrnimmt, und daran, dass er die Frage nach den institutionellen Auswirkungen einer Einsetzung von Gemeindewitwen auf ihre seelsorgerliche Tätigkeit nicht stellt, sondern den Witwenstatus nur im Kontext von Versorgung, Hochschätzung, Ehre und Ideal verhandelt (vgl. 152ff). Zu seinen Gunsten ist jedoch festzustellen, dass die Didaskalie zu diesem Punkt explizit nichts sagt, und dass er zumindest andeutet, dass die Professionalisierung – um in seiner Diktion zu bleiben – der Witwen durch Unterhaltsleistungen der Gemeinde eine Intensivierung ihres seelsorglichen Dienstes ermöglichte (vgl. 170f).

22  Tertullian, Über die Taufe 17: »Wenn diese [Frauen] nun also die Akten des Paulus, die fälschlich geschrieben worden sind, anführen, um am Beispiel der Thekla die Erlaubnis für Frauen zu lehren und zu taufen zu verteidigen, so mögen sie wissen, dass der Presbyter in Asien, der diese Schrift hergestellt hat, als könnte er dem Ansehen des Paulus etwas von dem Sei-

nigen hinzufügen, von seinem Amt zurückgetreten ist, nachdem er überführt war und gestanden hatte, dass er das aus Liebe zu Paulus getan habe.« Lateinischer Text: De baptismo 17, CCSL 1, 1954, 291f.

## Literatur

Alexandre, Monique, Frauen im frühen Christentum, in: Geschichte der Frauen 1, Frankfurt 1993.

Dassmann, Ernst, Witwen und Diakoninnen, in: ders., Ämter und Dienste in den frühchristlichen Gemeinden, Bonn 1994, 142–156.

Methuen, Charlotte, Die Autorität der Frauen in der Alten Kirche am Beispiel der Witwen in der Syrischen Didaskalie, in: Siegele-Wenschkewitz, Leonore (Hrsg.), Frauen Gestalten Geschichte, Hannover 1998, 9–32.

Gisela Muschiol

# »Den Weinberg der Seele bebauen«
## Seelsorge vom Mittelalter bis zur Gegenwart

S. Angela Gamon OSB zum 3. Advent 2000
S. Dr. Corona Bamberg OSB zum 18. April 2001

In ihrem »Dialog über die göttliche Vorsehung« entwirft Caterina von Siena (1347–1380) ein Konzept von Seelsorge: »Jedes vernunftbegabte Geschöpf hat einen eigenen Weinberg, das ist der Weinberg seiner Seele, in welchem der Wille mit seiner freien Entscheidungskraft in der Zeit Arbeiter ist, nämlich solange das Leben währt. Ist die Zeit vorbei, kann keine Arbeit mehr verrichtet werden, ... Doch während es lebt, kann es seinen Weinberg ... bebauen.«[1] Seelsorge wird als Arbeit an der eigenen Seele verstanden, als Aufgabe jedes und jeder Einzelnen, die – eben im Weinberg, in dem viele Weinstöcke stehen – weit davon entfernt ist, nur die eigene Seele zu betreffen: »Behalte im Gedächtnis, dass alle Geschöpfe mit Vernunft ihren Weinberg für sich haben; dieser aber ist, ohne irgendein Zwischending, mit dem ihres Nächsten verbunden, nämlich der eine mit dem anderen, und so sehr sind sie verbunden, dass keiner das Gute für sich und nicht auch für den Nächsten tun kann, noch das Schlechte nicht auch für ihn tut.«[2] Seelsorge, auf diese Art und Weise in ein auch in der Bibel häufig gebrauchtes Bild gebracht, lässt sich für Caterina offenbar unmittelbar aus dem Gebot Jesu ableiten: Du sollst deinen Nächsten lieben wie dich selbst (Mt 22, 39 par).

Ein solches biblisch-theologisches Konzept von Seelsorge im 14. Jahrhundert ist in zweierlei Hinsicht eine Besonderheit: Zum einen ist das zeitgenössische Konzept von Seelsorge, *cura animarum*, ein deutlich anderes, das noch zu erläutern sein wird. Zum anderen wird dieses Konzept von einer Frau entwickelt, während ansonsten Frauen sowohl im Mittelalter als auch in der Neuzeit gemeinhin allerhöchstens als Objekte von Seelsorge angesehen wurden und werden. Wie verkürzt eine solche Perspektive angesichts tatsächlicher historischer Möglichkeiten ist, auch das soll im Folgenden zum Thema gemacht werden.

## Cura animarum – Seelensorge als institutionelles Geschehen

Seelsorge ist weder ein genuin christliches Geschehen noch ein genuin christlicher Begriff; sowohl Sokrates als auch Plato und von ihm beeinflusst vor allem die griechischen Philosophenschulen bis in die Spätantike haben sich intensiv mit der Seele und ihrem Heil auch über den Tod hinaus beschäftigt.[3] Das griechische Verständnis von Seelsorge führt allerdings keineswegs in einer direkten Linie zum jüdischen und christlichen Verständnis von Seelsorge, eher im Gegenteil: »Seelsorge« im Alten und im Neuen Testament wäre viel eher als »Lebenssorge« zu verstehen und zu entdecken, weil die Schrift die griechisch-platonische Trennung in Leib und Seele nicht in den Mittelpunkt rückt, sondern stattdessen das hebräische *nefesch* (Seele), das den neutestamentlichen Gebrauch von griechisch *psyche* prägt, eher ein umfassendes Verständnis von Seele als »Leben« oder »Lebensatem« meint.[4] Beide Richtungen, die griechisch-platonische und die jüdische, finden sich jedoch schließlich in den historischen Ausprägungen dessen, was christlich »Seelsorge« genannt worden ist und auch »Lebenssorge« oder »Heilssorge« genannt werden kann.

Bedenkt man diese Grundlagen des Begriffs Seelsorge, so könnte tatsächlich, wie formuliert worden ist, »Kirchengeschichte ... demzufolge auch insgesamt begriffen werden als Geschichte (geglückter und fehlgeschlagener) Seelsorge und umgekehrt«.[5] Warum ein solch zentrales Feld von Kirchengeschichte ein deutlich vernachlässigter Bereich historischer Forschung ist, bei dem »grundlegende Einzeluntersuchungen sowie eine neuere systematisch strukturierte Gesamtdarstellung zum Thema fehlen«[6], wird nicht recht ersichtlich. Dass, wenn überhaupt, vor allem Forschung zu Seelsorgskonzepten und theoretische Abhandlungen über Seelsorge entstanden sind, eher selten jedoch die Praxis der Seelsorge untersucht worden ist, wäre zu ergänzen. Doch ist die Dürftigkeit der Forschungsergebnisse selbst von Bedeutung: Sie schränkt einerseits die Möglichkeiten der folgenden Darstellung durch fehlende Vergleichsmomente stark ein, gibt aber andererseits die Gelegenheit, in einem erweiterten Begriff der »Lebenssorge« weibliches Tun zu erfassen, das traditionellerweise nicht unbedingt als Seelsorge verstanden worden ist. Denn jenseits der Sakramente als Zeichen vollzogener Seelsorge sind die Mittel der konkreten »Lebenssorge« vielfältig: schriftlich niedergelegte oder mündlich geführte Dialoge, Lektüre, Briefe, Predigt, Kunst, Freundschaft, schließlich gelebtes Leben selbst. Ebenso vielfältig wie die Mittel der Seelsorge sind daher die historisch greifbaren Quellen, die von Seelsorge erzählen: Predigt- und Briefsammlungen, theoretische Abhandlungen und praxisorientierte hagiographische Entwürfe, Bilder und Bauten, Visitationsberichte und Beschwerdeschriften, Gebetbücher und Klosterregeln, Bruderschaftsverzeichnisse und Totenbücher, Gründungsurkunden und Spitalrechnungen. Dass sich im Folgenden nur ein Bruchteil dieser möglichen Quellen auswerten lässt, hat seinen Grund in den erwähnten Forschungsdesideraten.

### Der Begriff der *cura animarum*

Der für das Mittelalter und die Neuzeit prägende Begriff der *cura animarum* in seiner Pluralform (eigentlich »Seelensorge« statt »Seelsorge«) entstammt dem Wortgebrauch der drei Kappadokier Gregor von Nyssa, Gregor von Nazianz und Basilius.[7] Der Plural »Seelen« zeigt eine neue Perspektive an: Vor allem die Bischöfe haben nicht nur einzelne Christen in den Blick zu nehmen, sondern müssen sich um die vielen Seelen kümmern, die ihnen anvertraut worden sind. Gerade in der westlichen Kirche hat der Begriff der *cura animarum* sich auf diesem Hintergrund eng mit Amtsführung und Amtsverständnis eines geweihten Klerikers verbunden und eine rechtlich-institutionelle Prägung erfahren. Dass unter dieser Perspektive die Frage nach Geschlecht und Seelsorge erst heute gestellt wird, verwundert dann nicht mehr.

*Cura animarum* im Mittelalter

Es geht im Folgenden darum, prägende Entwicklungen der Seelsorge vom frühen bis zum späten Mittelalter zu skizzieren.[8] Sowohl organisatorische als auch theologische Entscheidungen kennzeichnen die einzelnen Schritte. Dass die frühmittelalterlichen Diözesen im Verlauf des Mittelalters bis ins 12. Jahrhundert immer stärker in einzelne Pfarreien gegliedert werden, schafft die organisatorische Grundlage für den engen Zusammenhang von Seelsorge und Sakramentenspendung.[9] Ganz besonders ist es die Entwicklung des Bußsakramentes, die mit der Seelsorge verknüpft wird, denn nirgendwo sonst war der Austausch zwischen den einzelnen Gläubigen und dem für sie zuständigen Seelsorger individueller und direkter. Die Einführung der jährlichen Pflichtbeichte im Jahre 1215 auf dem 4. Laterankonzil ist daher durchaus als ein Meilenstein seelsorglicher Gesetzgebung zu betrachten, wenn auch im öffentlichen Bewusstsein die tatsächliche Bedeutung der Beichte vermutlich erst durch die intensive Predigt der Bettelorden wuchs.[10] Zwar war seit dem Siegeszug der Benediktsregel im westlichen Europa Seelsorge immer mehr als nur jährlich kontrollierter Sakramentenempfang, nämlich sowohl bei Benedikt als auch im Großkloster Cluny, sowohl bei Gregor dem Großen als auch bei Bernhard von Clairvaux Begleitung auf dem Weg geistlichen Wachstums. Doch zeigte sich diese Seite der Seelsorge vor allem in den monastischen Welten und für die den Klöstern verbundenen Adeligen, nicht so sehr im täglichen Leben der Mehrheit der Bevölkerung. Seelsorge in ländlichen und landstädtischen Pfarreien beschränkte sich zumeist auf Vermittlung christlichen Grundwissens: Gelehrt wurden Glaubensbekenntnis und Vaterunser, letzteres beispielsweise ist schon für das 8. Jahrhundert in althochdeutscher Übersetzung überliefert, ersteres vom Beginn des 9. Jahrhunderts.[11] Seelsorge wurde vermutlich vor allem im Gottesdienst erfahrbar, dann in der Sakramentenspendung und schließlich in der Konfrontation der Einzelnen mit Geboten und Verboten, wie sie vom Pfarrer gelehrt wurden und über deren Beachtung vor allem in der Beichte Rechenschaft abgelegt werden musste.[12] Zwar fordern schon die Kapitularien, kirchlich-weltliche Gesetzestexte des 8. und 9. Jahrhunderts, von den Bischöfen, sie sollten ihre Priester zu Predigten über die Trinität, die Menschwerdung Jesu, die Auferstehung im Fleische, über Gottes- und Nächstenliebe und nicht zuletzt über die Hauptsünden anhalten.[13] Inwiefern jedoch die theologische Bildung der Priester ausreichte, diese Predigtaufgaben zu erfüllen, ist noch kaum erforscht. Theologisches Studium bzw. theologische Ausbildung sind erst seit der Reformation bzw. dem Trienter Konzil eine Pflichtvoraussetzung für die Übernahme des Pfarramtes und damit der Seelsorgetätigkeiten.

Veränderungen in der Praxis der Seelsorge finden sich vor allem im 12./13. Jahrhundert und unmittelbar im Vorfeld der Reformation, also in der zweiten Hälfte des 15. Jahrhunderts. Die Entwicklung der Städte im 12. Jahrhundert schafft ein selbstständiges Bürgertum, dessen Ansprüche an Seelsorge mit den eigenen Erfahrungen wachsen. Bürger, die lesen und schreiben lernen, weil ihr Beruf ein gewisses Maß an Schriftlichkeit erfordert, sind nun selbst in der Lage, die Bibel zu studieren. Der Wunsch, das Evangelium zur Grundlage seiner persönlichen Existenz zu machen, direkt in die Nachfolge Jesu und der Apostel, in die *vita apostolica*, einzutreten, bewirkt eine gewisse Distanzierung zu jener Form der Seelsorge, die einzig durch das »Amt« geleistet wird. Vor allem Franziskaner und Dominikaner sind es im 13. Jahrhundert, die diese religiösen Bedürfnisse der Bürger aufgreifen und damit eine neue Form der Seelsorge schaffen, in deren Mittelpunkt die Predigt steht. Noch einen Schritt weiter geht die Entwicklung im Spätmittelalter. Thomas von Kempen mit seinem Buch »Nachfolge Christi« und Geert Groote schufen mit ihrer schriftlichen oder mündlichen Seelsorge eine Frömmigkeitsbewegung, die vor allem Laien ergriff und deren Ansprüche die Pfarrseelsorge erheblich veränderte. Alle diese Bewegungen und Entwicklungen führten, neben der Veränderung der Seelsorge selbst, auch zum Streit darüber, wer Seelsorge leisten dürfe: der Pfarrklerus, die Kanoniker als mönchisch lebende Kleriker oder die Brüder der Bettelorden. Konkurrenz belebte das Geschäft, so könnte man fast sagen, so dass es vor Beginn der Reformation um Seelsorge nicht so schlecht bestellt war, wie gemeinhin angenommen wird.

Was sich im Zeitalter von Renaissance und Humanismus, und damit am Vorabend der Reformation, veränderte, war der Zusammenhang von Individualität und Seelsorge. Wenn auch das Mittelalter deutliche individuelle Züge hatte, so war es insgesamt durchaus von kollektiven Zusammenhängen geprägt. Jene typisch mittelalterlich-christliche Erscheinung der *memoria* allerdings, des Gebetsgedenkens für Verstorbene, war durchaus individuell bestimmt; insofern war gerade mit dieser Sorge um das Seelenheil Verstorbener ein individualisierendes Moment verbunden.[14] Dennoch werden der Einzelne und sein Gewissen in ganz neuer Weise durch Luther und seine Lehre Ziel der Seelsorge.

Seelensorge zwischen Reformation und Gegenwart

Gerhard Ebeling stellt fest, dass Seelsorge erst mit Luther zu einem »Hauptwort des theologischen Sprachgebrauchs« wird.[15] Luthers seelsorgerisches Tun ist derart vielfältig und äußert sich in so vielen Formen, dass an dieser Stelle nicht einmal ein Überblick gegeben werden kann. Entscheidend jedoch ist Luthers Mahnung, auf die Schwachen in der Seelsorge Rücksicht zu nehmen. Ebenso ist von Bedeutung, dass bei Luther nicht nur Inhaber eines kirchlichen Amtes als Seelsorger gelten, sondern, gemäß der Lehre vom Priestertum aller Gläubigen, alle Christen sich als Seelsorger verstehen sollen, auch Frauen und Kinder. Das wichtigste Mittel der Seelsorge ist die Bibel, als Lektüre, Objekt der Meditation, in »brüderlicher« Auslegung und als Impuls zur Nachfolge. Darüber hinaus gilt bei Luther auch Bildung allgemein, also nicht nur biblische oder katechetische Unterweisung, als Mittel, die Seele zu betreuen. Ganz im Sinn der Lehre von den beiden von Gott eingesetzten Regimenten, dem weltlichen und dem geistlichen, soll also die weltliche und die geistliche Bildung der Auferbauung der Seele dienen.[16]

Dass Seelsorge und in diesem Zusammenhang auch Bildung zu den Hauptaufgaben einer zu reformierenden Kirche gehören müssten, erkannten auch die Väter des Konzils von Trient. Besonders die in Trient neu geordnete und sich nur sehr mühsam durchsetzende Ausbildungsordnung für Priester sowie die energisch eingeschärfte Residenzpflicht aller Kleriker sind die wichtigsten Punkte des Reformteils der Beschlüsse von Trient. Eine neue Gliederung von Pfarreien und Diözesen schuf die organisatorischen Voraussetzungen für eine Seelsorge, die sich vor allem in der Predigt und in der Spendung der Sakramente, insbesondere aber in einem moralisch vorbildlichen Leben der Priester und in »diakonisch-väterlicher Sorge«[17] für die einzelnen Christen äußern sollte. Eine Individualisierung der Seelsorge geschah im Katholizismus zweifellos in einer ähnlichen Form wie in den reformatorischen Kirchen.[18] Zu nennen sind hier einerseits die neuen Ordensgemeinschaften der Jesuiten oder Kapuziner, andererseits besonders die auch von Bischöfen ausgehenden und bis in die kleinsten Gemeinden reichenden Bemühungen um eine Intensivierung des Glaubenswissens, in der historischen Forschung verknüpft mit dem Begriff der katholischen oder protestantischen Konfessionalisierung.[19]

Im Zeitalter der Aufklärung erhielten die seelsorglichen Konzepte eine stärker rationale und vor allem moralisch-pädagogische Ausrichtung. »Seelsorge hat es nun programmatisch damit zu tun, die Menschen zum selbständigen Gebrauch ihrer Vernunft anzuleiten (Kant) und sie in den Stand zu versetzen, den Aber- und Wunderglauben ... zu überwinden und den Weg des verdienstvoll-tugendhaften Lebens zu beschreiten.«[20] In der Propagierung des Vernunftgebrauchs als Ziel der Seelsorge und in der neuen Rolle des Geistlichen als Berater eines selbstständig sein Gewissen benützenden Christen scheinen die protestantische und die katholische Vorstellung und Seelsorge nicht so weit voneinander entfernt zu sein. Für den katholischen Raum setzt die Einrichtung des ersten Lehrstuhls für Pastoraltheologie im Jahre 1777 an der Universität Wien neue Maßstäbe. Gleichzeitig wächst aber auch eine Gegenbewegung gegen eine Seelsorge rein rationaler Art, die sich im protestantischen Raum als biblisch orientierte Seelsorge äußerte und im katholischen Raum vor allem durch Johann Michael Sailer christozentrisch ausgerichtet wurde. Sein Aufruf »Jeder sey sein Selbst-Seelensorger! ... Jeder sey des andern Seelsorger! ... Jeder Geistliche sey Seelsorger in seinem Kreise!«[21], ergänzt um die Aufforderung, Bibellektüre und regelmäßiges Gebet zu pflegen, ist ein entscheidender Schritt zur Weitung auch des katholischen Seelsorgebegriffs. Vergleicht man diesen Aufruf jedoch mit dem zu Beginn zitierten Seelsorgeverständnis der Caterina von Siena, so scheint diese Frau des späten Mittelalters ihrer Zeit weit voraus gewesen zu sein.

Ob die in den historischen Wissenschaften diskutierte These von der Feminisierung der Religion im 19. Jahrhundert auch eine Feminisierung der Seelsorge bedeutete, wäre zu untersuchen.[22] In jedem Fall scheinen Frauen für jegliche Form der Seelsorge empfänglicher gewesen zu sein als Männer, deren seelsorgliche Betreuung in den Quellen als schwieriger beschrieben wird. In zeitgenössischer Sicht scheint die weibliche Hinwendung zur Religion geradezu die Distanzierung der Männer zu bewirken.[23] Inwiefern Frauen im Gefolge dieser Entwicklungen selbst auch als Seelsorgerinnen gelten, soll weiter unten erläutert werden.

Will man die Seelsorge des 19. und der ersten Hälfte des 20. Jahrhunderts auf den Begriff bringen, so ist sie zwischen zwei Polen stehend wahrzunehmen: zwischen Weltverteufelung und Weltzugewandtheit. Wie sehr schließlich die Seelsorge der letzten fünfzig Jahre sich verändert hat und in großem Ausmaße weiter verändern wird, dieser Frage widmen sich andere Beiträge dieses Bandes.

Frauen in der Seelsorge

Seelsorge als weibliches Tun in der Geschichte des Christentums entdecken zu wollen, ist eine ambivalente Aufgabe. Diese Ambivalenz hängt vor allem damit zusammen, dass der Seelsorgebegriff der Gegenwart noch immer männlich und vor allem individuell geprägt ist. Wenn vor allem die Betreuung Einzelner oder kleinster personaler Einheiten wie der Familie in geistlichen Konfliktsituationen als Seelsorge verstanden wird, dann können mit diesem Begriff große Teile der mittelalterlichen und auch der frühneuzeitlichen Bevölkerung nicht in ihrem Verhältnis zur Seelsorge erfasst werden. Jenes schon angeführte Verständnis von »Lebenssorge« scheint für den Blick in die Geschichte weiblicher Seelsorge angemessener zu sein.

Zudem macht die Vorstellung, dass heutige Individualseelsorge zumeist von Pfarrern, katholischerseits also immer Männern, aber auch auf evangelischer Seite mehrheitlich durch Männer geleistet wird, es schwer, weibliches seelsorgendes Tun in der Geschichte zu entdecken. Dass in der Gegenwart auch evangelische Pfarrerinnen und katholische Pastoralreferentinnen und über diese »Amtspersonen« hinaus viele andere Frauen Seelsorgerinnen im individuellen Sinne sind, kommt kaum in den Blick. Einen solchen männlich und individuell besetzten Seelsorgsbegriff in die Geschichte zu übertragen und über ihn auf die Spur weiblicher Seelsorgetätigkeit zu gelangen, muss in die Enge führen und kann die Vielfalt konkreter Seelsorge in der Geschichte nicht erfassen. Wie sehr selbst feministische Interpretationen sich in dieser Hinsicht den Blick verstellen, zeigt die Sentenz vom »Einbruch der Frauen in die Seelsorge« in einem jüngst erschienenen Aufsatz.[24] Auch in der protestantischen Theologie scheint noch immer ein männlich geprägtes Verständnis von Seelsorge zu überwiegen, das sich vor allem auf das Amt beruft. Im Vorwort des dritten Bandes der »Geschichte der Seelsorge in Einzelporträts« findet sich ein bezeichnender Satz: »Dass es in den vorliegenden Bänden ›nur‹ drei Nonnen sind, die als Seelsorgerinnen vorgestellt werden, hat seinen Grund vor allem darin, dass Frauen bis 1960 der Zugang zum geistlichen Amt und damit auch zur öffentlichen Seelsorge verwehrt war …«[25] Dass schon Luther die Seelsorge als Aufgabe aller Gläubigen, Männer und Frauen, verstand, scheint selbst im protestantischen Begriff von Seelsorge verloren gegangen zu sein.

Wenn es also gilt, Frauen als Seelsorgerinnen oder weibliche Seelsorge in historischen Zusammenhängen aufzuspüren, dann ist zuerst jene Erweiterung der Seelsorge um die »Lebenssorge« mitzudenken. Seelsorge meint dann die Sorge um Leben und Glauben sowohl einzelner Menschen als auch, und das besonders im Mittelalter, die Sorge für das Heil von Gemeinschaften und Gruppen. Insofern Seelsorge sowohl ein individuelles als auch ein kollektives Geschehen meint, sollen im Folgenden ausgewählte Seelsorgerinnen, aber auch Institutionen von Frauen und für Frauen vorgestellt werden, die Seelsorge ermöglichten.

*Seelsorgerinnen – persönliche Begegnungen in den Zeiten*

## Lioba, die Missionarin Deutschlands (um 700/710–780)

Eine der frühesten bekannten Seelsorgerinnen, die dann doch weitgehend vergessen wurde, ist jene angelsächsische Missionarin Lioba, eine Benediktinerin und Verwandte des Bonifatius, die dieser als Gefährtin für seine Mission im fränkischen Reich gewinnen konnte.[26] Von Lioba gibt es eine ca. sechzig Jahre nach ihrem Tod entstandene Vita, die der Mönch Rudolf von Fulda verfasst hat. Lioba als Seelsorgerin ist vor allem bei genauer und kritischer Lektüre ihrer Vita zu entdecken. Lioba war eine gelehrte Frau, schrieb Latein, hatte umfassende Kenntnisse der Schrift, der patristischen Texte und des Rechts, organisierte zusammen mit anderen Frauen im fränkischen Reich die Gründung zahlreicher Frauenklöster und sorgte für Ausbildung und geistliches Leben in diesen Konventen, so dass aus ihrem Kloster Bischofsheim, aber auch aus den anderen angelsächsisch geprägten Konventen wiederum geistliche Vorsteherinnen hervorgingen. Wie sehr sie eine Seelsorgerin für den ganzen Menschen war, wird aus eher nebenbei berichteten Einzelheiten deutlich: In ihrem Kloster legte sie Wert auf regelrechte Mittagsruhe, um Körper und Geist zu erfrischen; sie war Vorsteherin des Gebets, besuchte Kranke und heilte eine todkrank darniederliegende Mitschwester.

Über diese seelsorglichen Aufgaben in ihrem klösterlichen Umfeld hinaus scheint Lioba eine Art Seelsorgerin des königlichen Hofes gewesen zu sein. Besonders Karl der Große und vor allem seine Frau Hildegard legten Wert auf Liobas geistlichen Rat, durch »Wort und Beispiel« sollte sie den Lebensweg der Königin begleiten. Neben der Königin scheinen besonders einige Bischöfe ihrer Zeit darauf bedacht gewesen zu sein, sich mit Lioba über geistliche und weltliche Fragen auszutauschen.[27] Durch die Person Liobas und ihre Verbindung zu Bonifatius wird darüber hinaus eine ganze Reihe von Frauen sichtbar, die ihrerseits im Briefwechsel mit Bonifatius standen. Die Briefe zeigen, wie sie als Äbtissinnen Seelsorge und Lebenssorge für die ihnen anvertrauten Nonnen und die zum Kloster gehörigen

Laien leisteten, welche Schwierigkeiten sie zu bewältigen hatten und wie wichtig ihnen daher der Austausch mit einem gleichfalls seelsorglich tätigen Christen ist.[28]

### Dhuoda (9. Jh.) und das Handbuch für ihren Sohn

Auf eine Mutter als Seelsorgerin trifft man in der Person der fränkischen Adeligen Dhuoda[29], der Frau Bernhards von Septimanien. Sie verfasst um 841/843 ein Handbuch (*Liber manualis*) zur christlichen Lebensführung für ihren heranwachsenden Sohn Wilhelm, der am Hof König Karls des Kahlen in Diensten steht.[30] Ist schon die Tatsache bemerkenswert, dass hier eine selbstständige Schrift einer Frau des 9. Jahrhunderts vorliegt[31], so ist mehr noch zu betonen, dass Dhuoda sich als geistliche Ratgeberin ihres Sohnes versteht, sich als Seelsorgerin für sein Gebetsleben, seinen Gottesdienstbesuch und seine christliche Lebensführung insgesamt verantwortlich fühlt. Dazu passt auch, dass sie sich eher resignierend über viele Geistliche am Hof äußert, zwar das priesterliche Amt als solches rühmt, aber sich von deren Beispiel in der Lebensführung so wenig verspricht, dass sie selbst tätig werden muss.[32]

Dhuoda ist in ihrer Rolle als Mutter und Seelsorgerin nicht isoliert zu betrachten, sondern steht gerade im frühen Mittelalter für eine ganze Gruppe königlicher und adeliger Ehefrauen und Mütter. Sie bekehren ihre Ehegatten, erziehen ihre Kinder bewusst christlich, leisten in ihren Formen Seelsorge für ihr gesamtes Umfeld und werden auch von den zeitgenössischen Bischöfen als Seelsorgerinnen ihrer Familie verstanden, was sich in zahlreichen bischöflichen Briefen an diese Frauen zeigt.[33]

### Hildegard von Bingen (1098–1179)

Die Äbtissin Hildegard gehört zu jenen drei Nonnen, denen in der schon genannten »Geschichte der Seelsorge in Einzelporträts« ein eigener Beitrag gewidmet ist.[34] Hildegard war Seelsorgerin vor allem durch ihre Briefe und Predigten, durch ihr Gespräch mit all jenen, die um Rat in ihrem Kloster nachsuchten. Betrachtet man die Texte, die Zeugnis ihrer seelsorgenden Tätigkeit geben, so scheint das klassische Verständnis von Ermahnung, Ermutigung, Korrektur und Bestärkung auf. Hildegard scheut sich nicht, Bischöfe und Äbte, Kaiser und Päpste in ihrem Verhalten zu tadeln; ihr seelsorglicher Rat gilt allen, ohne Ansehen des Standes und der Person. Seelsorge hat bei ihr einen deutlich biblischen Akzent: Zahlreiche Predigten und Briefe greifen immer wieder auf die Texte des Alten und des Neuen Testaments zurück und binden die Anforderungen für eine rechte Lebensführung im 12. Jahrhundert an die Aussagen der Schrift.[35] Zentralbegriff ihrer seelsorglichen Ausführungen ist die der Benediktsregel entnommene *discretio*, sowohl in der Bedeutung der Unterscheidungskraft als auch in der Bedeutung des Maßhaltens.[36] Im Bewusstsein der Krisen ihrer Zeit steht über allem seelsorgerischen Handeln ihr Bestreben, jedem einzelnen Menschen den Weg zum Heil zu ermöglichen. Angesichts der gerade in jüngster Zeit zunehmenden Beschäftigung mit Person und Rolle Hildegards ist eine Studie zu ihrem seelsorglichen Handeln ein dringend anzumahnendes Desiderat.

Neben Hildegard stehen im späten Mittelalter bzw. an der Grenze zur Neuzeit als herausragende Seelsorgerinnen Caterina von Siena und Teresa von Avila, beide mit dem Titel der Kirchenlehrerin ausgezeichnet. Auch die von ihnen gewählte Verbindung von seelsorglichem Handeln und schriftstellerischer Tätigkeit hätte neuere Untersuchungen verdient.[37]

## Katharina von Zell (1497/98–1562)

Im Hinblick auf die Reformationszeit scheint für die Verbindung zwischen Frauen und Seelsorge ein neues Amt zu entstehen: das Amt der Pfarrfrau. Katharina Zell, geb. Schütz, Theologin und Ehefrau des Straßburger Pfarrers und Reformators Matthias Zell, hat ihre Funktion auch so verstanden: Sie sah sich als offizielle Mitarbeiterin und Gehilfin ihres Mannes in der gemeindlichen Seelsorge; diese Position wurde von ihrem Mann unterstützt. Sie zog während des Bauernkrieges über die Dörfer, um die flüchtenden Frauen und Kinder zu trösten oder gar aufzunehmen, sie sorgte sich selbst um Pestkranke, ging zu den zum Tode Verurteilten ins Gefängnis. Der Straßburger Prediger

Kaspar Hedio erbat sich auf seinem Sterbebett, dass allein Katharina Zell seine Seelsorgerin im Tode sei.

1524 veröffentlichte sie eine theologische Apologie der reformatorischen Pfarrersehe und überschritt damit im Verständnis der Obrigkeit ihre Kompetenzen. Nachdem der Rat der Stadt Straßburg ihr im gleichen Jahr noch jede Veröffentlichung theologischer Schriften untersagt hatte, beschränkte sie sich, abgesehen von der praktischen Seelsorge, in den folgenden Jahren vor allem auf das Verfassen von Briefen, mit denen sie Kontakte zwischen den einzelnen Reformatoren herstellte. Man könnte sie durchaus die Seelsorgerin der Reformatoren nennen. Ihrem Mann hielt sie 1548 die Leichenrede. Erst in den 1550er Jahren wurde sie auch wieder öffentlich theologisch tätig: Mehrere Mahn- und Streitschriften aus ihrer Feder sind überliefert.[38] Deutlich wird in all ihren Schriften und Briefen ihr seelsorgliches Selbstbewusstsein: Seelsorge an allen, die bedürftig waren – dazu hat Gott sie berufen.

## Johanna Franziska von Chantal (1572–1641)

Ausführungen über Johanna Franziska von Chantal betonen immer wieder die Bedeutung ihres geistlichen Freundes Franz von Sales als ihres Seelsorgers und Seelenführers. Liest man jedoch die wenigen Briefe Johannas an Franz, die erhalten geblieben sind[39], so scheint eine gänzlich andere Struktur von »Seelenführung« auf: Abgesehen davon, dass Johanna als Ordensgründerin und erste Vorsteherin ohne Zweifel Seelsorgerin ihrer Mitschwestern war, zeigen die Briefe eher einen dialogischen Charakter von Seelsorge zwischen ihr und Franz von Sales. In konkreten Dingen des Alltags scheint sie lieber einmal zu viel als zu wenig um Rat zu fragen, in geistlichen Angelegenheiten zeigen allein ihre Fragen und Ausführungen, dass sie ihrem Briefpartner ebenbürtig ist und ebenso für ihn Seelsorgerin, auch im Sinne der Herausforderung, wird, wie sie ihn als Seelsorger akzeptiert. Da die Bedeutung ihrer Gemeinschaft vor allem in der Fürsorge für Arme und Kranke und in der Bildung und Erziehung von Mädchen lag, hatte die seelsorgliche Haltung Johannas unmittelbaren Einfluss auf das Handeln ihrer geistlichen Schwestern: Krankenbesuch in den Wohnungen oder Erziehung junger Mädchen waren ohne Zweifel Seelsorge im Sinne jener umfassenden Lebenssorge, wie sie seit Reformation und Konfessionalisierung zum geistlichen »Programm« gehörten.

## Margarete Ruckmich (1894–1985) und Madeleine Delbrêl (1904–1964) – Entwürfe einer Seelsorge im 20. Jahrhundert

Blickt man vergleichend auf die Jahrhunderte des Christentums, dann scheint das 20. Jahrhundert die meisten Seelsorgerinnen hervorgebracht zu haben, ein Erbe der sich allmählich durchsetzenden Frauenbewegung, möglicherweise aber auch ein Erbe jener »Feminisierung« der Religion im 19. Jahrhundert. So seien hier zwei Seelsorgerinnen stellvertretend für viele andere vorgestellt.

Margarete Ruckmichs seelsorgliche Tätigkeit lässt sich aus ihrem karitativen Engagement ableiten.[40] Sie hat eine Ausbildung als Krankenschwester und schließt nach dem Ersten Weltkrieg an der Caritasschule Freiburg ihre Ausbildung zur Caritasbeamtin ab. Heute spräche man von einem Studium der Sozialarbeit. An der Caritasschule wird sie 1925 Assistentin und arbeitet ab 1927 im Referat Seelsorgehilfe des Deutschen Caritasverbands in Freiburg. Ihre Arbeit dort steht am Anfang eines neuen Berufs: zuerst Gemeindehelferin genannt, später Seelsorgehelferin und heute Gemeinde-/Pastoralreferentin. Margarete Ruckmich ist diejenige, die die hauptamtliche Seelsorgetätigkeit von Frauen in christlichen Gemeinden mit auf den Weg bringt, durchaus mit Schwierigkeiten und Ablehnung konfrontiert wird, über die Zeit des Nationalsozialismus »ihre« Gemeindehelferinnenschule rettet und schließlich nach 1945 mit Rat und Tat zur Seite steht, als auch in anderen Diözesen »Seminare für Seelsorgehilfe« gegründet werden. Die »neue« Bezeichnung des Berufes, Gemeindereferentin, gefällt ihr übrigens nicht: Wenn Frauen Seelsorge leisten, so sollen sie auch Seelsorgerin genannt werden, so lautet ihre Devise.[41]

Eine ganz andere und doch ganz ähnliche Frau ist die Seelsorgerin Madeleine Delbrêl.[42] Ursprünglich eine überzeugte Atheistin, dann zu einer leidenschaftlichen Christin geworden, als Sozialarbeiterin seit den Kriegsjahren in Ivry, einer Arbeiterstadt bei Paris, lebend, ist sie mitten unter denen, deren seelische und geistige Not sie als Not der Zeit begreift und denen sie sich verpflichtet fühlt. Darüber hinaus ist auch Madeleine Delbrêl, wie schon viele Frauen vor ihr, als Seelsorgerin für Seelsorger tätig. In dem überdiözesanen Priesterseminar »Mission de France«, gegründet im Zweiten Weltkrieg durch die französischen Bischöfe, ist sie eine der ersten, die zur Ausbildung der Priesteramtskandidaten herangezogen wird. In Vorträgen berichtet sie von ihren Lebens- und Glaubenserfahrungen inmitten des kommunistischen Arbeitermilieus von Ivry.[43] Angesichts der aktuellen Veränderungen der christlichen Lebenswelt ist Madeleine Delbrêl geradezu als prophetische Seelsorgerin zu bezeichnen.

*Institutionen weiblicher Seelsorge zwischen Ermöglichung und Verhinderung*

Frauenklöster und geistliche Autarkie:
Das Amt der Äbtissin im frühen Mittelalter

Nimmt man wahr, wie sehr im Christentum von Anfang an Beichte und Buße als Mittel der Seelsorge verstanden werden, so kann man feststellen, dass gerade in frühmittelalterlichen Frauenklöstern weibliche Seelsorge strukturell wirksam wurde. Die Äbtissin eines Klosters war diejenige, die das Sündenbekenntnis ihrer Schwestern, manchmal auch der im Umfeld des Klosters wohnenden Laien, entgegennahm, über zeitweiligen Ausschluss aus der Mahlgemeinschaft oder andere Sündenstrafen entschied und schließlich auch die Wiederaufnahme in die Gemeinschaft vollzog. Ist zwar für das frühe Mittelalter nur in Ansätzen von einem sakramentalen Bußverständnis auszugehen, so ist doch diese Bußform die in Klöstern praktizierte. Gelten die Frauenklöster des frühen Mittelalters allgemein als Enklaven weiblicher Herrschaftsausübung, so gilt das nicht nur für das »weltliche«, sondern auch für das »geistliche Regiment«: Äbtissinnen sind institutionalisierte Seelsorgerinnen für ihre Konvente, ihr Amt gilt als dem eines Bischofs oder Abtes gleichgestellt.[44]

Dass es hier im Verlauf des Mittelalters zu Entwicklungen kommt, die von dieser institutionalisierten Form weiblicher Seelsorge wegführen, wird besonders am Beispiel der Klarissen deutlich. Für Franziskus, von dem Klara inspiriert wird zu ihrer eigenen Gründung, wird im Verlauf der Entwicklung seiner Gemeinschaft die Seelsorge zur hauptsächlich ausgeübten Tätigkeit; Franziskaner gelten, neben den Dominikanern, als Seelsorger des hohen und späten Mittelalters schlechthin. Für die Klarissen ergibt sich geradezu das Gegenteil: Aufgrund der strengen Klausurierung ihres Ordens ist den Klarissen keine aktive Seelsorge möglich. Zwar hat es Seelsorge an der Klosterpforte immer gegeben, doch wird die Bedeutung dieser Seelsorge mangels Quellen nicht nachzuweisen sein. Neben die Institutionalisierung der Seelsorge in den männlichen Bettelorden tritt die Verhinderung tätiger Seelsorge, wenn die weiblichen Zweige diese leisten wollen.

Wie allerdings gerade in den weiblichen Zweigen der Bettelorden neue Formen von Seelsorge erwuchsen, wäre noch weiter zu untersuchen. Verschiedene Arbeiten haben gezeigt, dass im späten Mittelalter die Bedeutung von Bildern und Kunstgegenständen in der Seelsorge für Nonnen, der *cura monialium*, zunahm.[45] Inwieweit vor allem die dominikanischen Schwestern diesen Bildgebrauch in der Seelsorge beeinflusst und selbst weiter entwickelt haben, in welchem Maße sie auch selbst Bilder zur Weitergabe an Laien außerhalb des Klosters anfertigten und wie hier indirekt Seelsorge stattgefunden hat, das ist noch zu entdecken.

Almosen und Prophetie: Inklusinnen des Mittelalters

Während des gesamten Mittelalters gab es Inklusen und Inklusinnen, Männer und Frauen, die sich in einem kleinen Raum einmauern ließen, um in dieser Zelle zu leben und zu beten. Ziel der Einschließung war der vollkommene Bruch mit der »Welt«, um einzig und allein Gott in Gebet und Fasten zu dienen. Wie wenig das gelingen konnte, zeigt schon eine der ersten Regeln für Klausner, in der mehrere Kapitel der Vorbildfunktion der Eingeschlossenen gewidmet sind; das zeigen aber auch die Orte, an denen besonders die weiblichen Inklusen ihre Klause errichteten: Pfarrkirchen, Brücken, Stadttore, Wallfahrtskapellen, kurz: belebte Plätze. Klausnerinnen erhielten Lebensmittel und alles für Gebet und Gottesdienst Notwendige als Almosen durch das Fenster ihrer Klause. Und jenes Fenster der Klause entwickelte sich zum Seelsorgezentrum schlechthin. Männlichen Klausnern macht es eine der Inklusenregeln zur Pflicht, Seelsorge zu leisten. Für weibliche Inklusen galt diese Pflicht nicht, ganz im Gegenteil versuchte man, das Volk von ihnen fernzuhalten. Doch gerade die Inklusinnen galten als diejenigen, bei denen man Trost in seelischen Nöten, Medizin für leibliche Qualen und nicht zuletzt prophetische Weissagungen erhalten konnte. Gegen den Besuch bei diesen Seelsorgerinnen wetterten Prediger vergeblich, zu gefragt waren Trost und Arznei. Vom Augustinerprior Heinrich von Offenburg ist eine solche vergebliche Predigt gegen seelsorgende Inklusinnen überliefert: »Willst du Rat haben, wie du dein Leben solltest bessern oder Tugenden gewinnen, das brauchst du sie nicht zu fragen, denn du hast Prediger und Beichtväter genug in Straßburg, die dich darin unterweisen, sie ist weder Prediger noch Beichtvater noch gelehrte Person ... Willst du leibliche Arznei oder Gesundheit suchen, so brauchst du auch nicht hinzugehen, denn Ärzte und Apotheker gibt es genug in Straßburg. ... Kurz gesagt: ihr habt keine Ursache, zu ihr zu gehen.«[46] Der offensichtliche Konflikt zwischen institutionalisierter männlicher Seelsorge und sich selbst institutionalisierender weiblicher Seelsorge durch Inklusinnen brach nicht nur in Straßburg aus. Die Konfliktlösungen zu untersuchen, die sich ergaben oder die erzwungen wurden, das wäre ein wichtiger Beitrag zu einer Geschichte weiblicher Seelsorgetätigkeit.

Bildung als Mittel der Seelsorge:
Die weiblichen Orden der frühen Neuzeit

Nicht allein Luther, Melanchthon und die Reformatoren hatten Bildung als wirksames Mittel der Seelsorge entdeckt und gefördert, auch die Jesuiten versprachen sich von einer verbesserten allgemeinen Bildung ein intensiveres geistliches Leben. Alle

Konfessionen entdeckten im 16. und 17. Jahrhundert die Bildung als Mittel der Bindung an die eigene Kirche, als notwendige Voraussetzung für die Entwicklung einer fruchtbaren Seelsorge. Die ersten Frauen, die diese Erkenntnis konsequent umsetzten und vor allem für Frauen verwirklichten, waren 1535 in Brescia Angela Merici und ihre Gemeinschaft sozial tätiger Frauen, aus denen sich später die Ursulinen entwickelten. Ihre Grundaufgabe sahen sie nicht nur in der Versorgung leiblicher Bedürfnisse, sondern sowohl in Italien als auch besonders in Frankreich und Deutschland in christlicher Katechese und regulärem Unterricht für Mädchen und Frauen. Nur gebildete Frauen, so wurde offensichtlich, würden ihren Kindern eine christliche Erziehung im »rechten Glauben« geben können. Seelsorge und Bildung wurden damit unmittelbar miteinander verknüpft.[47]

Eine ähnliche Erkenntnis bewog Mary Ward zur Gründung der »Englischen Damen«. Als Katholikin aus England vertrieben, wollte sie mit ihrer Gründung in St. Omer im Jahre 1609 die Möglichkeit schaffen, Töchter englischer Katholiken, deren Unterweisung im katholischen Glauben in England nicht mehr möglich war, zu erziehen und auszubilden. Sie verstand ihr Erziehungsinstitut als Teil einer zeitgenössischen Seelsorge und als Teilnahme am kirchlichen Apostolat. Die Geschichte der Behinderungen und Verbote, die ihr Institut in den ersten Jahrzehnten hinnehmen musste, liest sich von der Gegenwart aus als Geschichte der Behinderung weiblicher Seelsorge, vordergründig legitimiert durch Klausurgesetze, letztlich aber gekennzeichnet durch das Unverständnis der Hierarchie für eine sich modernisierende und sich konfessionalisierende Welt, auf die Mary Ward mit ihrer Gemeinschaft einzugehen versuchte.[48]

Sozialnetzwerke des 19. Jahrhunderts:
Krankensorge und Seelsorge

In erster Linie der Krankenpflege und der Armenfürsorge gewidmet, allerdings deutlich ihre soziale Tätigkeit mit der Sorge um das Seelenheil der ihnen anvertrauten Menschen verknüpfend, in diesem Grundverständnis entstehen im 19. Jahrhundert zahllose weibliche Kongregationen in Deutschland. In den beispielsweise von den Clemensschwestern im Bistum Münster gegründeten Krankenhäusern war bereits der Name Programm: Mit einem Heiligennamen versehen, gaben die neuen Häuser ihrer Umgebung »ein eindeutiges Signal, dass in einem Krankenhaus solchen Namens mehr geschah als rein physische Krankenpflege«[49]. Seelische Pflege und leibliche Pflege waren untrennbar miteinander verbunden, sowohl für die Kranken im Krankenhaus als auch für diejenigen, die von den Schwestern zu Hause gepflegt wurden. Immer wieder gab es Anfragen aus den Gemeinden und von den zuständigen Pfarrern an die Mutterhäuser der Kongregationen, doch auch in ihrer Gemeinde ein Krankenhaus oder eine Krankenstation zu gründen. Gemeinde, Pfarrer und Schwesterngenossenschaften waren sich einig, dass »Krankenpflege aus einer physischen, aber auch aus einer seelisch-spirituellen Pflege zu bestehen hatte«.[50] Pflege ohne Seelsorge hätte man auch in weltlichen Häusern erhalten können, daran waren die Katholiken des sich bildenden katholischen Milieus nicht interessiert. Von Bedeutung ist, dass gerade in der Krankenpflege für die Schwestern und für die Kranken weibliche Seelsorge und auch ihre Grenze sichtbar wurde: Die alltägliche Sorge um das Seelenheil leisteten die Schwestern durch Gespräche, gemeinsames Gebet und Trost; für die Sterbenden jedoch musste zur Ausübung der sakramentalen Seelsorge ein Priester gerufen werden.

*Memoria* als seelsorgliche Grundhaltung

Natürlich ist an dieser Stelle die Frage zu stellen, ob es ein Spezifikum weiblicher Seelsorge in der Geschichte gegeben habe. Und ebenso selbstverständlich lässt sich diese Frage nicht beantworten, ohne das spezifische Erscheinungsbild männlicher Seelsorge untersucht zu haben. Da Letzteres noch nicht geschehen ist, lässt sich auch Ersteres noch nicht feststellen.

Möglich ist jedoch, einige Hauptlinien weiblicher Seelsorge sichtbar zu machen. Blickt man sowohl auf einzelne Seelsorgerinnen als auch auf institutionalisierte Möglichkeiten weiblicher Seelsorge, dann zeigt sich, dass zum Ersten besonders der Gedanke der christlichen memoria, des Gedenkens und Erinnerns in Verknüpfung mit dem Gebet, die weibliche Seelsorge geprägt hat. Memoria, Gebetsgedenken, war Sorge für die Seelen derjenigen, die sich in Gebetsbünden zusammengeschlossen hatten. Memoria war angebunden an Männer- wie Frauenklöster, im Mittelalter und auch noch in der Neuzeit scheinen jedoch die weiblichen Orden existenziell sehr viel stärker mit der memoria verbunden gewesen zu sein als die der männlichen Orden. Memoria könnte somit als ergänzende Kategorie eines herkömmlichen Seelsorgebegriffs dienen, um weibliche Seelsorge historisch erfassen zu können.

Zum Zweiten ist weibliche Seelsorge in der Regel eine wirkliche Lebenssorge gewesen, die Leib und Seele umfasste, von der Benediktinerin Lioba bis hin zu den Kongregationen des 19. Jahrhunderts und einer Madeleine Delbrêl im 20. Jahrhundert. Zum Dritten ist Seelsorge durch Frauen sowohl im Mittelalter als auch in der Neuzeit immer auch mit der Vermittlung von Bildung einhergegangen, es seien nur Dhuoda, Angela Merici oder Mary Ward genannt. Und nicht zuletzt haben Frauen regelmäßig die Rolle der Seelsorgerinnen für Seelsorger übernommen. Eine Geschichte der weiblichen Seelsorge könnte daher diese vier Hauptlinien verfolgen, um mehr als nur eine vorläufige Skizze wie die vorliegende zu erstellen.

## Anmerkungen

1  Vgl. Caterina von Siena, Gottes Vorsehung, hrsg. von Gnädinger, Louise, München 1989, 250.
2  A. a. O., 253.
3  Vgl. Möller, Christian, Entstehung und Prägung des Begriffs Seelsorge, in: ders. (Hrsg.), Geschichte der Seelsorge in Einzelporträts, 3 Bde, Göttingen 1994–1996, hier Band 1: Von Hiob bis Thomas von Kempen, Göttingen 1994, 9–19, hier 9f.
4  A. a. O., 12–14.
5  Steiger, Johann Anselm, Art. Seelsorge I. Kirchengeschichtlich, in: TRE 31 (2000) 7–31, hier 7.
6  A. a. O.
7  Vgl. Anmerkung 3, 17.
8  Vgl. insgesamt dazu Kurze, Dietrich, Art. Seelsorge I. Westkirche, in: Lexikon des Mittelalters 7, 1681f. mit Literaturangaben.
9  Vgl. Gatz, Erwin, Entwicklung und Bedeutung der Pfarrei bis zur Reformation, in: ders. (Hrsg.), Geschichte des kirchlichen Lebens in den deutsch-

sprachigen Ländern seit dem Ende des 18. Jahrhunderts. Die Katholische Kirche, Band I: Die Bistümer und ihre Pfarreien, Freiburg 1991, 29–40.
10 Vgl. Anmerkung 5, 10f.
11 Vgl. Kranemann, Benedikt, Art. Paternoster, in: Lexikon des Mittelalters 6, 1782; Angenendt, Arnold, Das Frühmittelalter. Die abendländische Christenheit von 400 bis 900, Stuttgart 1990, 344f.
12 Vgl. Grasmück, Ernst, *Cura Animarum*. Zur Praxis der Seelsorge in der Zeit Bischof Ottos von Bamberg, in: Bischof Otto I. von Bamberg. Reformer – Apostel der Pommern – Heiliger. Gedenkschrift zum Otto-Jubiläum, Bamberg 1989, 115–146, hier 124f.
13 A. a. O., 122, sowie Buck, Thomas Martin, Admonitio und Praedicatio. Zur religiös-pastoralen Dimension von Kapitularien und kapitulariennahen Texten, Frankfurt 1997, 507–814.
14 Vgl. Oexle, Otto Gerhard, Memoria in der Gesellschaft und der Kultur des Mittelalters, in: Heinzle, Joachim (Hrsg.), Modernes Mittelalter. Neue Bilder einer populären Epoche, Frankfurt/Main 1999, 297–323, hier 322f. mit Literaturverweisen.
15 Ebeling, Gerhard, Luthers Gebrauch der Wortfamilie ›Seelsorge‹, in: Lutherisches Jahrbuch 61 (1994) 7–44, hier 44.
16 Vgl. Anmerkung 5, 13.
17 Vgl. Anmerkung 5, 14.
18 Vgl. Anmerkung 5, 19.
19 Zur Darstellung dieser Seelsorgsbemühungen im Zeitalter der Konfessionalisierung vgl. Holzem, Andreas, Religion und Lebensformen. Katholische Konfessionalisierung im Sendgericht des Fürstbistums Münster 1570–1800, Paderborn 2000.
20 Anmerkung 5, 21.
21 Vgl. Anmerkung 5, 23. Veröffentlicht wurden Sailers Vorlesungen zur Pastoraltheologie im Jahre 1788.
22 Vgl. Busch, Norbert, Die Feminisierung der ultramontanen Frömmigkeit, in: Götz von Olenhusen, Irmtraud (Hrsg.), Wunderbare Erscheinungen. Frauen und katholische Frömmigkeit im 19. und 20. Jahrhundert, Paderborn 1995, 203–219. Busch nennt auch die wichtigste Literatur zu dieser Diskussion.
23 A. a. O., 207f., 213f.
24 So in ihrem ansonsten hervorragenden Beitrag Prüller-Jagenteufel, Veronika, Knechtin, keine dienstbare Magd. Zur Geschlechterpolitik der Seelsorgehelferinnen in Österreich am Beispiel von Hildegard Holzer, in: Berlis, Angela/ Methuen, Charlotte (Hrsg.), Feministische Zugänge zu Geschichte und Religion. Jahrbuch der Europäischen Gesellschaft für theologische Forschung von Frauen 8 (2000) 209–224, hier 211.
25 Möller, Christian (Hrsg.), Geschichte der Seelsorge in Einzelporträts. Band 3: Von Friedrich Schleiermacher bis Karl Rahner, Göttingen 1996, 7.
26 Rudolf von Fulda, Vita Leobae Abbatissae Biscofenheimensis, in: MGH Script. 15/1, 118–131.
27 Zu Lioba und anderen seelsorgend tätigen Frauen im Umfeld des Königshofes, z. B. der Äbtissin Gisla von Chelles, der Schwester Karls des Großen, vgl. Nelson, Janet, Women and the Word in the Earlier Middle Ages, in: Sheils, W. J./Wood, Diana (Hrsg.), Women in the Church (Studies in Church History 27) Oxford 1990, 53–78, hier 64f.
28 Gerade der Briefwechsel der Frauen mit Bonifatius wäre in dieser Hinsicht noch genauer zu untersuchen; einen ersten, aber nicht zufrieden stellenden

Versuch hat unternommen Classen, Albrecht, Frauenbriefe an Bonifatius. Frühmittelalterliche Literaturdenkmäler aus literarhistorischer Sicht, in: Archiv für Kulturgeschichte 72 (1990) 251–273.
29 Vgl. Bernt, Günter, Art. Dhuoda, in: Lexikon des Mittelalters 3 (1999) 934.
30 Dhuoda, Liber manualis – Manuel pour mon fils, ed. Riché, Pierre (Sources Chrétiennes 225) Paris 1975.
31 Vgl. Dronke, Peter, Women Writers of the Middle Ages. A Critical Study of Texts from Perpetua (+ 203) to Marguerite Porete (+ 1310), Cambridge 1984, 36–54.
32 Vgl. Wollasch, Joachim, Eine adelige Familie des frühen Mittelalters. Ihr Selbstverständnis und ihre Wirklichkeit, in: Archiv für Kulturgeschichte 39 (1957) 150–188; Claussen, M. A., God and Man in Dhuoda's Liber manualis, in: Sheils, W. J./Wood, Diana (Hrsg.), Women in the Church (Studies in Church History 27) Oxford 1990, 43–52.
33 Vgl. zu dem gesamten Komplex Nolte, Cordula, Conversio und Christianitas. Frauen in der Christianisierung vom 5. bis 8. Jahrhundert (Monographien zur Geschichte des Mittelalters 41) Stuttgart 1995.
34 Schmidt, Margot, Hildegard von Bingen, in: vgl. Anmerkung 3, 265–286, sowie: Forster, Edeltraud und der Konvent der Benediktinerinnenabtei St. Hildegard (Hrsg.), Hildegard von Bingen. Prophetin durch die Zeiten. Zum 900. Geburtstag, Freiburg 1997.
35 Vgl. dazu besonders Gössmann, Elisabeth, Haec mulier est divinitas. Das Gleichnis von der Frau mit der verlorenen Drachme in seiner Auslegungsgeschichte bei den Kirchenvätern und Hildegard von Bingen, in: dies. (Hrsg.), Hildegard von Bingen. Versuch einer Annäherung. München 1995, 150–162.
36 Schmidt, vgl. Anmerkung 34, 278.
37 Vgl. Gerl, Hanna-Barbara, Caterina von Siena, in: vgl. Anmerkung 3, 321–339; Dobhan, Ulrich, Teresa von Avila, in: vgl. Anmerkung 3, Band 2: Von Martin Luther bis Matthias Claudius, Göttingen 1995, 145–160.
38 Vgl. Jung, Martin H., Katharina Zell, geb. Schütz (1497/98–1562). Eine »Laientheologin« der Reformationszeit? in: Zeitschrift für Kirchengeschichte 107 (1996) 145–177; Kaufmann, Thomas, Pfarrfrau und Publizistin. Das reformatorische »Amt« der Katharina Zell, in: Zeitschrift für historische Forschung 23 (1996) 169–218.
39 Die Briefe sind nur in einer Ausgabe von 1929 greifbar: Heine, Elisabeth (Hrsg.), Briefe der heiligen Johanna Franziska von Chantal an den heiligen Franz von Sales und ihre Aussagen über seine Tröstungen, München 1929. Die Gesamtausgabe ihrer Werke liegt nur in französischer Sprache in einer Edition des 19. Jahrhunderts vor, während die Werke Franz von Sales' in jüngerer Zeit aus dem Französischen ins Deutsche übertragen wurden und in zahlreichen Bänden zugänglich sind.
40 Vgl. Wuckelt, Agnes, Margarete Ruckmich (1894–1985). Hartnäckig – zielstrebig – selbständig weiterdenken, in: Pithan, Annabelle (Hrsg.), Religionspädagoginnen des 20. Jahrhunderts, Göttingen 1997, 80–97.
41 A. a. O., 95.
42 Vgl. dazu Schleinzer, Annette, Die Liebe ist unsere einzige Aufgabe. Das Lebenszeugnis von Madeleine Delbrêl, Ostfildern 1994; Heimbach-Steins, Marianne, Unterscheidung der Geister – Strukturmoment christlicher Sozialethik, dargestellt am Werk Madeleine Delbrêls, Münster 1994; Boeh-

me, Katja, Gott aussäen. Zur Theologie der weltoffenen Spiritualität bei Madeleine Delbrêl, Würzburg ²2000.
43 Vgl. Boehme, Katja, Madeleine Delbrêl – ein Porträt, in: entschluss 11/1994 (49. Jahrgang) 4–7, hier 6f.
44 Vgl. dazu insgesamt Muschiol, Gisela, Famula Dei. Zur Liturgie in merowingischen Frauenklöstern, Münster 1994.
45 Vgl. Hamburger, Jeffrey F., The Use of Images in the Pastoral Care of Nuns: The Case of Heinrich Suso and the Dominicans, in: Art Bulletin 71 (1989) 20–46; Lentes, Thomas, Bild, Reform und *cura monialium*. Bildverständnis und Bildgebrauch im ›Buch der Reformacio des Predigerordens‹ des Johannes Meyer (+1485), in: Eichenlaub, Jean-Luc (Hrsg.), Dominicains et Dominicaines en Alscace (XIIIe-XXe siècle). Actes du colloque de Guebwiller (8–9 avril 1994) Colmar 1996, 177–195.
46 Zitat bei Doerr, Otmar, Das Institut der Inclusen in Süddeutschland, Münster 1934, 64; Warren, Ann K., Anchorites and Their Patrons in Medieval England, Berkeley 1985.
47 Conrad, Anne, Mit Klugheit, Mut und Zuversicht. Angela Merici und die Ursulinen, Mainz 1994.
48 Die wichtigste jüngere Arbeit dazu: Hallensleben, Barbara, Theologie der Sendung. Die Ursprünge bei Ignatius von Loyola und Mary Ward, Frankfurt 1994.
49 Wagener-Esser, Meike, Organisierte Barmherzigkeit und Seelenheil. Das caritative Sozialnetzwerk im Bistum Münster von 1803 bis zur Gründung des Diözesancaritasverbands 1916, Altenberge 1999.
50 A. a. O., 255.

## Literatur

Kurze, Dietrich, Art. Seelsorge I. Westkirche, in: Lexikon des Mittelalters 7, 1681f.

Möller, Christian (Hrsg.), Geschichte der Seelsorge in Einzelporträts, 3 Bde, Göttingen 1994–1996.

Sabine Pemsel-Maier

# Nicht Lückenbüßerinnen, sondern theologisch legitimiert

## Seelsorge von Frauen im Sinne des Zweiten Vatikanischen Konzils

Dass Frauen in den letzten Jahrzehnten verstärkt seelsorgliche Aufgaben wahrnehmen, scheint auf den ersten Blick rein pragmatisch bzw. durch die Not bedingt zu sein: Der Beruf der Seelsorgehelferin verdankt sich nicht zuletzt einem pastoralen Notstand. Männer standen – und stehen nach wie vor – einer ehrenamtlichen oder nicht sonderlich gut bezahlten seelsorglichen Hilfstätigkeit reserviert gegenüber. Ein gewichtiger Faktor ist der zunehmende Mangel an Priestern, der dazu geführt hat, dass eine Reihe von seelsorglichen Aufgaben zwangsläufig Laien übertragen werden mussten. Sind die in der Seelsorge tätigen Frauen also nichts anderes als Lückenbüßerinnen, willkommen als »stille Reserve«, aber letztlich doch nur eine Notlösung? – Das Wissen darum, dass Frauen in der Geschichte der Kirche immer wieder seelsorgliche Aufgaben wahrgenommen haben, vermag diesen Verdacht noch nicht zwangsläufig zu entkräften.

In der Tat: Dass die Not der Stunde ebenso wie der Priestermangel eine wichtige Rolle gespielt hat, ist unbestritten. Doch das ist nur das eine. Ein anderes ist die faktische Akzeptanz von Frauen als Seelsorgerinnen, verbunden mit der offenkundigen Bereitschaft, ja dem Wunsch, Seelsorge durch Frauen zu erfahren. Und wieder ein anderes ist die theologische Begründung dafür. Sachzwängen, pragmatischen Überlegungen und den Bedürfnissen des Kirchenvolkes war in der Geschichte der Kirche zwar immer wieder eine besondere Schubkraft zu Eigen. Doch sie vermögen dauerhaft die Praxis nicht grundlegend zu verändern, wenn diese nicht zugleich theologisch legitimiert ist. Um diese theologische Legitimation soll es im Folgenden gehen.

## Der Kontext: Das Kirchenverständnis des Zweiten Vatikanums

### »Volk Gottes«

Dass Seelsorge heute verstärkt von Frauen bzw. Laien wahrgenommen wird, hängt wesentlich zusammen mit dem Kirchenverständnis des Zweiten Vatikanischen Konzils[1]. Anknüpfend an die biblische und altkirchliche Ekklesiologie ist für das Konzil das Bild vom »Volk Gottes« die entscheidende Kategorie, ja geradezu Programm, um das Wesen von Kirche zu erfassen. »Volk Gottes« nimmt die ganze Kirche in ihrer Gesamtheit und Einheit in den Blick, vor aller Unterscheidung in Dienste und Ämter, Kleriker und Laien. Ihr Unterschied wird keineswegs geleugnet, doch er erhält seine Bedeutung nur innerhalb des umgreifenden Rahmens des Volkes Gottes. So kann auch die Sendung der Kirche ebenso wie ihr Auftrag zur Seelsorge nur erfüllt werden, wenn sie vom gesamten Volk Gottes getragen werden.

### Communio

Als Volk Gottes ist die Kirche in ihrem tiefsten Wesen Gemeinschaft, lat. communio, eine Gemeinschaft von Männern und Frauen, Amtsträgern und Laien, die auf Jesus Christus als ihr Zentrum hingeordnet bleibt. Freilich bedarf diese Gemeinschaft einer Führung, benötigt Ämter der Leitung, der Lehre und der Sakramentenspendung, doch diese stehen nicht über oder außerhalb des Gottesvolkes, sondern sind eingebettet in seine Mitte. Hatte die mittelalterliche Tradition die Kirche als eine »ungleiche Gesellschaft« von Klerikern und Laien verstanden, beschwört das Konzil nun die Gleichheit und Würde aller Gläubigen: »So waltet doch unter allen eine wahre Gleichheit in der allen Gläubigen gemeinsamen Würde und Tätigkeit zum Aufbau des Leibes Christi.«[2]

Durch die Communio-Ekklesiologie des Konzils wurde die alte Vorstellung von der Kirche als einer hierarchisch gegliederten Pyramide, an deren Spitze die kleine Gruppe von Papst und Bischöfen »oben« der großen Masse des »Fußvolkes unten« entgegensteht, aufgebrochen, wenn auch nicht völlig zurückgenommen[3]. Als Sinnbild der Gemeinschaft erscheint jetzt eher der Kreis, sein Mittelpunkt steht für Jesus Christus.

Sakrament – Zeichen und Werkzeug für diese Welt

Die Kirche als Gemeinschaft des Volkes Gottes hat einen klar umrissenen Auftrag: Sie ist nicht Selbstzweck, sondern sie soll Sakrament sein. Damit wird weder den sieben Sakramenten ein achtes hinzugesellt, noch wird die Kirche zu einem unangreifbaren Heiligtum gemacht. Sakrament zu sein bedeutet für das Konzil, Zeichen und Werkzeug zu sein, »Zeichen und Werkzeug für die innigste Vereinigung mit Gott wie für die Einheit der ganzen Menschheit.« (LG 1) So wie die Einzelsakramente an den Knotenpunkten des Lebens Gottes Zuwendung zum Menschen zeichenhaft in dieser Welt sichtbar machen und sie zugleich im Sinne eines Werkzeugs vermitteln, so soll in der Kirche Gottes Zuwendung zum Menschen greifbar und erfahrbar werden. Damit ist die Kirche »das allumfassende Sakrament des Heiles«[4] und »Werkzeug der Erlösung« (LG 9), »welches das Geheimnis der Liebe Gottes zu den Menschen zugleich offenbart und verwirklicht« (GS 45).

Diese Aufgabe spricht das Konzil der ganzen Kirche zu, nicht nur den Priestern, nicht nur jenen, denen die Sakramente anvertraut sind. Jeder und jede kann durch seinen bzw. ihren Einsatz dazu beitragen, die Sakramentalität der Kirche zu verwirklichen, in Verkündigung und Sakramentenspendung ebenso wie in diakonischen Werken und im gelebten Zeugnis.

Gemeinsames Priestertum

Vom Verständnis der Kirche als Sakrament her erschließt sich die Rede vom gemeinsamen Priestertum der Gläubigen. Von der Reformation als Kampfbegriff dem Weihepriestertum entgegengestellt, war seine Bedeutung in der katholischen Kirche nahezu in Vergessenheit geraten, bis sie das Konzil ins Bewusstsein zurückholte. Das gemeinsame Priestertum begründet keine Amtsbefugnisse, sondern ist die Berufung aller Christen. Es wird vollzogen im Leben aus dem Geist Jesu Christi und im Zeugnis für ihn, in Gebet und Dank und in der Mitfeier der Sakramente, besonders der Eucharistie.

Sein biblisches Fundament ist der an alle Getauften gerichtete Aufruf in 1 Petr 2,5: »Lasst euch als lebendige Steine zu einem geistigen Haus aufbauen, zu einer heiligen Priesterschaft, um durch Jesus Christus geistige Opfer darzubringen, die Gott gefallen.« Ähnlich heißt es in 2,9f: »Ihr aber seid ein auserwähltes Geschlecht, eine königliche Priesterschaft, ein heiliger Stamm, ein Volk, das sein besonderes Eigentum wurde, damit ihr die großen Taten dessen verkündet, der euch aus der Finsternis in sein wunderbares Licht geführt hat.« Das gemeinsame Priestertum ermöglicht und verpflichtet zugleich alle Glaubenden zum lebendigen Zeugnis in Wort und Tat, das sich in der gottesdienstlichen und sakramentalen Feier verdichtet. In diesem Sinne begründet es ihre Mündigkeit und ihre Verantwortung füreinander.

Der Glaubenssinn

Ein weiterer Mosaikstein im Gesamt des Kirchenverständnisses ist die Rede vom »Glaubenssinn«, an dem alle Gläubigen Anteil haben[5]. Der Glaubenssinn ist in der Geistbegabung in Taufe und Firmung grundgelegt und eröffnet einem jeden Menschen den Zugang zum Glauben. Er sorgt dafür, dass die Botschaft des Evangeliums in der Kirche nicht verloren geht: »Durch jenen Glaubenssinn nämlich, der vom Geist der Wahrheit geweckt und genährt wird, hält das Gottesvolk unter der Leitung des heiligen Lehramtes, in dessen treuer Gefolgschaft es nicht mehr das Wort von Menschen, sondern wirklich das Wort Gottes empfängt (vgl. 1 Thess 2,13), den einmal den Heiligen übergebenen Glauben (vgl. Jud 3) unverlierbar fest.« (LG 12) Darüber hinaus bewirkt er, dass die Glaubenden immer tiefer in den Glauben eindringen und ihn so besser verstehen und leben können: »Durch ihn dringt es mit rechtem Urteil immer tiefer in den Glauben ein und wendet ihn im Leben voller an.« (ebd.)

Das Durchdringen des Glaubens und die tiefere Glaubenserkenntnis ist demnach nicht nur den Theologen vorbehalten. Vielmehr haben alle eine eigene Kompetenz in Fragen des Glaubens und des christlichen Lebens. Ohne die Notwendigkeit eines kirchlichen Lehramtes zu bestreiten, konnte die alte Trennung zwischen »Lehrenden« und »Hörenden« in der Kirche in der Form nicht mehr fortgesetzt werden. Darum ist es »Aufgabe des ganzen Gottesvolkes, vor allem auch der Seelsorger und Theologen, unter dem Beistand des Heiligen Geistes auf die verschiedenen Sprachen unserer Zeit zu hören, sie zu unterscheiden, zu deuten und im Licht des Gotteswortes zu beurteilen, damit die geoffenbarte Wahrheit immer tiefer erfasst, besser verstanden und passender verkündet werden kann.« (GS 45)

Apostolat und Sendung der Laien

Auf dem skizzierten Hintergrund sind die Aussagen des Konzils über die Laien zu lesen[6]. Durch Taufe und Firmung haben sie aktiv teil an der Sendung Jesu Christi. Darum kommt ihnen ein eigenes Apostolat zu, das nicht einfach von dem der Hierarchie abgeleitet ist. Wenngleich diesem Apostolat »der Weltcharakter in besonderer Weise eigen« (LG 31) ist, bleibt es doch keineswegs auf den bloßen »Weltdienst« beschränkt. »Die Laien betätigen ihr vielfältiges Apostolat sowohl in der Kirche als auch in der Welt. In jeder dieser beiden Ordnungen tun sich verschiedene Bereiche apostolischen Wirkens auf.«[7] Ihr Apostolat ist darum auch »Heilsdienst«, »Teilnahme an der Heilssendung der Kirche selbst« (LG 33). »Unzählige Gelegenheiten zur Ausübung des Apostolates der Evangelisierung und Heiligung stehen den Laien offen.« (AA 6) Es verwirklicht sich »in Glaube, Hoffnung und Liebe, die der Heilige Geist in den Herzen aller Glieder der Kirche ausgießt« (ebd. 3), aber auch durch den Dienst des Wortes und der Sakramente. »Dieser ist zwar in besonderer Weise dem Klerus anvertraut, an ihm haben aber auch die Laien ihren bedeutsamen Anteil zu erfüllen, damit sie ›Mitarbeiter der Wahrheit‹ (3 Joh 8) seien.« (ebd. 6)

Das Konzil eröffnet darüber hinaus den Laien die Möglichkeit, durch die Träger des Weiheamtes noch weitere Aufgaben und Dienste in der Kirche übertragen zu bekommen: »Außer diesem Apostolat, das schlechthin alle Christgläubigen angeht, können die Laien darüber hinaus in verschiedener Weise unmittelbar mit dem Apostolat der Hierarchie berufen werden, nach Art jener Männer und Frauen, die den Apostel Paulus in der Verkündigung des Evangeliums unterstützten und sich sehr im Herrn mühten (vgl. Phil 4,3; Röm 16,3ff).« (LG 33) Es fällt auf, dass hier eigens die Frauen in den paulinischen und anderen frühen Gemeinden erwähnt werden. In diesem Sinne haben Männer wie Frauen »die Befähigung dazu, von der Hierarchie zu gewissen kirchlichen Ämtern herangezogen werden, die geistlichen Zielen dienen«. (ebd.) Damit war der theologische Grundstock gelegt für die im Anschluss ans Konzil sich neu herausbildenden pastoralen Laiendienste, im Unterschied zum Weiheamt auch als »kirchliche Ämter« bezeichnet. Von dem in Taufe und Firmung gründenden Apostolat unterscheiden sie sich durch eine eigene Sendung bzw. Beauftragung.

Ausdrücklich wird im Blick auf die Aufgabenbereiche, zu denen Laien von der Hierarchie herangezogen und mit einer eigenen Sendung betraut werden können, neben »Unterweisung in der christlichen Lehre« und »gewissen liturgischen Handlungen« die »Seelsorge« genannt (AA 24). Die Deutsche Bischofskonferenz hat dies nochmals bekräftigt: »Aus der vom Konzil herausgestellten Teilhabe aller Getauften und Gefirmten an der Heilssendung der Kirche, aus der Anerkennung und Hochschätzung der auch den Laien gegebenen Charismen und aus ihrer – ausdrücklich hervorgehobenen – Befähigung, darüber hinaus (...) zu bestimmten kirchlichen Diensten herangezogen zu werden, ergibt sich als Konsequenz: Laien auch auf vielfältigste Weise an seelsorglichen Aufgaben zu beteiligen.«[8]

Keine Infragestellung, aber ein anderes Verständnis von Weiheamt

Die Aussagen des Konzils über die Stellung der Laien, das allgemeine Priestertum und den Glaubenssinn bedeuten keineswegs eine Infragestellung des Weiheamtes. Vom gemeinsamen Priestertum ist es »dem Wesen« und nicht »dem Grade nach« (LG 10) unterschieden. Der Amtsträger steht demnach nicht höher, ist nicht heiliger oder der bessere Christ, aber er hat eine wesentlich andere Berufung und Sendung: Er ist berufen und gesandt zum Dienst am Volk Gottes in Verkündigung, Gemeindeleitung und Sakramentenspendung – und dieser Dienst ist etwas grundlegend anderes als die Ausübung des gemeinsamen Priestertums. Dem priesterlichen Amt kommt die unverzichtbare Aufgabe zu, Jesus Christus als Gegenüber zur Kirche bzw. Gemeinde zu repräsentieren. So weist das Weiheamt zeichenhaft auf die bleibende Abhängigkeit der Kirche bzw. Gemeinde von Christus hin. Dabei steht es nicht nur der Kirche gegenüber, sondern ist zugleich ein Dienst und eine Funktion für die Kirche[9].

In diesem Sinne wurde das Weiheamt in seiner Bedeutung nicht negiert oder reduziert; der Neuansatz in der Ekklesiologie führte allerdings zu einem Wandel in seinem Verständnis. So hat das Zweite Vatikanum deutlich gemacht, dass das Amt von der Kirche her zu denken ist und nicht umgekehrt[10]. Vor allem aber sprengt es jenes alte Amtsverständnis auf, das möglichst viele Funktionen und in diesem Zusammenhang auch die gesamte Seelsorge auf das Weiheamt zu konzentrieren suchte. Nur weil im Laufe der Geschichte der Kirche immer mehr seelsorgliche Aufgaben auf das priesterliche Amt konzentriert wurden, konnte der Eindruck entstehen, als würden diese Aufgaben nunmehr abgezogen und neu verteilt. Die Überwindung einer solchen »allumfassenden« Sichtweise des Amtes war darum eine notwendige Voraussetzung für die Herausbildung einer Vielfalt von verschiedenen Ämtern und Diensten – und damit auch für die seelsorgliche Tätigkeit von Laien. Gerade weil die Wahrnehmung von Seelsorge niemals nur dem Weiheamt ausschließlich vorbehalten war, war eine Entzerrung seelsorglicher Aufgaben nicht nur möglich, sondern geradezu geboten.

*Paradigmenwechsel in der Seelsorge*

Seelsorge als Aufgabe der ganzen Kirche

Mit dem Neuansatz in der Ekklesiologie geht ein verändertes Verständnis von Seelsorge einher. Der explizite Begriff »Seelsorge« taucht in den Konzilstexten zwar vergleichsweise selten – insgesamt nur achtmal – auf; an weiteren sechs Stellen ist von

»Seelsorgern« die Rede. Die Sache, um die es geht, ist jedoch viel öfter gegenwärtig – in erster Linie unter dem Stichwort »Apostolat«, aber auch unter den Begriffen »Evangelisierung«, »Zeugnis des Lebens« und »Zeugnis des Wortes«[11].

Was ist das Neue am Seelsorgeverständnis des Konzils? Die Wahrnehmung der Seelsorge wird nicht mehr länger als rein priesterliche Tätigkeit auf das Weiheamt fixiert. Vielmehr ist sie Aufgabe der *ganzen* Kirche, die von allen Mitgliedern wahrgenommen wird. Damit ist in gewisser Hinsicht ein Paradigmenwechsel im Verständnis von Seelsorge impliziert. Begründet wird diese Ausweitung seelsorglicher Aufgaben mit der Solidarität der Kirche – nicht nur des Weiheamtes – mit allen Menschen, ihrem Fühlen und Erleben: »Freude und Hoffnung, Trauer und Angst der Menschen von heute, besonders der Armen und Bedrängten aller Art, sind auch Freude und Hoffnung, Trauer und Angst der Jünger Christi. Und es gibt nichts wahrhaft Menschliches, das nicht in ihren Herzen seinen Widerhall fände.« (GS 1)

Vom »Objekt« zum »Subjekt« des Heilsdienstes

Sowohl das Kirchen- als auch das Seelsorgeverständnis des Konzils zielen auf die Kirche als Subjekt des Heilsdienstes ab[12]. Sie ist nicht nur passive Empfängerin der Heilsgaben, nicht nur passive Hörerin des Wortes Gottes, sondern ihr kommt im Heilsgeschehen eine eigene Aktivität zu. Zwar hat die Kirche von ihren Anfängen an aktiv als Subjekt gehandelt, doch als Träger dieser Subjekthaftigkeit galten allein Amt und Hierarchie. Das Konzil nimmt hier eine entscheidende Korrektur vor: »Das Subjektsein der Kirche verwirklicht sich in der Sicht des II. Vatikanums als *communio* von Subjekten.«[13] Das Konzil fordert die Subjektwerdung der Kirche als ganzer ein, als Volk Gottes und Sakrament der Welt, nicht nur von den Priestern und Amtsträgern, sondern von allen Gliedern der Kirche. »Die Glaubenden werden nicht primär als Objekte, sondern als Subjekte, nicht nur als Adressaten, sondern vor allem als Träger des Glaubens und des Gottesgedächtnisses angesprochen.«[14] Entsprechend ist auch die ganze Kirche Subjekt und Träger der Seelsorge.

## Überwindung der »Betreuungs- und Versorgungspastoral«

Das Kirchenverständnis des Konzils veränderte auch das Gesicht der Pfarreien, denn es markierte den Übergang von einer nahezu ausschließlich priesterorientierten hin zu einer gemeindeorientierten Seelsorge. Seelsorge kann seitdem nicht mehr ausschließlich den Priestern oder anderen »Berufsseelsorger(inne)n«, die von Amts wegen dafür zuständig sind, überlassen werden. Vielmehr haben alle Mitglieder der Gemeinde einen seelsorglichen Auftrag. Sie sind nicht der der Obhut der Hirten anvertraute passive Teil der Kirche, nicht »zu betreuende Objekte« der Seelsorge, sondern sie haben die Aufgabe, an ihrem Heilsdienst mitzuwirken. Damit wird das Modell einer »Betreuungs- und Versorgungspastoral«[15] überwunden: »Aus einer Gemeinde, die sich pastoral versorgen lässt, muss eine Gemeinde werden, die ihr Leben im gemeinsamen Dienst aller und in unübertragbarer Eigenverantwortung jedes Einzelnen gestaltet.«[16]

Mit dieser Forderung wird keineswegs der Sinn einer besonderen Qualifikation oder einer eigenen seelsorglichen Ausbildung bestritten – wie jedes Charisma schließt auch dieses eine Kultivierung nicht aus. Doch eben nicht nur »professionelle« Seelsorge vermag Menschen anzurühren: »Ein Theologieprofessor bewirkt im Blick auf die Ermutigung zur Nachfolge Christi vermutlich nicht mehr als ein Landpfarrer, und bei einem Hausbesuch, bei einem Gespräch unter vier Augen kommt manchmal für Umkehr und Neuanfang in einem Leben mehr heraus als in einer Missionspredigt.«[17]

## Kooperative Seelsorge

Als Konsequenz des Paradigmenwechsels wurde ein neues Konzept von Seelsorge entwickelt, das nicht mehr von der All- und Alleinzuständigkeit eines Pfarrers für eine bestimmte, gebietsmäßig klar umschriebene Pfarrei ausgeht. Vielmehr zielt es hin auf eine kooperative Pastoral, die, wie der Begriff selbst besagt, »in Zusammenarbeit« wahrgenommen wird. Der priesterliche Dienst ist dabei eine unersetzliche Berufung, aber keineswegs der einzige pastorale Dienst in der Kirche.

Die kooperative Pastoral sieht nach Can. 517 § 2 vor, dass an der Seelsorge einer Pfarrei Priester und Nicht-Priester, d. h. Diakone, Ordensleute, Laien, als Einzelne oder als Seelsorgeteam beteiligt sind. Dabei muss ein Priester bestimmt werden, der das Amt des Pfarrers übernimmt und die Seelsorge »moderiert«, d. h. die Gemeindeleitung wahrnimmt und die verschiedenen Seelsorgeaufgaben koordiniert. Diese Form der Seelsorge lässt sich am ehesten verwirklichen, wenn sich mehrere Pfarreien zusammenschließen und ein gemeinsames Seelsorgeteam aus Priestern und Laien (und ggf. Diakonen) haben. Die verschiedenen seelsorglichen Aufgaben werden dann entweder regional oder nach Sachgebieten aufgeteilt.

*Und wo bleiben die Frauen?*

Noch nicht im Bewusstsein des Konzils

»Und wo bleiben die Frauen?« – Diese Frage drängt sich im Blick auf die Konzilstexte auf. Zwar rechnete Johannes XXIII. mit Weitsicht die Frauenfrage zu den »Zeichen der Zeit«[18]. Zwar hatte das Konzil die veränderte gesellschaftliche Stellung der Frau registriert und ließ entsprechend in seiner Schlussbotschaft verlauten: »Die Stunde kommt, die Stunde ist schon da, in der sich die Berufung der Frau entfaltet, die Stunde, in der die Frau in der Gesellschaft einen Einfluss, eine Ausstrahlung, eine bisher noch nie erreichte Stellung erlangt. In einer Zeit, in welcher die Menschheit einen so tiefgreifenden Wandel erfährt, können deshalb die vom Geist des Evangeliums erleuchteten Frauen der Menschheit tatkräftig dabei helfen, dass sie nicht in Verfall gerät.«[19] Doch die Stellung der Frauen *in der Kirche* hatte das Konzil kaum im Blick[20]. Weder wurde ihre Bedeutung für das Volk Gottes inhaltlich zum Thema, noch verwendete es eine inklusive Sprache oder berücksichtigte sie anderweitig als Adressatinnen. Schon gar nicht reflektierte es über ihren spezifischen Beitrag zur Seelsorge. Einzig im Dekret über das Laienapostolat fällt der Satz: »Da heute die Frauen eine immer aktivere Funktion im ganzen Leben der Gesellschaft ausüben, ist es von großer Wichtigkeit, dass sie auch an den verschiedenen Bereichen des Apostolates der Kirche wachsenden Anteil nehmen.« (AA 9).

## Und doch eine Initialzündung

Dennoch gab das Zweite Vatikanische Konzil indirekt die Initialzündung für den Weg der Frauen hin zur Seelsorge: indirekt, insofern es die Frauen ausdrücklich kaum zur Sprache brachte; dennoch Initialzündung, insofern sein Auftrag zur Seelsorge an die Laien eben auch die Frauen einschloss. Sie waren zumindest »mitgemeint«, auch wenn ihre Rolle noch nicht ausdrücklich ins Bewusstsein der Konzilsväter – »Konzilsmütter« gab es immerhin in einer späteren Phase in Gestalt von beratenden Ordensfrauen – getreten war. In den folgenden Jahren nahmen Frauen die Impulse des Konzils auf und bezogen seine Aussagen über die Laien bzw. Christgläubigen in zunehmendem Maße auf sich selbst[21]. Mit gutem Grund kann das Zweite Vatikanum mit zu den Wegbereitern der kirchlichen Frauenbewegung gezählt werden.

Vom anfänglichen »Mitgemeint-Sein« über das allmählich wachsende Bewusstsein, dass die mit den verschiedenen Laiendiensten verbundene Seelsorge auch von Frauen wahrgenommen werden *kann*, bis hin zum ausdrücklichen Wunsch, dass sie von Frauen wahrgenommen werden *soll*, war es freilich ein langer und teilweise äußerst mühevoller Prozess, der noch längst nicht abgeschlossen ist. Es sollte noch etliche Jahre dauern, bis sich Frauen selbst als Kirche erfuhren, sich nicht mehr nur als Objekte einer von Männern getragenen Pastoral erlebten und zunehmend darauf beharrten, selbst Subjekte und Gestalterinnen von Seelsorge zu sein. Diese Entwicklung verdankt sich wesentlich der veränderten Stellung der Frau in der Gesellschaft, die auf die Kirche zurückwirkte, dem damit einhergehenden Bewusstseinswandel, den Initiativen der kirchlichen Frauenbewegung, der Kritik der feministischen Theologie und nicht zuletzt dem lautlosen, aber nachhaltigen Auszug von Frauen aus der Kirche.

Die Notwendigkeit der »Sichtbarmachung«:
Laien sind auch Frauen

Ein wichtiger Beitrag zur Stärkung von Seelsorgerinnen ist ihre Sichtbarmachung. Das gilt für das konkrete kirchliche Leben ebenso wie für kirchliche Texte. Wenn Frauen also in den Konzilstexten »mitgemeint« sind – und das sind sie überall dort, wo sie nicht explizit ausgeschlossen werden – dann ist es erhellend, sämtliche Aussagen über die »Laien« bzw. »Christgläubigen« einmal explizit auf Frauen zu beziehen; im nachfolgenden Text erscheint in diesen Fällen das Wort »Frauen« im Kursivdruck. Die »Mitgemeinten« auf diese Weise ins Bewusstsein zu heben, ist nicht nur von der Sache her legitim – schon gar nicht steht es im Widerspruch zum Geist des Konzils –, sondern entspricht auch einer angemessenen Hermeneutik der Konzilstexte, die fordert, sie auf die jeweilige Zeit hin zu lesen und auszulegen. Dass manche altvertraute Texte auf diese Weise in ein ganz neues Licht rücken bzw. einen ganz neuen Klang bekommen, ist dabei gerade intendiert.

Grundsätzlich hält das Konzil im Blick auf die Mitwirkung der Frauen und auf ihr Zusammenwirken mit den geistlichen Amtsträgern fest: »Entsprechend dem Wissen, der Zuständigkeit und der hervorragenden Stellung, die sie einnehmen, haben sie die Möglichkeit, bisweilen auch die Pflicht, ihre Meinung in dem, was das Wohl der Kirche angeht, zu erklären. (...) Die geweihten Hirten aber sollen die Würde und Verantwortung der *Frauen* in der Kirche anerkennen und fördern. Sie sollen gern deren klugen Rat benutzen, ihnen vertrauensvoll Aufgaben im Dienst der Kirche übertragen und ihnen Freiheit und Raum im Handeln lassen, ihnen auch Mut machen, aus eigener Initiative Werke in Angriff zu nehmen. Mit väterlicher Liebe sollen sie Vorhaben, Eingaben und Wünsche, die die *Frauen* vorlegen, aufmerksam in Christus in Erwägung ziehen. (...) Aus diesem vertrauten Umgang zwischen *Frauen* und Hirten kann man viel Gutes für die Kirche erwarten. In den *Frauen* wird so der Sinn für eigene Verantwortung gestärkt, die Bereitwilligkeit gefördert.« (LG 37)

In seiner Bedeutung gewürdigt wird besonders das spezifische Apostolat der Frauen: »Als Teilnehmer am Amt Christi, des

Priesters, Propheten und Königs, haben die *Frauen* ihren aktiven Anteil am Leben und Tun der Kirche. Innerhalb der Gemeinschaft der Kirche ist ihr Tun so notwendig, dass ohne dieses auch das Apostolat der Hirten meist nicht zu seiner vollen Wirkung kommen kann.« (AA 10) – »Denn wie jene Männer und Frauen, die Paulus in der Verkündigung des Evangeliums unterstützt haben (vgl. Apg 18,18.26; Röm 16,3) ergänzen die *Frauen* von wahrhaft apostolischer Einstellung, was ihren Brüdern fehlt; sie stärken geistig die Hirten und das übrige gläubige Volk (vgl. 1 Kor 16,17–18).« (ebd.)

Darum ist es die »Aufgabe der Hierarchie, das Apostolat der *Frauen* zu fördern, Grundsätze und geistliche Hilfen zu geben, seine Ausübung auf das kirchliche Gemeinwohl hinzuordnen und darüber zu wachen, dass Lehre und Ordnung gewahrt bleiben. (…) In der Kirche gibt es nämlich sehr viele apostolische Werke, die durch freie Entschließung der *Frauen* zustande kommen und auch nach ihrem klugen Urteil geleitet werden. Durch solche Werke kann die Sendung der Kirche unter bestimmten Umständen sogar besser erfüllt werden. Deshalb werden sie auch nicht selten von der Hierarchie gelobt oder empfohlen.« (ebd. 24)

Umgekehrt gilt es, die Frauen zur Wahrnehmung seelsorglicher Aufgaben zu ermutigen: »Die *Frauen* mögen sich daran gewöhnen, (… ) die eigenen Probleme und die der Welt, sowie die Fragen, die das Heil der Menschen angehen, in die Gemeinschaft der Kirche einzubringen, um sie dann in gemeinsamer Beratung zu prüfen und zu lösen; endlich jede apostolische und missionarische Initiative der eigenen kirchlichen Familie nach Kräften zu unterstützen.« (ebd.10)

Im Rückblick formulierte das Konzil schon nahezu prophetisch: »Menschen, die vielleicht weit abseits stehen, führen sie der Kirche zu. Angestrengt arbeiten sie an der Weitergabe des Wortes Gottes mit, vor allem durch katechetische Unterweisung. Durch ihre Sachkenntnis machen sie die Seelsorge und die Verwaltung der kirchlichen Güter wirksamer.« (ebd.) Darum »beschwört« das Konzil »im Herrn inständig alle *Frauen*, dem Ruf Christi, der sie in dieser Stunde noch eindringlicher einlädt, und dem Antrieb des Heiligen Geistes gern, großmütig und entschlossen zu antworten. In besonderer Weise möge die jüngere Generation diesen Aufruf als an sich gerichtet betrachten und ihn mit Freude und Hochherzigkeit aufnehmen; denn der Herr selbst lädt durch diese Heilige Synode alle *Frauen* noch einmal ein, sich von Tag zu Tag inniger mit ihm zu verbinden und sich in seiner heilbringenden Sendung zusammenzuschließen (...).« (ebd. 33)

*Die Bedeutung von Frauenerfahrungen für die Pastoral*

Die Notwendigkeit von»Laienerfahrungen«

Das Konzil betont nicht zuletzt deswegen die Bedeutung des Laienapostolates, weil es sich bewusst ist, dass es an Orten wirksam wird, zu denen die Inhaber des Weiheamtes nur begrenzten Zugang haben oder wo es ihnen von ihrer Lebenssituation her an Erfahrungen mangelt: »Die Laien sind besonders dazu berufen, die Kirche an jenen Stellen und in den Verhältnissen anwesend und wirksam zu machen, wo die Kirche nur durch sie das Salz der Erde werden kann.« (LG 33) Diese Orte umfassen die ganze Vielfalt des Berufslebens, das Leben in Ehe und Familie, kurzum: das gesamte soziale Umfeld: »Das Apostolat im sozialen Milieu, nämlich das Bemühen, Mentalität und Sitte, Gesetz und Strukturen der Gemeinschaft, in der jemand lebt, im Geist Christi zu gestalten, ist so sehr Aufgabe und Pflicht der Laien, dass sie durch andere niemals entsprechend erfüllt werden kann. (...) Hier ergänzen sie das Zeugnis des Lebens durch das Zeugnis des Wortes. Hier im Bereich der Arbeit, des Berufs, des Studiums, der Wohnstätte, der Freizeit, des kameradschaftlichen Zusammenseins, sind sie eher imstande, ihren Brüdern zu helfen.« (AA 13) Die Vermittlung der Erfahrungen, die in den verschiedenen Bereichen gemacht werden, ist für die Priester und Bischöfe in der Kirche von größter Bedeutung. Denn die Hirten «können mit Hilfe der Erfahrung der Laien in geistlichen wie in weltlichen Dingen genauer und besser urteilen.« (LG 37)

Spezifische Frauenerfahrungen

Was für Laien allgemein gilt, gilt in Bezug auf viele Frauen in besonderer Weise: Sie machen ganz eigene, geschlechtsspezifische Erfahrungen[22]. Dazu gehören Schwangerschaft und Geburt, das Erleben der eigenen Kinder, das sich von dem der Männer oft dadurch unterscheidet, dass Frauen in den meisten Fällen den umfangreicheren Teil der Erziehung tragen und viel mehr Zeit mit ihnen verbringen, die Erfahrung von Mehrfachbelastung durch Beruf, Familie und ggf. Ehrenamt, die Frage nach ihrer Vereinbarkeit oder aber der Zwang, sich für eine dieser Möglichkeiten entscheiden zu müssen, die Begegnung mit Krankheit, Leid und Tod in der Pflege von Angehörigen und nicht zuletzt die Konfrontation mit psychischer wie physischer Gewalt. Frauen sind aufgrund ihrer Sozialisation oft in größerem Maß als Männer mit Fragen der Gestaltung ihrer Biographie befasst, besonders im Blick auf den familienbedingten Ausstieg und Wiedereinstieg in den Beruf. Mehr als Männer sind sie mit Krisen, Umbrüchen und Neuanfängen bzw. mit der Aufgabe ihrer Bewältigung konfrontiert.

Sind Priestern schon bestimmte Lebensbereiche von männlichen Laien fremd, gilt dies erst recht für die genannten »Frauenerfahrungen«. Es ist bezeichnend, wenn die überwiegende Mehrheit der in der Studie »Frauen und Kirche« Befragten den Amtsträgern in der Kirche keine zureichende Kompetenz für ihre Lebenswirklichkeit zutraut[23]. Vor allem jüngere, berufstätige und unverheiratete Frauen fühlen sich von der Kirche in ihren konkreten Lebensfragen wenig angesprochen. Besonders in den sensiblen Fragen von Körpererfahrung, Sexualität und Beziehungsklärung – aber nicht nur dort! – ziehen sie in vielen Fällen die Begegnung oder das Gespräch »von Frau zu Frau« vor[24].

Relevant für die ganze Kirche

Besonders Frauen suchen gezielt nach Seelsorgerinnen, was allerdings nicht dazu berechtigt, sie darauf festzulegen – ihnen sollte nur die Möglichkeit offen stehen, wenn sie es wünschen. Umgekehrt sind Frauen – und Kinder – keineswegs zwangsläufig die einzige Zielgruppe für Seelsorgerinnen. Wenn es stimmt, dass sich Männer grundsätzlich eher schwer tun, über ihre Gefühle, ihre persönlichen Probleme und auch über ihren Glauben zu sprechen, kann eine Frau als Gesprächspartnerin unter Umständen hilfreicher sein als ein männliches Gegenüber. In der Begegnung mit einer Seelsorgerin fällt es einem Mann möglicherweise leichter, seine weiblichen Anteile, die ja oft als »Schwächen« deklariert werden, zuzulassen und auszuleben.

Seelsorge von Frauen ist letztlich Seelsorge für die ganze Kirche bzw. die ganze Gemeinde. Denn wenn die spezifischen Erfahrungen von Frauen nicht nur den persönlichen Glauben, sondern auch seine Bezeugung nach außen hin prägen, wenn sie sich in den Themen von Verkündigung und Predigt, in Sprache, Gebet und Liturgie, in der Feier der Sakramente, in der Gottesanrede und in der Spiritualität niederschlagen, dann spiegeln sie nicht die Sonderwelt einer Minderheit wider, sondern sind ein Thema für die ganze Gemeinde. Die Kirche kann es sich schlichtweg nicht leisten, Seelsorge nur auf der Basis von vorwiegend männlich geprägten Erfahrungs- und Artikulationsmustern zu betreiben.

Kirchenamtliche Stellungnahmen

Die Entwicklung, die mit dem Konzil ihren Anfang genommen hatte, wurde in den nachfolgenden Jahren durch verschiedene kirchenamtliche Dokumente bestätigt und forciert.

Paul VI. benannte als mögliche seelsorgliche Aufgaben von Frauen »das so wichtige Gebiet der religiösen Erziehung und geistlichen Vertiefung, die Vorbereitung auf den Empfang der Sakramente, Unterweisung von Getauften, die so gut wie nichts von ihrem Glauben wissen, Begegnung mit Nichtchristen, Sorge für Arme und Randexistenzen, Mitwirkung in der katholischen Aktion, Entdeckung und Förderung geistlicher Berufe, Tätigkeit im gesellschaftlichen oder beruflichen katholischen Vereinsleben.«[25] Bereits bei der römischen Bischofssynode 1971 plädierten eine Reihe von Teilnehmern für eine verstärkte Wahrnehmung der Verantwortung in der Kirche durch Frauen[26], 1999 wurde diese Forderung auf der Europasynode erneut bekräftigt[27].

Dezidiert formuliert für die Situation in Deutschland die Würzburger Synode: »Die Stellung der Frau in Kirche und Gesellschaft (lässt) es heute unverantwortlich erscheinen (...), sie von theologisch möglichen und pastoral wünschenswerten amtlichen Funktionen in der Kirche auszuschließen.«[28] Um dies zu realisieren, unterbreitet die Synode eine Reihe von konkreten Vorschlägen: »In den Gemeinden ist durch Katechese, Predigt, Erwachsenenbildung darauf hinzuarbeiten, dass überholte Vorstellungen und Leitbilder von Wesen und Rolle der Frau abgebaut werden. Durch entsprechende Bewusstseinsbildung sollen Berufungen von Frauen geweckt und soll erreicht werden, dass die Dienste der Frau in allen kirchlichen Bereichen angenommen und mitgetragen werden. Die Priester und die Kirchenleitungen sollen sich für die partnerschaftliche Mitarbeit der Frau öffnen und sie wirksam fördern. Bei der Verteilung liturgischer Dienste (z.B. Lektoren, Kommunionhelfer), der Übertragung von ehrenamtlichen, haupt- und nebenamtlichen Diensten in der Gemeinde, bei den Wahlen zu den Pfarrgemeinderäten und bei Bildungsangeboten ist auf eine angemessene Berücksichtigung der Frauen zu achten. Bei der Aufstellung von Stellenplänen und bei Stellenbesetzungen soll Frauen der Zugang auch zu leitenden Positionen eröffnet werden; dabei sollten die Frauen nicht nur für die Zielgruppe Frauen, sondern in allen Bereichen tätig sein.«[29] Diese Impulse greifen die Deutschen Bischöfe 1981 auf mit ihrem Wort »Zu Fragen der Stellung der Frau in Kirche und Gesellschaft«: »Wir werden uns weiterhin dafür einsetzen, dass gesamtkirchlich und für den eigenen Jurisdiktionsbereich Frauen zu allen Diensten zugelassen werden, die theologisch möglich, pastoral sinnvoll, angemessen und notwendig sind.«[30] In ihrer Stellungnahme »Der Laie in Kirche und Welt« fordern sie, dass »alle Möglichkeiten ausgeschöpft werden, der Frau im kirchlichen Leben den ihr zukommenden Platz einzuräumen: Das Mitwirken in den Beratungs- und Mitbestimmungsorganen sowie in den pastoralen Diensten könnte auch bereits jetzt mehr vom Erscheinungsbild der Frau geprägt sein.«[31] In ähnlicher Weise sprachen sich die Schweizer Bischofskonferenz[32] sowie die Österreichische Pastoraltagung[33] für eine verstärkte Beteiligung von Frauen an der Seelsorge aus.

## Und die Praxis?

### Zunehmende Präsenz ...

Zwar existieren trotz der wachsenden Übernahme seelsorglicher Aufgaben durch Laien[34] nur wenige Erhebungen zur Anzahl und Situation der in diesen Bereichen tätigen Frauen[35], doch bestimmte Tendenzen zeichnen sich klar ab.

In der Vorbereitung, Mitwirkung, Gestaltung und Leitung von Gottesdiensten aller Art sind Frauen nicht mehr wegzudenken. Sie nehmen liturgische Handlungen vor, predigen in Wortgottesdiensten und feiern die Krankenkommunion. Die Sakramentenkatechese, insbesondere die Kinderkatechese und hier vor allem die Erstkommunionvorbereitung, liegt wesentlich in ihren Händen. Das gleiche gilt für alle karitativen Tätigkeiten, für die verschiedenen Hilfs- und Besuchsdienste und die Telefonseelsorge. Nicht zu vergessen ist schließlich die Mitarbeit von Frauen in den verschiedenen seelsorglichen Gremien.

Die im Anschluss ans Konzil geschaffenen neuen pastoralen Laiendienste stehen gleichermaßen Männern wie Frauen offen. Der Beruf der Pastoralreferentin eröffnet Frauen über die Tätigkeit als Gemeindereferentin hinaus einen hochqualifizierten Seelsorgeberuf, dessen Statuten die Übernahme eines eigenverantwortlichen Seelsorgebereiches vorsehen[36]. Im Bereich der Kategorialseelsorge hat sich als ein Schwerpunkt die Seelsorge in Grenzsituationen, insbesondere die Begleitung von Kranken, Sterbenden und Trauernden, herauskristallisiert. Frauen sind auch stark vertreten im sozial-diakonischen Bereich, nicht zuletzt in der Schwangerschafts(konflikt)-, Erziehungs-, Ehe- und Familienberatung. Die Seelsorge an Frauen und Mädchen sowie geistliche Leitung und Begleitung auf verschiedenen Ebenen wird in den Jugend- und Frauenverbänden vermehrt durch Frauen wahrgenommen[37]. In einigen deutschen Diözesen leiten Frauen die Abteilung Frauenseelsorge oder bekleiden das ursprüngliche Amt des »Präses«.

... und vielfache Grenzerfahrungen

Zugleich stoßen Frauen in ihrer seelsorglichen Arbeit immer wieder an Grenzen[38]. Vielfach sind sie eine Minderheit; besonders in seelsorglichen Leitungsfunktionen sucht man sie vergeblich. Immer wieder erleben sie, sowohl durch vorgesetzte Priester als auch durch Gemeindemitglieder, auf bestimmte geschlechtsspezifische Aufgaben aus dem Bereich der Haus- und Familienarbeit sowie auf zuarbeitende Tätigkeiten festgelegt zu werden. Bisweilen stößt ihr Engagement in der Seelsorge auf Erstaunen, bisweilen müssen sie es eigens begründen, ja sogar rechtfertigen – schlichte Normalität ist es noch nicht. Insgesamt sind die durch das Konzil eröffneten Möglichkeiten in der Praxis längst noch nicht eingelöst[39].

*Theologischer Klärungsbedarf*

Sind etliche der genannten Schwierigkeiten keineswegs theologischer und auch nicht nur kirchlicher Art, sondern ein allgemein gesellschaftliches Phänomen, erfordern andere dringend eine theologische Klärung. Vielfach sind sie nicht ausschließlich frauenspezifisch, sondern betreffen auch Männer, insbesondere männliche Laienseelsorger. Angesichts von Frauen stellen sie sich freilich in der Regel noch verschärft.

Die Verhältnisbestimmung von Laiendiensten und Weiheamt

Ein grundsätzliches Problem ist gegenwärtig die Bestimmung des Verhältnisses von seelsorglichen Laiendiensten und dem Weiheamt. Der Hinweis, dass dem Priester als ureigene Aufgabe die Vollmacht zur Sakramentenspendung zukommt, ist zwar richtig, hilft angesichts der gegenwärtigen Situation jedoch nicht unbedingt weiter, da die damit verbundene »Arbeitsteilung« von vielen als nicht stimmig empfunden wird: So wenig Priester zu bloßen »Sakramentenspendern« degradiert werden wollen, während Laien und unter ihnen vielfach die Frauen die »eigentliche« Seelsorge im persönlich-begleitenden Sinne wahrnehmen, so sehr beklagen diese, dass ihnen der sakramentale Vollzug ihrer seelsorglichen Tätigkeit verschlossen bleibt und oft irgendein für die Betreffenden fremder Priester dafür herangezogen werden muss.

## Bindung der umfassenden Seelsorge an die Priesterweihe

Eine weitere Schwierigkeit ist in diesem Zusammenhang die Bindung der umfassenden Seelsorge an die Priesterweihe. Entsprechend den kirchenrechtlichen Bestimmungen (Can. 150) halten die Statuten für die hauptamtlichen pastoralen Berufe fest, dass Laienseelsorger(innen) nur in dem ihnen übertragenen Sachbereich eigenverantwortlich Seelsorge betreiben dürfen. Dabei bleiben sie grundsätzlich weisungsgebunden, insofern der zuständige Priester über die Richtlinien der Seelsorge bestimmt und auch das Recht hat, ihnen bestimmte seelsorgliche Bereiche zuzuweisen. Demnach haben Frauen Anteil an der Seelsorge, aber nicht die volle Verantwortung dafür – und empfinden dies in vielen Fällen als unbefriedigend und spannungsreich.

## Die Wahrnehmung von seelsorgerlicher Leitungsvollmacht

Während seelsorgliche »Begleitung« durch Laien relativ unproblematisch erscheint, besteht eine gewisse Scheu, ihnen zugleich auch »Leitung« in diesem Bereich zuzugestehen. Dies ist erst recht der Fall, wo eigenverantwortliche Leitungstätigkeiten gefragt sind, die über die Ebene der Kooperation von Geistlichen und Laien hinausgehen. Frauen haben es dabei nochmals deutlich schwerer als Männer. Denn Führungs- und Leitungsaufgaben werden immer wieder auch von seiten der Gemeinden als »typisch männlich« qualifiziert.

## Der Ruf nach Diakonat und Priestertum als Problemanzeige

Auf dem skizzierten Hintergrund ist der Ruf nach der Zulassung von Frauen zu Priesteramt und Diakonat nur verständlich[40]. Als Problemanzeige für die ungeklärten Fragen hat er gewissermaßen symptomatischen Charakter. Ihn nur auf die Teilhabe an der »Macht« in der Kirche reduzieren zu wollen, greift darum zu kurz. Der Wunsch nach »umfassender Seelsorge« im Sinne von Diakonat oder Priesteramt ist in vielen Fällen erwachsen aus der am eigenen Leib schmerzlich erlebten Erfahrung, seelsorgliche Verantwortung als Frau nur fragmentarisch wahrnehmen zu können.

Hier muss, ebenso wie bei den anderen genannten Fragen, im Vertrauen auf das Wirken des Geistes Gottes die theologische Reflexion weitergetrieben werden. In diesem Sinne hat das Konzil nicht nur entscheidende Fragen beantwortet, sondern zugleich neue aufgeworfen.

*Ein Fazit zum Schluss*

Die genannten Schwierigkeiten sind nicht dadurch zu lösen, dass Frauen aus seelsorglichen Tätigkeiten herausgedrängt werden. Frauen in der Seelsorge sind kein Potenzial auf Abruf, keine Lückenbüßerinnen, die dann Seelsorge betreiben dürfen, wenn weder Kleriker noch männliche Laien dafür mehr zur Verfügung stehen. Ihnen kommt vielmehr im Sinne des Zweiten Vatikanischen Konzils ein klarer Auftrag zur Seelsorge zu. Er leitet sich zum einen von ihrer Stellung als gläubige Laien mit einem spezifischen Sendungsauftrag in dieser Kirche her. Zum anderen sind ihre spezifischen Lebens- und Wirklichkeitserfahrungen für die Wahrnehmung von Seelsorge in der ganzen Kirche unverzichtbar. Frauen haben und müssen ihren Ort in der Seelsorge haben, keineswegs weil sie die besseren Seelsorgerinnen wären, sondern weil dies die unbestrittene Konsequenz des gegenwärtigen Seelsorge- und Kirchenverständnisses ist.

Nötig ist dafür die Bereitschaft und der Mut von Frauen, seelsorgliche Aufgaben tatsächlich auch zu übernehmen. Nötig ist eine gezielte und kontinuierliche Bewusstseinsbildung bzw. -veränderung, denn die Theologie allein schafft noch keine veränderte Praxis. Nötig ist eine Korrektur des traditionellen Frauenbildes, das Seelsorgerinnen auf bestimmte Aufgaben und Rollen festlegt. Nötig ist die Aufarbeitung der noch ungeklärten theologischen Fragen. Nötig ist nicht zuletzt eine gezielte Förderung von Frauen, indem ihnen die unterschiedlichen kirchlichen Instanzen seelsorgliche Aufgaben in größerem Umfang und ganz gezielt anvertrauen. Die Kirche wird nicht umhin können, diese Herausforderungen auf Zukunft hin anzugehen.

## Anmerkungen

1 Zum Folgenden ausführlich Pesch, Otto Hermann, Die Volksangehörigen werden zum Volk. Das Verständnis von der Kirche, in: ders., Das Zweite Vatikanische Konzil, Würzburg 1993, 132–208.
2 Dogmatische Konstitution über die Kirche »Lumen Gentium« 32 (im Folgenden abgekürzt LG). – Sämtliche Konzilsdokumente finden sich gesammelt in Rahner, Karl, Kleines Konzilskompendium, Freiburg 2000.
3 Das Konzil machte den Versuch, die gegenläufigen Kirchenbilder der frühen Kirche und der ekklesiologischen Tradition der letzten Jahrhunderte miteinander zu verbinden, einerseits die Ekklesiologie zu erneuern, andererseits die Kontinuität zur Tradition zu wahren. Diese Vermittlung ist nicht immer gelungen. Einzelne Texte spiegeln darum ein durchaus zwiespältiges Kirchenverständnis wider, insofern bisweilen die herkömmliche Lehre neben die Formulierung des Neuansatzes gestellt wurde, ohne dass eine echte Synthese erreicht wurde.
4 Pastorale Konstitution über die Kirche in der Welt von heute »Gaudium et spes« 45 (im Folgenden abgekürzt GS).
5 Eine gute Einführung in diese Thematik gibt der Sammelband von Wiederkehr, Dietrich, Der Glaubenssinn des Gottesvolkes – Konkurrent oder Partner des Lehramts?, Freiburg 1994.
6 Zum Folgenden ausführlich Koch, Kurt, Kirche der Laien? Plädoyer für die göttliche Würde der Laien in der Kirche, Freiburg (Schweiz) 1991.
7 Dekret über das Laienapostolat »Apostolicam actuositatem« 5 (im Folgenden abgekürzt AA).
8 Stellungnahmen der Deutschen Bischofskonferenz und des Zentralkomitees der deutschen Katholiken zu den Lineamenta für die Bischofssynode 1987, Bonn 1986 (2.4).
9 Differenziert dargestellt wird dieses Amtsverständnis von Hilberath, Jochen, Welche Struktur braucht die Kirche?, in: ders., Zwischen Vision und Wirklichkeit. Fragen nach dem Weg der Kirche, Würzburg 1999, 65–91.
10 Vgl. dazu auch das Schreiben der Deutschen Bischöfe über den priesterlichen Dienst (24. Sep. 1992), Bonn 1992.
11 So formuliert Apostolicam actuositatem 16: »Eine besondere Form des Apostolates (...) ist das Zeugnis des ganzen Lebens eines Laien, das aus Glaube, Hoffnung und Liebe entspringt.« »Das Zeugnis des christlichen Lebens selbst und die guten in übernatürlichem Geist vollbrachten Werke haben die Kraft, Menschen zum Glauben und zu Gott zu führen (...)« (ebd. 6).
12 Ausführlich zu dieser Thematik Knobloch, Stefan, Gemeinde – Ort des Subjektwerdens, in: Ziebertz, Hans-Georg (Hrsg.), Christliche Gemeinde vor einem neuen Jahrtausend, Weinheim 1997, 121–144, sowie Schmid, Peter, Begegnung ist Verkündigung. Paradigmenwechsel in der Seelsorge, in: Diakonia 25 (1994) 15–30.
13 Pottmeyer, Hermann Josef, Kontinuität und Innovation in der Ekklesiologie des II. Vatikanums, in: Alberigo, Giuseppe/Congar, Yves/Pottmeyer, Hermann Josef, Kirche im Wandel, Düsseldorf 1982, 101–110, 107.
14 Metz, Johann Baptist, Ein neues Gemeindebild? – Inspirationen aus dem Erbe des Konzils, in: Nacke, Bernd (Hrsg.), Dimensionen der Glaubensvermittlung. In Gemeinde, Erwachsenenbildung, Schule und Familie, München 1987, 45–59, 46. Bereits zu Beginn der Sechzigerjahre taucht der Gedanke,

dass die ganze Kirche Subjekt der Seelsorge ist, bei dem Pastoraltheologen Viktor Schnurr auf.

15 Kasper, Walter, Kirche als communio. Überlegungen zur ekklesiologischen Leitidee des Zweiten Vatikanischen Konzils, in: König, Franz (Hrsg.), Die bleibende Bedeutung des Zweiten Vatikanischen Konzils, Düsseldorf 1986, 62–84, 64.

16 Gemeinsame Synode der Bistümer in der Bundesrepublik Deutschland, Beschlüsse der Vollversammlung, Offizielle Gesamtausgabe Bd. I, Freiburg 1976, 602. Vgl. dazu ausführlich Werners, H., Die Glaubensvermittlung als Aufgabe der ganzen Gemeinde – nach Aussagen der Würzburger Synode, in: Nacke, Bernd (Hrsg.), vgl. Anmerkung 14, 28–44.

17 Wanke, Joachim, in: Krieger, Walter/Schwarz, Alois (Hrsg.), Amt und Dienst. Umbruch als Chance, Würzburg 1996, 131.

18 Johannes XXIII., Enzyklika »Pacem in terris« (1963), in: Hünermann, Peter (Hrsg.), Heinrich Denzinger. Kompendium der Glaubensbekenntnisse und kirchlichen Lehrentscheidungen, Freiburg 1999, 1129–1154, insbesondere Kap. 41, 43 und 44.

19 Zitat entnommen aus: Acta apostolicae sedis 58 (1966) 13f. Ähnliches besagt auch Gaudium et Spes 9, 29, 52 und 60.

20 Eine Ausnahme bilden die Konzilsinterventionen einiger weniger Bischöfe u.a. für den Zugang von Frauen zum Diakonat sowie für eine verstärkte Präsenz in kirchlichen Entscheidungsgremien, die freilich keinen Eingang in die Konzilsdekrete fanden.

21 Verschiedene Zeugnisse dafür finden sich bei Heinzelmann, Gertrud (Hrsg.), Wir schweigen nicht länger! Frauen äussern sich zum II. Vatikanischen Konzil, Zürich 1964.

22 Vgl. dazu Spendel, Stefanie, Braucht die Kirche Diakoninnen? Frauen in Diakonie und Caritas: Bestandsaufnahmen und Perspektiven, in: Hünermann, Peter (Hrsg.), Diakonat: Ein Amt für Frauen in der Kirche – ein frauengerechtes Amt?, Ostfildern 1997, 78–85; sowie dies. (Hrsg.), Weibliche Spiritualität im Christentum, Regensburg 1996.

23 Frauen und Kirche. Eine Repräsentativbefragung von Katholikinnen, i. A. des Sekretariates der Deutschen Bischofskonferenz, durchgeführt vom Institut für Demoskopie Allensbach, Bonn 1993, 101.

24 Seelsorgerinnen sind darüber hinaus ein wichtiges Identifikationsangebot für Frauen am Rand der Kirche. »Fernstehende Frauen können gerade in diesen Seelsorgerinnen erkennen, dass christlicher Glaube auch für Frauen lebensrelevant sein kann, und an diesen neuen Vertreterinnen der Kirche erleben, dass Kirche auch ein Ort authentischer, ganzheitlicher Beziehungen, gestiftet aus dem Glauben, ist, und dass Leben in der Nachfolge Jesu nicht nur in Orden oder Priesterberufen möglich ist.« (Hermetschläger, Karin, Frau, Laiin, Theologin, in: Friesl, Christian (Hrsg.), Christsein als Beruf. Neue Perspektiven für theologische Karrieren, Innsbruck-Wien 1996, 161–175, 170.)

25 Paul VI., Ansprache an die Studienkommission für die Aufgaben der Frau in Gesellschaft und Kirche (1973), in: Beinert, Wolfgang, Frauenbefreiung und Kirche. Darstellung, Analyse, Dokumente, Regensburg 1987, 140ff.

26 Voten einzelner Bischöfe zitiert der Artikel: Zeitbericht: Das Thema Gerechtigkeit auf der römischen Bischofssynode, in: HerKorr 25 (1971) 592–597, 593.

27 Nientiedt, Klaus, »Neue Bereiche der Beteiligung«. Bischöfe fordern mehr Verantwortung für Frauen in der Kirche, in: konradsblatt 43/99, 5. Demnach erhob die deutschsprachige Arbeitsgruppe die Forderung, die Kirche müsse »neue Bereiche für die Beteiligung der Frauen öffnen«. Im Bewusstsein, dass die an das Weiheamt gebundene kirchliche Vollmacht nicht die einzig mögliche sei, votierte die italienischsprachige Gruppe dafür, dass der Zugang von Frauen zu den öffentlichen Ämtern in der Kirche »in jeder nur möglichen Weise gefördert« werden solle. Die französischsprachigen Bischöfe sehen nur dann eine echte Chance auf Überwindung der Schwierigkeiten im Verhältnis zwischen der Kirche und den Frauen, wenn die Kirche Maß nehme an den »beschleunigten, gesellschaftlichen Veränderungen, die von Frauen in den vergangenen dreißig Jahren verursacht wurden«.
28 Gemeinsame Synode der Bistümer in der Bundesrepublik Deutschland, vgl. Anmerkung 16, 617; siehe auch den Gesamtzusammenhang 581–636.
29 A. a. O., 612.
30 Sekretariat der Deutschen Bischofskonferenz (Hrsg.), Zu Fragen der Stellung der Frau in Kirche und Gesellschaft, Bonn 1981, 19.
31 Der Laie in Kirche und Welt. Stellungnahme der deutschen Bischöfe zur Bischofssynode 1987, in: HerKorr 40 (1986) 323–331, 328. In diesem Zusammenhang wurde ausdrücklich auf die ermutigenden Erfahrungen mit Gemeindereferentinnen in der Seelsorge verwiesen.
32 Vgl. kathpress 214, 14 (Sept.1996) 7.
33 Erharter, Helmut/Schwarzenberger, Rudolf (Hrsg.), Frau – Partnerin in der Kirche. Perspektiven einer zeitgemäßen Frauenseelsorge. Österreichische Pastoraltagung 27.-29. Dezember 1984, Freiburg 1985. Mit dem Stichwort »Frauen-Seelsorge« wollten die Herausgeber »die Frauen ausdrücklich auch als Subjekte der Pastoral und nicht nur als Objekte einer priesterlichen Seelsorge« verstanden wissen (9). Die Voten der Delegiertenversammlung zum Dialog für Österreich (1998) haben dies mit aller Deutlichkeit bekräftigt: Dialog für Österreich. Dokumentation, in: Kirchenzeitung der Diözese Linz (29. 10. 1998), 11–22, 21.
34 Laut Untersuchungen von Siefer, Gregor, Amt und Profession. Anmerkungen zum (Ver)schwinden des Klerus, in: Diakonia 28 (1997) 179–185, 180, übersteigt mittlerweile weltweit die Zahl der hauptamtlich in der Seelsorge arbeitenden Laien – Frauen und Männer – die der Priester deutlich.
35 Wichtige Hinweise gibt die für die Diözese Rottenburg-Stuttgart erstellte soziologische Studie von Bender, Christiane u.a., Machen Frauen Kirche? Erwerbsarbeit in der organisierten Religion, Mainz 1996. Zunächst bezogen auf sämtliche kirchlichen Arbeitsverhältnisse von Frauen nimmt sie in diesem Zusammenhang die Seelsorgerinnen eigens in den Blick (141–154), und zwar differenziert nach Gemeindereferentinnen (154–197, 287f), Pastoralreferentinnen (197–231, 286f) und Frauen in seelsorglichen Führungspositionen (232–281, 288f). Demnach stellen Frauen dort 22,5% aller hauptamtlichen Seelsorger (Priester und Laien) bzw. über die Hälfte der Laienseelsorger (vgl. 118 u. 147).
36 Sekretariat der Deutschen Bischofskonferenz (Hrsg.), Rahmenstatuten und -ordnungen für Diakone und Laien im pastoralen Dienst, Bonn 1978/79, 71: Ihre »Eigenverantwortung ist in der Eigenständigkeit dieser Sachbereiche sowie in der durch Ausbildung und Berufserfahrung erworbenen Kompetenz begründet«.

37 Vgl. dazu Arbeitsstelle für Frauenseelsorge der Deutschen Bischofskonferenz/Kirchliche Arbeitsstelle für Männerseelsorge und Männerarbeit in den deutschen Diözesen (Hrsg.), Frauenseelsorge und Männerseelsorge eigenständig und partnerschaftlich. Überlegungen für die Zukunft, Düsseldorf 1987.
38 Ausführlich dazu Pemsel-Maier, Sabine: Frauen in der Seelsorge – theologische Begründung und praktische Konkretion, in: ThPQ 148 (2000) 70–80.
39 Solche unausgeschöpften Möglichkeiten sind genannt bei Synek, Eva Maria, Die zweite Phöbe. Zur Frage von Frauenämtern in der Katholischen Kirche, in: GuL 1997, 218–232.
40 Gerade das Diakoninnenamt gilt als »Paradebeispiel für ein Amt, das auf konkrete seelsorgliche Bedürfnisse antwortet« – so Niewiadomski, Jozef, Notwendige, weil Not-wendende Diakoninnenweihe,in: ThPQ 144 (1996) 339–348, 343. Ausführlich dargelegt hat diesen Gedanken Dorothea Reininger in ihrer umfangreichen Studie: Diakonat der Frau in der Einen Kirche, Ostfildern 1999.

*Literatur*

Karrer, Leo, Die Stunde der Laien: Von der Würde eines namenlosen Standes, Freiburg 1999.

Pesch, Otto Hermann, Das Zweite Vatikanische Konzil, Würzburg 1993, dort insbes. 132–208: Die Volksangehörigen werden zum Volk. Das Verständnis von der Kirche.

Ziebertz, Hans-Georg (Hrsg.), Christliche Gemeinde vor einem neuen Jahrtausend, Weinheim 1997.

Ilona Riedel-Spangenberger

# Gesandt und beauftragt

Kirchenrechtliche Möglichkeiten der Seelsorge von Frauen

*Das Zweite Vatikanum als Grundlage für die veränderte Rechtsstellung*

Im Unterschied zu der ausgesprochen inferioren Rechtsstellung der Frau im Codex Iuris Canonici von 1917[1] veränderte sich für die katholische Kirche im Zuge des II. Vatikanischen Konzils grundlegend die persönliche Einschätzung der Frauen und die Bewertung ihrer rechtlichen Stellung und ihrer Aufgaben in Kirche und Gesellschaft. In der Pastoralkonstitution über die Kirche in der Welt von heute »Gaudium et spes« vom 7. Dezember 1965 haben sich die Konzilsväter auf der Grundlage des Gedankens der »grundlegenden Gleichheit aller Menschen« dafür eingesetzt, »jede Form der Diskriminierung in den gesellschaftlichen und kulturellen Grundrechten der Person ... wegen des Geschlechtes« als dem Evangelium (Gal 3,28; Kol 3,11) und dem Plan Gottes widersprechend zu beseitigen und Frauen in die Lage zu versetzen, »die ihrer Eigenart angemessene Rolle voll zu übernehmen«, zumal es »Sache aller« sei, »die je eigene und notwendige Teilnahme der Frau am kulturellen Leben anzuerkennen und zu fördern«[2]. Im Dekret über das Laienapostolat »Apostolicam actuositatem« vom 18. November 1965 wird dann der aktive Anteil der Frauen an der universalen Heilssendung der Kirche in besonderer Weise herausgestellt: »Die Laien betätigen ihr vielfältiges Apostolat sowohl in der Kirche wie auch in der Welt. In jeder dieser beiden Ordnungen tun sich verschiedene Bereiche apostolischen Wirkens auf. Die wichtigeren sollen hier erwähnt werden: die kirchlichen Gemeinschaften im engeren Sinn, die Familie, die Jugend, die sozialen Milieus, das nationale und internationale Leben. Da heute die Frauen eine immer aktivere Funktion im ganzen Leben der Gesellschaft ausüben, ist es von großer Wichtigkeit, dass sie auch an den verschiedenen Bereichen des Apostolats der Kirche wachsenden Anteil nehmen«[3].

Papst Paul VI. hat dann im Internationalen Jahr der Frau 1975 vor allem die Gerechtigkeit gegenüber den Frauen in Familie, Gesellschaft und Kirche gefordert, weil »im Licht des Glaubens ... die wahre Gleichheit zwischen Mann und Frau besonders deutlich« hervortrete und »beide, jeder auf seine eigene Art und Weise, mit der Würde der menschlichen Person ausgestattet und nach Gottes Bild geschaffen« seien[4]. Ein Jahr später verlangt derselbe Papst: »Die Gleichheit von Mann und Frau muss sowohl im Berufsleben wie im sozialen Leben verwirklicht werden ... Die Kirche erwartet viel von den Frauen für ihre Sendung der Glaubensverkündigung. In der gegenwärtigen Krise könnte ihre Rolle entscheidend sein sowohl für die Humanisierung der bürgerlichen Gesellschaft wie auch für die Glaubensvertiefung in Familie und kirchlicher Gemeinschaft und damit auch für eine größere Strahlkraft der christlichen Botschaft«[5].

Seiner Absicht als universalkirchlicher Gesetzgeber entsprechend hat Papst Johannes Paul II. das derzeit geltende universalkirchliche Gesetzbuch, den Codex Iuris Canonici von 1983, als »Vervollständigung« (complementum) der vom II. Vatikanischen Konzil vorgelegten Lehre bezeichnet[6] und im Rahmen der durch das Konzil neu gewonnenen Lehre von der Kirche vor allem auch die Lehre betont, derzufolge alle Glieder des Volkes Gottes am priesterlichen, prophetischen und königlichen Dienst Jesu Christi unmittelbar durch die Taufe Anteil haben. Insofern hat der Codex Iuris Canonici von 1983 verbindlich für die gesamte katholische Kirche auch die anthropologische, ekklesiologische und rechtliche Einschätzung und Stellung der Frau durch das II. Vatikanische Konzil rezipiert und daraus gefolgert, dass die Frauen auch in der Kirche ihren aktiven Anteil an deren Sendung und Seelsorge haben.

## Die Begriffe »Sendung« und »Seelsorge« im Kirchenrecht

### Zwei Grunddimensionen der Kirche

»Seelsorge« und »Sendung« sind die beiden aufeinander bezogenen Grunddimensionen der Kirche, die einzig und allein auf das Heil der Menschen in Gott (salus animarum) ausgerichtet sind. Als solche sind sie auch Kategorien des Kirchenrechts als einer Ordnung des kirchlichen Handelns und Gemeinschaftslebens. Sie entsprechen dem Grundrechtsanspruch eines jeden Menschen auf göttliches Heil (salus animarum). Den Adressaten der Sendung und Seelsorge, den verschiedenen Zuständigkeiten für die kirchliche Sendung und die dabei notwendige Seelsorge, den Trägern der Sendung und Seelsorge sowie auch der Seelsorge selbst dienen sie zur Erfüllung des für die Kirche höchsten Gesetzes (suprema lex).

Der spezifische Sinn der beiden Kategorien »Sendung« und »Seelsorge« ergibt sich zum einen aus der ekklesiologischen Grundlegung des Kirchenrechts und zum anderen aus einer Reihe von einzelnen kirchenrechtlichen Bestimmungen, die sich auf das kirchliche Handeln durch Seelsorge und Sendung beziehen. Dabei weisen die beiden Begriffe im Deutschen mehrdeutige Konnotationen auf, so dass es gilt, jeweils den verbindlichen lateinischen Begriff in seiner Wortbedeutung im Gesetzestext und im Kontext der Gesetze zu erklären, da unterschiedliche Sachverhalte und Tatbestände damit umschrieben werden. Es verbietet sich nämlich, aus Ermangelung einer Legaldefinition auf ein bestimmtes Vorverständnis von Seelsorge oder Sendung zurückzugreifen, will man eine eindeutige Verständigung über die damit angesprochenen Sachverhalte im Kirchenrecht nicht verfehlen, zumal diesem die begriffliche Schärfe zu eigen ist[7].

Der Begriff »Sendung« meint im Codex Iuris Canonici die göttliche, von Jesus Christus selbst ausgehende universale Heilssendung, an der alle Getauften aktiven Anteil und diesbezüglich eine Reihe von pastoral wirksamen Aufgaben haben (vgl. c. 204 § 1). In besonderer Weise sind im kirchlichen Recht auch »Sendung und Weihesakrament« verbunden, demzufolge vor allem der Papst und die Bischöfe und unter ihrer Autorität auch die Priester und Diakone zu der als Hirtendienst gekennzeichneten Verantwortung für die umfassende Seelsorge bestimmt sind (vgl. cc. 1008). Ebenso können diese auch Männer und Frauen als Nichtpriester mittels einer näherhin rechtlich geregelten kanonischen Sendung an der zu ihrem Hirtendienst gehörigen Seelsorge beteiligen[8].

### Eine wichtige Differenzierung: »cura animarum« und »cura pastoralis«

Mit dem Begriff »Seelsorge« werden im Codex Iuris Canonici/1983 ganz unterschiedliche kirchenrechtliche Sachverhalte umschrieben, nämlich zum einen die »cura animarum« und zum anderen die »cura pastoralis«. Wenn diese beiden Begriffe unterschiedslos mit »Seelsorge« übersetzt werden, so als handele es sich um ein und dieselbe Sache, wird man der kirchenrechtlichen Differenzierung nicht gerecht. Alles, was dem geistlichen Ziel der Kirche, nämlich der »salus animarum« dient, benennt der Begriff »cura animarum«. Er meint die von verschiedenen Trägern mit unterschiedlicher Autorität und Zuständigkeit wahrzunehmenden, einzelnen pastoral wirksamen Dienste der drei kirchlichen »munera« der Verkündigung (munus docendi), der Heiligung (munus sanctificandi) und der Leitung (munus regendi), die Inhalt der universalen Heilssendung der Kirche Jesu Christi sind. Träger dieser Seelsorge sind alle Christgläubigen, die Laien, d. h. alle Frauen und Männer, die getauft sind, aber ebenso auch die Kleriker, d. h. Diakone, Priester und Bischöfe. Wenn sie einzelne Aufgaben der Verkündigung, der Heiligung und der Leitung wahrnehmen, üben sie Seelsorge (cura animarum) aus.

Diese ist jedoch zu unterscheiden von der »cura pastoralis«, die als spezifische Verantwortung für die gesamte Seelsorge in einem bestimmten Bereich nur den geistlichen Hirten (pastores) zukommt, d. h. primär dem Papst und den Bischöfen und unter ihrer Autorität auch Priestern, denen ein Kirchenamt, mit dem die »cura pastoralis« verbunden ist, übertragen wurde (z. B. Pfarrer, Moderatoren etc.). Die »cura pastoralis« ist also mit bestimmten Kirchenämtern verbunden, die nur von Geweihten übernommen werden können. Diese von den einzelnen pastoralen Diensten und Aufgaben der »cura animarum« zu unterscheidende »cura pastoralis« wird im Codex auch »plena cura animarum« genannt (vgl. cc. 150, 151). Dieses bedeutet, dass nur die zum Priester oder Bischof Geweihten die umfassende Seelsorge bzw. den Hirtendienst oder die Hirtensorge für einen bestimmten Bereich oder einen bestimmten Kreis von Gläubigen in umfassender Weise, d. h. in letztverantwortlicher und leitender Funktion, in dem Sinn wahrnehmen, dass sie für die Gewährleistung, Ausführung, Ordnung und Aufsicht aller einzelnen pastoralen Dienste und Aufgaben in ihrem Kompetenzbereich verantwortlich und zuständig sind. Diese Verantwortung ist Hirtendienst, d. h. spezifisch Seelsorge in umfassender Weise, dass sie alle einzelnen pastoralen Aufgaben und Dienste zu einer Einheit zusammenführt, deshalb den Empfang der Priester- bzw. Bischofsweihe voraussetzt und in der Feier der Eucharistie in dichtester Weise sakramental zum Ausdruck kommt (vgl. c. 899 § 2). Dieser mit den einzelnen Aufgaben der Seelsorge (cura animarum) nicht zu verwechselnde Hirtendienst (plena cura animarum = cura pastoralis) besteht in der Zusammenführung aller pastoralen Dienste und Aufgaben. Deshalb setzt er das Weihesakrament und die Übertragung eines Kirchenamtes mit »cura pastoralis« in der genannten umfassenden Weise voraus.

Zugleich ist aber von Rechts wegen auch ermöglicht, dass Priester und Nichtpriester, d. h. auch Frauen, durch einzelne pastorale Dienste und Aufgaben mittels einer kanonischen Sendung an der Ausübung der »cura pastoralis« als »cooperatores« der Hirten beteiligt werden und sogar auch ein Kirchenamt erhalten können, in dem verschiedene pastorale Aufgaben und Dienste aus den Bereichen der Verkündigung, der Heiligung und der Leitung gebündelt sind, soweit sie nur einem geistlichen Ziel dienen (vgl. c. 145 § 1). Wer die »cura pastoralis« ausübt, ist von Rechts wegen zu bestimmten einzelnen Diensten und Aufgaben der »cura animarum« verpflichtet, nicht aber zwingend zu allen, die im Bereich seiner Zuständigkeit ausgeübt werden. Demgegenüber ist aber nur einer berechtigt, die alle pastoralen Dienste und Aufgaben umfassende Ordnung und

Leitung der gesamten Seelsorge wahrzunehmen. Dies ist der »cura pastoralis« genannte Hirtendienst, der denen vorbehalten ist, die das Weihesakrament als Priester oder Bischof empfangen haben. Alle, die dieses Weihesakrament nicht empfangen haben[9], d. h. auch Frauen, können »cura animarum« ausüben und auf diese Weise nach Maßgabe des Rechts an der Ausübung der »cura pastoralis« beteiligt werden.

*Frauen als Trägerinnen von Rechten und Pflichten in der Kirche*

Da alle Getauften grundsätzlich an der Ausübung der universalen Heilssendung der Kirche Jesu Christi ihren je eigenen Anteil haben (vgl. c. 204 § 1 im Vgl. mit c. 96), sind sie aufgrund ihrer Taufe und besonders infolge der Firmung zur Ausübung des Verkündigungsdienstes, des Heiligungsdienstes und des Leitungsdienstes berechtigt und verpflichtet (vgl. c. 225 § 1). Dabei macht das geltende kirchliche Recht hinsichtlich der Laien keinen Unterschied mehr zwischen Männern und Frauen. Ihnen kommen vielmehr die für alle Christgläubigen und Laien gleichermaßen geltenden Rechte und Pflichten zu. Im Bereich der Verkündigung heißt das, dass sie zur Weitergabe des Evangeliums und zur Bezeugung des Glaubens berechtigt und verpflichtet sind. Ihre Beteiligung am Heiligungsdienst bezieht sich auf die aktive Mitfeier der Sakramente und Gottesdienste, der Sakramentalien, der Anerkennung der Heiligen Orte und des Mitvollzugs der Heiligen Zeiten sowie der Ausübung der karitativen Aufgaben und Dienste. Zum Dienst der kirchlichen Leitung sind sie insofern berechtigt und verpflichtet, als sie am Aufbau der Kirche mitzuwirken und die Gemeinschaft mit dieser zu bewahren haben.

Diese drei kategorial unterschiedenen »munera« üben sie als Einzelne oder in Vereinigungen miteinander in eigenem Namen aus, d. h. im Vollzug dieser Dimensionen der kirchlichen Sendung sind sie frei, können damit aber auch keine allgemeine Verbindlichkeit ihres privaten Handelns für die Kirche beanspruchen. In diesem Zusammenhang kommen ihnen als Eheleute und Eltern noch spezifische Rechte und Pflichten zu, wobei auch dabei kein Unterschied zwischen Männern und Frauen in diesen Lebenssituationen gemacht wird[10].

In dem Katalog der Grundrechte und Grundpflichten, den der Codex enthält (vgl. cc. 208–231) und der für Männer und Frauen in der Kirche gleichermaßen Geltung beansprucht, wird häufig auf die Zuordnung der Gläubigen zu den Hirten (sacri pastores) verwiesen, wobei den Gläubigen ausdrücklich die eigene Verantwortung für ihr Handeln zugestanden, zugleich aber auch die alle in der Kirche verbindende Loyalität zu den kirchlichen Autoritäten (oboedientia christiana) abverlangt wird. Insofern bedeuten auch die den Frauen als Getaufte zukommenden Rechte und Pflichten in der Kirche keine Anspruchsrechte gegenüber den kirchlichen Autoritäten[11], sondern sind der Struktur der Kirche als Communio verpflichtet[12]. Demzufolge müssen sie mit dem Mandat Jesu Christi für seine Kirche und mit der geistlichen und apostolischen Zielsetzung der Kirche in Übereinstimmung gebracht werden, d. h. sie sind den iure divino verbürgten Grundlegungen des kirchlichen Rechts verpflichtet, wobei sie die in der göttlichen Schöpfungsordnung grundgelegten Menschenrechte nicht außer Kraft setzen, sondern integrieren müssen.

*Beauftragungen von Frauen*

Zum Handeln im Namen der Kirche

Von den in Taufe und Firmung grundgelegten Rechten und Pflichten für Frauen in der Kirche sind die Rechte und Pflichten zu unterscheiden, die Christgläubige im Namen der Kirche ausüben können, wenn sie dazu eine kanonische Sendung durch die zuständige kirchliche Autorität erhalten haben. Diese kanonische Sendung (missio canonica) kann durch die Übertragung eines Kirchenamtes (provisio officii ecclesiastici; vgl. cc. 145–183), durch Delegation einer Vollmacht (potestas; vgl. cc. 129–144) oder Befugnis (facultas; vgl. cc. 766 und 1112)[13] oder durch eine Beauftragung zu einem bestimmten Dienst oder einer bestimmten Aufgabe (mandatum; vgl. cc. 805 und 812) in der Kirche geschehen[14].

Zur Seelsorge in der Kirche

In vielfältiger Weise sind Frauen in der Kirche Seelsorgerinnen, insofern sie entweder aufgrund von Taufe und Firmung unmittelbar pastoral in ihrem Lebensbereich wirken oder aber auch offiziell für die Kirche Aufgaben und Dienste, mit denen Seelsorge verbunden ist, wahrnehmen. Der letztere offizielle kirchliche Dienst setzt eine Ermächtigung durch die zuständige kirchliche Autorität voraus. Diese kann durch die Übertragung eines Kirchenamtes, einer Vollmacht oder Befugnis oder durch eine bloße Beauftragung geschehen[15] und sich auf die pastoralen Aufgaben beziehen, die nach Maßgabe des Rechts für Laien möglich sind (vgl. c. 228 § 1). Über Taufe und Firmung hinaus setzen sie zur Erteilung der kanonischen Sendung auch eine entsprechende persönliche und fachlich-sachliche Eignung voraus.

Legt man den oben gekennzeichneten weiten Begriff von Seelsorge zugrunde (cura animarum), so geschieht dieser im Bereich der Verkündigung, in der Bildung und Ausbildung, in der Liturgie, bei der Feier der Sakramente, in der Caritas und auch in der kirchlichen Verwaltung und Rechtsprechung ebenso wie in der Mission und in der unmittelbaren pastoralen Zuwendung zu den Menschen in einer Diözese, Pfarrei, in Krankenhäusern und Altenheimen etc. In Deutschland unterscheidet man dabei zudem zwischen haupt-, neben- und ehrenamtlichen Diensten, weil man das Kriterium eines beruflichen Dienstes zugrundelegt. Demgegenüber unterscheidet die Gesamtkirche nach den sachlichen Kriterien der Verkündigung, der Heiligung und der Leitung sowie nach einzelnen pastoralen Aufgaben und nach den in Kirchenämtern zusammengefassten mehrfachen und verschiedenen pastoralen Diensten.

*Unterschiedliche Dienste von Frauen*

Im Bereich der kirchlichen Verkündigung

Im Bereich der Verkündigung sind Frauen berechtigt, mitzuwirken beim Dienst am Wort (vgl. cc. 230 § 3, 759), d. h. bei einer Reihe von kirchlichen Diensten, die der Verkündigung, der Bezeugung und der Weitergabe des Evangeliums Jesu Christi dienen. Besonders wird von Rechts wegen hervorgehoben, dass sie predigen können (vgl. c. 766), nicht aber im Rahmen der eucharistischen Liturgie die Homilie halten können (vgl. c. 767 § 1)[16]; dass sie verschiedene Aufgaben in der Katechese durch die Kirche übernehmen können (vgl. cc. 528 § 1, 776); dass sie als Missionarinnen und Katechetinnen in der Mission wirken können (vgl. cc. 784, 785 § 1); dass sie in den Schulen Religionsunterricht erteilen können (vgl. c. 805) und dass sie durch Forschung und Lehre in der wissenschaftlichen Theologie Hochschullehrerinnen und Professorinnen sein können (vgl. cc. 229 § 3, 810, 812, 818).

Bei der Feier der Sakramente und Gottesdienste

Auch für die offizielle Mitwirkung von Frauen bei den Gottesdiensten und Sakramenten werden durch das kirchliche Recht eine Reihe von liturgischen Diensten ermöglicht. So können Frauen die Dienste der Ministrantin (vgl. c. 230)[17], der Lektorin, der Kommentatorin, der Kantorin und der Kommunionhelferin in sakramentalen und sonstigen gottesdienstlichen Feiern ausüben (vgl. cc. 230, 910 § 2). Sie sind auch berechtigt, Wortgottesdienste zu leiten (vgl. cc. 230 § 3, 766), Sakramentalien, wie z. B. die Austeilung des Aschenkreuzes, zu spenden (vgl. cc. 1168, 1167 § 2) und im Trauungsgottesdienst der Eheschließung im Namen der Kirche zu assistieren (vgl. c. 1112 § 2). Gemäß den liturgischen Vorschriften des Ordo exsequiarum von 1969 können Laien und damit auch Frauen nach Beschluss der Bischofskonferenz und mit Genehmigung des Apostolischen Stuhls die Begräbnisriten vollziehen. Die Deutsche Bischofskonferenz hat auf ihren Antrag an die Gottesdienstkongregation hin die Bevollmächtigung erhalten, bei pastoraler Notwendigkeit Laien für das Begräbnis zu beauftragen[18]. Auch der Dienst der Taufspenderin ist von Rechts wegen für Frauen möglich (vgl. c. 230 § 3).

Beteiligung bei der Ausübung des kirchlichen Hirtendienstes

Im Bereich der Leitung können Frauen wie Männer an der Ausübung der hoheitlichen Leitungsvollmacht beteiligt werden (vgl. c. 129 § 2). Frauen sind von der pastoral zu verstehenden kirchlichen Gerichtsbarkeit nicht ausgeschlossen: Eine Frau kann neben zwei Klerikern als erkennende Richterin eines Kollegialgerichtes bestellt werden (vgl. c. 1421 § 2). Sie kann auch beisitzende Richterin (vgl. c. 1424) oder Vernehmungsrichterin (vgl.cc. 1428 § 2, 1528), Kirchenanwältin und Ehebandverteidigerin (vgl. c. 1435) sein. Möglich ist auch eine Delegation von Frauen und die Verleihung des Beobachterstatus durch den Apostolischen Stuhl bei internationalen Räten, Konferenzen oder Versammlungen (vgl. c. 363 § 2). Frauen sind berechtigt, Mitglieder und Beraterinnen von Synoden (vgl. cc. 228 § 2, 443 § 4, 463 § 1 und 5, 463 § 2), Räten und Gremien (vgl. cc. 492 § 1, 512 § 1, 536 § 1) zu sein. Sie können Aufgaben und Ämter in der Diözesankurie (vgl. cc. 469–470) und in der Vermögensverwaltung (vgl. cc. 494 § 1, 1282) übernehmen. Unter bestimmten Umständen können Frauen vom Diözesanbischof an der Ausübung der cura pastoralis in einer vakanten Pfarrei beteiligt werden (vgl. c. 517 § 2) oder zur Mitwirkung an der cura pastoralis einer besetzten Pfarrei bei den Aufgaben der Verkündigung, der Heiligung und der Leitung nach Maßgabe des Rechts herangezogen werden (vgl. c. 519).

Übertragung von Kirchenämtern

Alle diese ausdrücklich im Codex Iuris Canonici erwähnten und geregelten Dienste, Aufgaben und Ämter, zu denen Frauen von Rechts wegen ermächtigt sind, können zu einem Kirchenamt (officium ecclesiasticum) werden, wenn es sich dabei um mehrere und auf Dauer eingerichtete Dienste handelt und das Kirchenamt um eines geistlichen Zieles willen ausgeübt wird (vgl. c. 145 § 1). Der Codex Iuris Canonici zählt es ausdrücklich zu den Grundrechten geeigneter Laien, zu kirchlichen Ämtern von den geistlichen Hirten herangezogen werden zu können (vgl. c. 228 § 1). Im deutschen Teilkirchenrecht sind infolgedessen bestimmte pastorale Aufgaben aus den drei kategorialen Bereichen der kirchlichen Sendung und Seelsorge so verbunden worden, dass sie Berufe für Frauen in der Kirche darstellen. Die Berufe der Pastoralreferentinnen, Gemeindereferentinnen, Krankenhausseelsorgerinnen, Religionslehrerinnen, Ordinariatsrätinnen, Vermögensverwalterinnen, Richterinnen, Ehebandverteidigerinnen, Kirchenanwältinnen, Professorinnen und Wissenschaftlichen Mitarbeiterinnen entsprechen der von Rechts wegen gegebenen Umschreibung des Kirchenamtes mit geistlicher und das heißt auch mit pastoraler Zielsetzung. Religionslehrerinnen und Hochschullehrerinnen für katholische Theologie können zudem an staatlichen Schulen, Hochschulen und Universitäten ein konfessionelles Staatsamt nach Maßgabe des Staatskirchenrechts innehaben.

## Anmerkungen

1 Vgl. Raming, Ida, Stellung und Wertung der Frau im kanonischen Recht, in: Gerhard, Ute (Hrsg.), Frauen in der Geschichte des Rechts von der frühen Neuzeit bis zur Gegenwart, München 1997, 698 ff.; Riedel-Spangenberger, Ilona, Die Stellung der Frau in der Kirche, in: Gordan, Paulus (Hrsg.), Gott schuf den Menschen als Mann und Frau, Graz-Wien-Köln 1989, 144f.
2 Gaudium et spes 29. Zu den einschlägigen Konzilstexten vgl. Beinert, Wolfgang (Hrsg.), Frauenbefreiung und Kirche. Darstellung–Analyse–Dokumentation, Regensburg 1987, 113ff.
3 Apostolicam actuositatem 9.
4 Acta apostolicae sedis 67, 1975, 437f.
5 A. a. O. 68, 1976, 198ff.
6 A. a. O. 75, 1983, S. XX.
7 Vgl. Riedel-Spangenberger, Ilona, Seelsorge und Sendung in der kirchlichen Rechtsordnung, in: dies./Boekholt, Peter (Hrsg.), Iustitia et modestia (Festschrift für Hubert Socha), München 1998, 54ff.
8 Vgl. dies., Art. Missio canonica, in: LThK3 1998, Bd. 7, 287f.
9 Zur Frage des Ausschlusses von Frauen vom Weihesakrament vgl. Groß, Walter (Hrsg.), Frauenordination. Stand der Diskussion, München 1996; Hünermann, Peter (Hrsg.), Diakonat. Ein Amt für Frauen in der Kirche – Ein frauengerechtes Amt?, Ostfildern 1997.
10 Vgl. Riedel-Spangenberger, Ilona, Apostolat und Kooperation in der Kirche. Kirchenrechtliche Überlegungen zu einem erneuerten Verhältnis zwischen Klerikern und Laien, in: Kraus, Georg (Hrsg.), Wozu Laien? Für das Miteinander in der Kirche, Frankfurt/M.-Berlin-Brüssel 2001.
11 Vgl. dies., Grundrechte und Rechtsschutzgarantien durch die zukünftige Kirche. Zur Frage der kirchlichen Adaption demokratischer Prinzipien, in: dies./Homann, Karl (Hrsg.), Welt – Heuristik des Glaubens, Gütersloh 1997, 82ff.
12 Vgl. dies., Die Communio als Strukturprinzip der Kirche und ihre Rezeption im CIC/1983, in: Trierer Theologische Zeitschrift 97, 1988, 217ff.
13 Vgl. z. B. cc. 766 und 1112 § 1; vgl. Riedel-Spangenberger, Art. Facultas, in: von Campenhausen, Axel/Riedel-Spangenberger, Ilona/Sebott, Reinhold (Hrsg.), Lexikon für Kirchen- und Staatskirchenrecht, Paderborn-München-Wien-Zürich ²2000, Bd. I, 666f.

14 Vgl. dies., Sendung in der Kirche. Die Entwicklung des Begriffes »missio canonica« und seine Bedeutung in der kirchlichen Rechtssprache, Paderborn-München-Wien-Zürich 1991, 201ff.
15 Vgl. dies., Officium, ministerium et munus: Die Rechtmäßigkeit der Dienste und Ämter von Frauen in der katholischen Kirche, in: Schneider, Theodor/Schüngel-Straumann, Helen (Hrsg.), Theologie zwischen Zeiten und Kontinenten, Freiburg u.a. 1993, 345ff.
16 Vgl. c. 767 § 1; zur besonderen Regelung für Deutschland vgl. Erlass der Deutschen Bischofskonferenz zur Ordnung des Predigtdienstes für Laien vom 24. Februar 1988, in: KA Trier Nr. 7, 1. April 1988, Nr. 71, 70.
17 Vgl. c. 230. Offiziell hat Papst Johannes Paul II. 1992 es in das Ermessen der Ortsbischöfe gestellt, auch Mädchen als Ministrantinnen zu diesem »wahrhaft liturgischen Dienst« zu bestellen, in: Acta apostolicae secis 86, 1984, 541f.
18. Vgl. Prot.Nr. 1727/73 vom 17. November 1973.

*Literatur*

Riedel-Spangenberger, Ilona, Zwischen Rechtsschutz und Diskriminierung? Kanonistische Aspekte zur Rechtsstellung der Frau in der Kirche, in: Schneider, Theodor (Hrsg.), Mann und Frau – Grundproblem theologischer Anthropologie, Freiburg 1989, 124–141.

Dies., Die Stellung der Frau in der Kirche, in: Gordan, Paulus (Hrsg.), Gott schuf den Menschen als Mann und Frau, Graz-Wien-Köln 1989, 129–153.

Gertrud Casel

# Partizipation – auch in der Kirche
## Seelsorgerinnen im Ehrenamt

*Begriff und Kontext*

Seelsorgerinnen im Ehrenamt – zwei weite Begriffe. Welche Frauen sind mit dieser Überschrift gemeint?

Ehrenamtliche Arbeit ist freiwillig, unbezahlt und ansonsten schwer abgrenzbar. Sie findet sich in fast allen gesellschaftlichen Feldern und ist prägend für eine lebendige demokratische Zivilgesellschaft. Mit je eigenen inhaltlichen Akzenten werden in der aktuellen Diskussion Begriffe wie Freiwilligenarbeit oder bürgerschaftliches Engagement analog verwandt.

Eine hilfreiche Unterscheidung und Eingrenzung ehrenamtlichen Engagements findet sich in der repräsentativen Erhebung »Freiwilliges Engagement in Deutschland. Ergebnisse der Repräsentativerhebung 1999 zu Ehrenamt, Freiwilligenarbeit und bürgerschaftlichem Engagement«, auch als »Freiwilligensurvey 1999« bezeichnet, die im Auftrag des Bundesministeriums für Familie, Senioren, Frauen und Jugend durchgeführt wurde[1].

Dort wurde zunächst gefragt nach dem »Mitmachen«, der »aktiven Beteiligung« in bestimmten Bereichen oder Betätigungsfeldern, in Gruppierungen, Vereinen oder Organisationen. Es wurde dann nachgefragt, ob man in diesen Bereichen der aktiven Beteiligung auch »Aufgaben oder Arbeiten« übernommen hat, die man freiwillig oder ehrenamtlich ausübt, und zwar unbezahlt oder gegen geringe Aufwandsentschädigung. Ehrenamtliches Engagement wird somit als Subkategorie des »Mitmachens«, als intensivere Stufe der Beteiligung verstanden. In diesem Sinne werden auch die ehrenamtlichen Tätigkeiten in der Seelsorge im folgenden Beitrag beschrieben.

Die Entwicklung ehrenamtlichen Engagements von Frauen in der Kirche weist viele Ähnlichkeiten auf mit der entsprechenden gesamtgesellschaftlichen Entwicklung und steht in enger Wechselwirkung mit ihr. Dies gilt insbesondere für die Verteilung der Tätigkeitsfelder und Aufgaben zwischen Männern und Frauen, die das Ehrenamt bis heute nachhaltig prägt. Deshalb wird im folgenden Beitrag die kirchliche Entwicklung im Kontext der gesamtgesellschaftlichen Entwicklung gesehen und gewertet. Zudem soll auch die andere Seite der Medaille, das männliche Ehrenamt mit in den Blick kommen, sowohl in der Beschreibung als auch in der Diskussion der Konsequenzen.

*Frauen und Männer im Ehrenamt*

Aktuelle Übersicht: Freiwilligen-Survey 1999

Eine aktuelle Übersicht gibt die oben genannte umfassende Erhebung zum Ehrenamt von 1999. Danach ist ein Drittel der deutschen Wohnbevölkerung ab 14 Jahren nach eigenen Angaben in irgendeiner Form ehrenamtlich engagiert – und zwar in dem Sinne, dass man in Vereinen, Initiativen, Projekten, Selbsthilfegruppen oder Einrichtungen aktiv mitmacht und dort unbezahlt oder gegen geringe Aufwandsentschädigung freiwillig übernommene Aufgaben oder Arbeiten ausübt. Zwei von drei Bundesbürgern sind bisher oder derzeit nicht ehrenamtlich engagiert. 40 % davon wären nach eigenen Angaben aber durchaus interessiert daran. Es gibt also ein erhebliches »Engagementpotenzial«. Insgesamt sind Personen mit besseren bildungsmäßigen, beruflichen und finanziellen Voraussetzungen und solche, die sozial stärker integriert sind, eher als andere bereit zur Übernahme freiwilliger, ehrenamtlicher Aufgaben und Arbeiten.

An ehrenamtlich Tätige werden häufig hohe Anforderungen gestellt, seien es Anforderungen fachlicher Art oder soziale Kompetenz (z. B. mit Menschen gut umgehen können, Organisationstalent usw.). Weiterbildungsangebote sind daher von großer Bedeutung. Für etwa die Hälfte der ehrenamtlich Tätigen gibt es nach eigener Angabe solche Angebote. Sofern dies der

Fall ist, hat die Mehrzahl (70%) auch bereits an entsprechenden Kursen teilgenommen, Frauen allerdings seltener als Männer.

Mit ehrenamtlicher Tätigkeit verbinden sich in erster Linie altruistische Motive (etwas für das Gemeinwohl tun, anderen Menschen helfen usw.), zugleich aber auch die Erwartung, dass die Tätigkeit Spaß machen soll und dass man mit sympathischen Menschen in Kontakt kommt. Für drei Viertel der ehrenamtlich Aktiven ist es darüber hinaus wichtig, Kenntnisse und Erfahrungen zu erweitern. Ein möglicher beruflicher Nutzen ist dagegen nur für eine Teilgruppe von rd. 20% von Bedeutung.

Bei den ehrenamtlich Tätigen werden die Erwartungen, die sie mit der Tätigkeit verbinden, im Großen und Ganzen offenbar erfüllt. Hinweise auf Problembereiche geben die Antworten der ehemals Engagierten, die heute nicht mehr ehrenamtlich tätig sind. Als Gründe für die Beendigung der Tätigkeit werden am häufigsten der zu hohe Zeitaufwand (37%) sowie eine gewisse Enttäuschung oder Demotivation (26%) genannt.

Mehr Männer als Frauen im Ehrenamt

30% der weiblichen und 38% der männlichen Bevölkerung sind freiwillig tätig, Frauen also weniger als Männer. Damit reiht sich das Ergebnis dieser Untersuchung in das anderer repräsentativer Erhebungen ein, in denen ebenfalls eine geringere Beteiligung von Frauen an der Freiwilligenarbeit konstatiert wird. Allerdings dokumentiert eine Befragung[2], dass im Zeitraum von 1985 bis 1996 das Engagement auf Seiten der Frauen von 18% auf rund 30% überproportional angestiegen ist – bei den Männern betrug die Zunahme nur 8%. Bei den Frauen gründet sich die beträchtliche Steigerung vor allem auf die Mitarbeit in »Vereinen, Verbänden und sozialen Diensten«.

Geschlechtsspezifische Unterschiede

Frauen und Männer sind in den verschiedenen Bereichen freiwilliger Arbeit unterschiedlich präsent[3].

Die nachstehende Abbildung zeigt die Verteilung der Freiwilligenarbeit unter Frauen und Männern nach Bereichen, wenn die zeitaufwändigste Tätigkeit zugrunde gelegt wird.

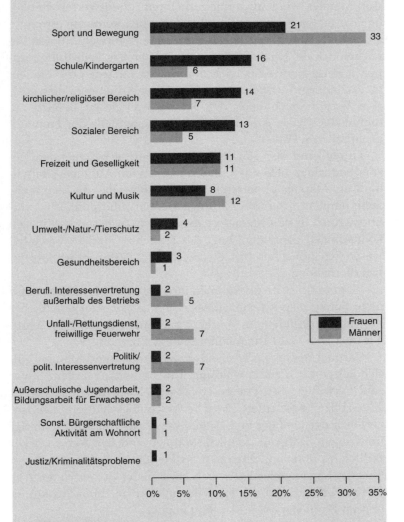

Die tradierte geschlechtsspezifische Aufteilung der Tätigkeitsfelder findet auch in der freiwilligen Tätigkeit statt: Jeder dritte Mann nennt den Bereich Sport als den für ihn wichtigsten. An zweiter Stelle folgt der Kulturbereich (12%). Darüber hinaus sind Männer, wenn auch mit geringeren Anteilswerten, freiwillig tätig in den Bereichen Politik/politische Interessenvertretung sowie Unfall/Rettungsdienst/freiwillige Feuerwehr. In den Bereichen Schule/Kindergarten, sozialer Bereich, Selbsthilfegruppen und Gesundheitsbereich dominieren hingegen die Frauen; ihr Anteil liegt hier bei ca. zwei Dritteln. Ordnet man dem sozialen Bereich auch noch den kirchlich-religiösen Bereich zu, nimmt die soziale Arbeit deutlich die erste Stelle der Freiwilligenarbeit von Frauen ein.

Frauen sind also stärker in Bereichen mit betreuenden, gesundheitlichen, helfenden und versorgenden Aufgaben freiwillig tätig. Männer präferieren hingegen Bereiche, die sich mehr außerfamiliär – freizeit-, bildungsorientiert und politisch – verorten. Auch in den Jugendorganisationen, insbesondere in den konfessionell geprägten, liegt der Mädchen- und Frauenanteil wesentlich höher als in Gewerkschafts-, Partei- oder Sportjugendverbänden.

Männer besetzen im Rahmen ihrer Tätigkeit vergleichsweise mehr Funktionspositionen; diese Art ist mit höherer öffentlicher Wirkung verbunden. Im Vergleich zu Frauen kommen sie häufiger über eine Wahl zur Ausübung ihres Ehrenamtes.

Darüber hinaus unterscheiden sich Frauen und Männer hinsichtlich ihrer Zeitaufwendung für Freiwilligenarbeit. Zwar sind freiwillig tätige Frauen etwa zu gleichen Teilen in Teilzeit oder Vollzeit beschäftigt. Doch bei Vollzeitbeschäftigung verringert sich der Umfang und Beteiligungsgrad von Frauen an der freiwilligen Tätigkeit deutlich. Männer sind insgesamt stärker zeitlich im Ehrenamt engagiert als Frauen; so kommt zu ihrem höheren Engagement auch noch ein höherer Zeitaufwand. Aus diesem Grund wird die Freiwilligenarbeit in ihren Strukturen und im Profil stark von Männern geprägt.

*Der Steckbrief einer freiwillig tätigen Frau könnte lauten:*

Frau in mittleren Jahren, sozial integriert, mit Kindern im Kindergarten- oder Schulalter, gutes Bildungsniveau, gutes Haushaltseinkommen, erwerbstätig (in Teilzeit), auch zuständig für Haus- und Familienarbeit, interessiert an freiwilliger Tätigkeit mit Bezug zur aktuellen Lebenssituation, bevorzugt die Bereiche Sport, Kindergarten, Schule, Soziales.

*Der Steckbrief eines freiwillig tätigen Mannes könnte lauten:*

Mann in mittleren Jahren, sozial integriert, mit Familie, mit Kindern, fast frei von Familienaufgaben, gutes Bildungs- und Berufsniveau, gutes Haushaltseinkommen, starke Erwerbsorientierung, zeitlich ungebunden, interessiert an freiwilligem Tätigkeitsfeld mit außerfamiliärem – sportlichem, beruflichem oder politischem – Bezug.

Das Alter des Kindes/der Kinder hat einen unterschiedlichen Einfluss auf den Grad der freiwilligen Tätigkeit von Frauen und Männern. Während es für Männer keine Auswirkung auf die freiwillige Tätigkeit hat, schränken jüngste Kinder von einem Jahr oder unter drei Jahren die freiwillige Tätigkeit von Frauen stark ein. In dieser Lebensphase der Kinder sind Frauen anteilig am geringsten freiwillig tätig. Die Beteiligung von Männern an Freiwilligenarbeit dagegen fällt in dieser Lebensphase des Kindes deutlich überproportional aus. Mit Kindern im Kindergarten- oder Schulalter (bis 15 Jahre) steigt der Beteiligungsgrad der Frauen deutlich. Danach geht er wieder zurück. Der Befund, dass der Bereich Kindergarten/Schule ein von Frauen stark besetztes Tätigkeitsfeld ist, bietet dafür eine Erklärung. Die Pflege bedürftiger Angehöriger und Kinderbetreuung bleibt den Frauen überlassen. Pflege und Kinderbetreuung bindet Zeit und somit Frauen mehr als Männer.

Als Fazit bleibt: Die spezifische Arbeits- und Rollenteilung von Männern und Frauen in Beruf, Familie und Gesellschaft findet sich in der Freiwilligenarbeit wieder.

Unbezahlte Arbeit ist Frauensache

Bei der Zeitbudgeterhebung[4], die 1991/92 vom Statistischen Bundesamt durchgeführt wurde, stehen die unentgeltlichen Leistungen privater Haushalte – bis dato statistisch unsichtbar – im Mittelpunkt. Das ehrenamtliche Engagement war nur ein Teilaspekt der Untersuchung. Unbezahlte Arbeit wird – auch im Spiegel der Statistik – in weitaus höherem Maße von Frauen geleistet. Während Frauen täglich fünf Stunden mit derartigen Tätigkeiten befasst sind, bemisst sich dieser Wert bei Männern auf 2 ¾ Stunden. Über den höheren Zeitaufwand der Frauen hinaus folgt die Verteilung der einzelnen Tätigkeiten innerhalb des zeitlichen Budgets von Männern und Frauen deutlich den Mustern der traditionellen Rollenverteilung: Hauswirtschaftliche Tätigkeiten machen fast 83% der unbezahlten Arbeit von Frauen aus; die Betreuung von Kindern und Pflegebedürftigen fordert rund 12% der unbezahlten weiblichen Arbeitskraft. In beide Einzelposten investieren Frauen jeweils doppelt so viel Zeit wie Männer.

Hier liegt sicherlich auch eine wesentliche Ursachenquelle für das in fast allen Erhebungen zu findende größere ehrenamtliche Engagement von Männern.

Mangel an Frauen in ehrenamtlichen Führungspositionen

Bei den Gründen für die Unterrepräsentanz von Frauen in den Führungs- und Leitungsämtern werden in den verschiedenen Engagementbereichen vergleichbare Zusammenhänge aufgezeigt. Auswahlkriterien wie z.B. ein hoher Berufsstatus oder langjährige Mitgliedschaft können Frauen aufgrund ihres spezifischen Lebenszusammenhangs häufig nicht gerecht werden. Insbesondere bei den prestigeträchtigen Positionen werden Qualifikationen und berufliche Kontakte vorausgesetzt, die Frauen fehlen. Die Unterbrechung in der Erwerbsbiografie und die Bevorzugung männlicher Bewerber wirken sich negativ auf weibliche Karrierechancen im Beruf aus. Die Konzentration auf frauentypische Berufe mit beschränkten Aufstiegsmöglichkeiten reduziert den Erwerb von Erfahrungen im Umgang mit Machtstrukturen. Geschlechtsspezifische Sozialisation, gesellschaftliche Rollenzuweisungen und Ausschlussprozesse tragen dazu bei, dass Frauen sich überwiegend auf den unteren Ebenen der Organisationshierarchie engagieren. Die gleichen Gründe halten Frauen davon ab, sich in männlich dominierte Strukturen mit spezifischen Leitungs- und Kommunikationsstilen zu begeben und Führungspositionen zu übernehmen[5].

## Ehrenamtliche Tätigkeit von Frauen in der Seelsorge

Ehrenamtliches Engagement in kirchlichem Kontext ist überwiegend Frauensache, wie die zuvor genannten Untersuchungen und Studien zum Ehrenamt belegen[6].

Wie verteilt sich die Arbeit nun auf die verschiedenen Tätigkeitsbereiche in der Gemeinde?

### Diakonie

Diakonie – im weiten Sinn als soziales Engagement verstanden – ist eindeutig das Arbeitsfeld der Frauen. Das gilt sowohl im allgemein gesellschaftlichen Rahmen als auch in den Wohlfahrtsverbänden. Ein wichtiger Schwerpunkt in diesem Zusammenhang ist auch die Altenarbeit, eine Arbeit, die einerseits mit hauswirtschaftlichen Aktivitäten verbunden ist, in der zum anderen aber auch emotionale Zuwendung eine große Rolle spielt. Ebenso sind 90% der Absolventen des Freiwilligen Sozialen Jahres (FSJ), das im Kontext kirchlicher Jugendarbeit als Jahr für den Nächsten entstanden ist, weiblichen Geschlechts.

Zusammenfassend lässt sich sagen: Wo nicht fachspezifische Qualifikationen vorausgesetzt werden, sondern Empathie und Intuition sowie die Fähigkeit, warten zu können, die eigenen Bedürfnisse zurückzustellen, für die Bedürfnisse anderer sensibel zu sein, zwischenmenschliche Beziehungen zu erspüren und befriedigend zu gestalten, dort leisten Frauen den größten Teil unentgeltlicher Dienste – und zwar vorrangig in den mittleren und unteren Ebenen der Organisationen. Dagegen werden die Bereiche der Öffentlichkeits- und Gremienarbeit, der Organisation und Verwaltung sowie Vorstands- und Leitungsfunktionen von Männern dominiert.

Katechese und Liturgie

Die Schätzungen der Verantwortlichen in den Bistümern weichen nur wenig voneinander ab: Katechese in den Gemeinden wird zu etwa 80% von Frauen, die Erstkommunionkatechese praktisch allein von ihnen getragen. Das Gleiche gilt für die Vorbereitung von Kinder- und Familiengottesdiensten. In den letzten Jahren hat sich immer mehr gezeigt, dass die Mitarbeit in der Kinder- und Jugendkatechese sich für die Katechetinnen selbst und für die ganze Gemeinde indirekt als Erwachsenenkatechese gestaltet.

Frauen stellen den überwiegenden Teil der Gottesdienstbesucher. Kreative, eigenständige und auf die Bedürfnisse von Frauen abgestimmte Liturgieformen werden insbesondere von Frauengruppen und im Rahmen von thematischen Angeboten und Fortbildungen praktiziert.

Der Weltgebetstag der Frauen, die größte ökumenische Laiinnenbewegung, hat in den letzten Jahrzehnten auch für katholische Frauen ein stärkeres Gewicht bekommen. Gerade hier sind Möglichkeiten vorhanden, neue frauengemäßere Formen von Liturgie zu pflegen. Im Bereich der Gottesdienst- und Kommunionhelfer/innen wird der Anteil der Frauen auf 33% bis 45% geschätzt. Seit der Einführung dieser Dienste hat sich ihr Anteil stetig erhöht.

Gremienarbeit

Betrachtet man die Mitgliedschaft der Frauen im Pfarrgemeinderat (PGR), so zeigt sich ganz eindeutig im Laufe der Jahre eine steigende Tendenz. Auch der Anteil der Frauen als Vorsitzende hat zugenommen, allerdings auf einem wesentlich niedrigeren Niveau: Er bewegte sich zu Beginn der Neunzigerjahre zwischen 20% und 30%. Dies scheint dafür zu sprechen, dass Männern diese Aufgabe als Führungs- und Repräsentationsaufgabe immer noch eher zugetraut wird als Frauen.

Soweit Angaben zu Frauen in Kirchenvorständen existieren, wird deutlich, dass dieses Gremium, in dem wichtige Entscheidungen z.B. über Finanzen, Bauplanung, Rahmenbedingungen für das Leben einer Pfarrei getroffen werden, nach wie vor ein Feld für Männer geblieben ist.

Geistliche Begleitung

Relativ jung ist die insbesondere von Jugend- und Frauenverbänden angestoßene Entwicklung, Frauen ehrenamtlich in der geistlichen Begleitung oder Leitung einzusetzen. In der Katholischen Frauengemeinschaft Deutschlands (kfd) wurde Ende der Achtzigerjahre in einigen Diözesen zunächst auf Dekanatsebene eine Frau im Vorstand oder Leitungsteam mit der geistlichen Begleitung betraut oder in diese Funktion gewählt. Inzwischen sind in einer Reihe von kfd-Diözesanverbänden geistliche Begleiterinnen oder Leiterinnen ehren-, teilweise auch hauptamtlich tätig.

Motivation von ehrenamtlichen Frauen

Das Engagement von Frauen in den Kirchen beruht auf einer Lebenseinstellung, die sowohl religiös wie sozial ausgeprägt ist. Nach der Repräsentativbefragung von Katholikinnen im Auftrag des Sekretariats der Deutschen Bischofskonferenz Anfang der Neunzigerjahre spielen für sie folgende Ziele eine überdurchschnittliche Rolle: vor dem Gewissen und vor Gott bestehen zu können; mithelfen, eine bessere Gesellschaft zu schaffen; ganz für andere da sein und sich mit allen Kräften für Ideen und Ideale einzusetzen. Förderlich und motivierend für eine weitere Mitarbeit empfindet ein Großteil der engagierten Frauen das »Betriebsklima«: »Aus der Nahperspektive wird die Männerkirche zur Frauenkirche.«[7] Die Frauen sehen als die aktiveren in den Gemeinden gute Chancen, ihre Vorstellungen und Wünsche einzubringen. Allerdings hat auch ein Drittel der in der Pfarrgemeinde mitarbeitenden Frauen schon einmal das Gefühl gehabt, dass sie als Frau von der katholischen Kirche eingeengt oder nicht ernst genommen wurde. Engagierte und nicht engagierte Frauen unterscheiden sich in ihrer Kirchen- und Institutionenkritik relativ wenig, kommen aber trotzdem zu anderen Schlussfolgerungen. »Weitaus mehr als nicht engagierte Frauen haben kirchlich engagierte Frauen das Gefühl, in der Kirche Gemeinschaft zu erleben, eine geistige und emotionale Heimat zu finden und sich für Anliegen engagieren zu können, die ihnen sehr am Herzen liegen.«[8]

Neben einer starken Grundmotivation und der persönlichen Erfahrung einer geistigen und emotionalen Heimat kommt als Drittes die spezielle Motivation hinzu, eine bestimmte Aufgabe zu übernehmen. Freude an der Arbeit, das Gefühl etwas Sinnvolles tun zu können, anderen zu helfen und dadurch auch selbst mehr Kontakte zu anderen zu haben, sind die Hauptmotive für Frauen, die in einer Gemeinde aktiv mitarbeiten. Die Beweggründe, sich selbst als auch anderen etwas Gutes tun zu wollen, sind dabei ineinander verflochten.

*Chancen und Grenzen*

Innovation, Partizipation, Integration

Der weit verbreiteten Befürchtung, ehrenamtliches Engagement vernichte Arbeitsplätze, muss entgegengehalten werden: Ehrenamt wirkt innovativ. Denn Ehrenamtliche gehen auf Bedürfnisse, Notlagen und Herausforderungen in einer Weise ein, die innovative Entwicklungen möglich macht. Die Entwicklung der pastoralen Laienberufe zeigt dies mit aller Deutlichkeit: Ehe es Krankenhausseelsorger/innen gab, waren ehrenamtliche Frauen und Männer in Besuchsdiensten im Krankenhaus seelsorglich tätig, ebenso auch in der Gefängnisseelsorge und in anderen Feldern der Kategorialseelsorge. Ehe eine auch von hauptamtlicher Seite getragene Hospizbewegung aufgebaut wurde, haben Ehrenamtliche Schwerkranke und Sterbende begleitet und ihnen menschliche Zuwendung geschenkt. In gleicher Weise hat auch die ehrenamtliche Seelsorge von Frauen neue Arbeitsplätze geschaffen. In den verschiedenen Feldern, in denen Frauen in der Vergangenheit ehrenamtlich ihre Kompetenzen eingesetzt haben, kam es bald zur Professionalisierung bzw. zur Herausbildung neuer Berufe: in der Fürsorge, im sozialarbeiterischen und karitativen Bereich, in der Pastoral in Gestalt der Gemeinde- und Pastoralreferentinnen.

Ehrenamtliche Seelsorge von Frauen gewährleistet Partizipation, Mitwirkung und Mitgestaltung. In diesem Sinne ist sie eine Voraussetzung für das lebendige Wachstum der Gemeinden und der Kirche.

Ehrenamt bewirkt sozialen Zusammenhalt und Integration, ein Wert, der in jüngsten Analysen der Funktionen des Ehrenamtes direkt neben den zwar nur grob geschätzten, aber immens großen ökonomischen Nutzen gestellt wird. Denn ein hoher sozialer Zusammenhalt verhindert Gewalt und sozialen Unfrieden nach innen und außen und ist damit eine Voraussetzung für die soziale und wirtschaftliche Entwicklung eines Gemeinwesens, wie z. B. Studien der Weltbank in Indien belegen.

Ein konkretes Beispiel: Der Besuchsdienst

Ein konkretes Beispiel dafür ist der Besuchsdienst, wie er z. B. in der Katholischen Frauengemeinschaft Deutschlands (kfd) angelegt und praktiziert wird. Bundesweit sind ca. 60.000 Mitarbeiterinnen im Besuchsdienst tätig. Ihre klassische Aufgabe ist der regelmäßige Besuch von und das Gespräch mit anderen Frauen, kfd-Mitgliedern, die möglichst in der Nähe wohnen. Aus dem Rundgang oder Besuchsdienst erwachsen andere Dienste wie Krankenhausbesuche, Hilfestellung bei der Pflege zu Hause, helfende Gespräche in besonderen Krisen oder seelsorgliche Gespräche, Vermittlung an Beratungsdienste oder andere Fachstellen. In manchen Gemeinden gibt es Berührungspunkte mit dem Sozialkreis, Altenbesuchsdienst und vor allem mit den Caritaskonferenzen. Aus den Kontakten und Gesprächen entstehen Ideen für neue Projekte oder Initiativen.

Inhaltlich wird im Besuch der Grunddienst der Diakonie vollzogen. In regelmäßigen Kontakten und Gesprächen wird für die betreffenden Frauen erfahrbar: Da ist eine aus der Gemeinde, die sich für mich interessiert und in Abständen nach mir schaut. Zugleich leistet der Besuchsdienst auch Wesentliches für die soziale Integration und stellt ein Kernstück von Gemeinwesenarbeit dar. Solche soziale Integration kann weder verordnet noch flächendeckend über professionelle Dienste organisiert werden. Sie lebt vielmehr vom freiwilligen Aufeinanderzugehen und Sichzusammenschließen und damit vom ehrenamtlichen Engagement.

Geschlechtsspezifische Arbeitsteilung

Die Bereiche der Seelsorge, die in besonderer Weise von Frauen getragen werden – Katechese und Diakonie – weisen auf eine ähnliche geschlechtsspezifische Arbeitsteilung hin, wie sie im zweiten Kapitel auch für andere ehrenamtliche Tätigkeitsbereiche in der Gesellschaft beschrieben wurde. Die Bindung von vielen Leitungsämtern und liturgischen Aufgaben ans Weiheamt, von dem die Frauen in der katholischen Kirche ausgeschlossen sind, spitzt diese geschlechtsspezifische Arbeitsteilung weiter zu. Auch in beratenden Ehrenämtern bleiben Frauen eher die Ausnahme. Frauenkommissionen o. ä. allein können eine solche Entwicklung kaum korrigieren.

Nimmt man das gesamte Feld pastoraler Arbeit in den Blick, so kann man der überspitzten Darstellung von Ina Praetorius (1987) durchaus einiges abgewinnen: »Männer verwalten die Diakonie – Frauen pflegen, heilen, erziehen, trösten. Männer setzen die rechte Lehre fest – Frauen handeln der Lehre gemäß. Männer werden bezahlt – Frauen arbeiten ehrenamtlich.« »Es etabliert sich die statische Zweiheit von lautstarker, männlich besetzter Wort-Theologie und stillschweigendem praktischen Christentum der Frauen. Die spannungsvolle Einheit von Wortverkündigung und real-liebendem Dienst am/an der Nächsten löst sich auf in traditionelle Geschlechtsspezifik und verliert so an ursprünglicher Radikalität.«[9]

Dies aber geht an den Kern christlicher Praxis und christlichen Selbstverständnisses: Dass Wort und Tat zusammengehen, ist Voraussetzung für die Nachfolge Jesu. Jesus hat seinen Jüngern die Füße gewaschen und damit ein Beispiel für alle gegeben, nicht nur für die Frauen. Gerade von den »Ersten«, den Führungskräften, fordert er die Fähigkeit zu dienen, und zwar nicht nur in der Leitung, sondern gerade auch in einfachen Tätigkeiten, in Sklavendiensten.

*Perspektiven für eine zukunftsfähige Pastoral*

Neuorientierung ist notwendig

Eine glaubwürdige Pastoral muss sich neu an den Ursprüngen, am Auftrag und der Sendung Jesu und nicht zuletzt am befreienden Anfang in den ersten Gemeinden orientieren. Damals haben Frauen im Gegensatz zur antiken patriarchalischen Gesellschaftsordnung leitende und lehrende Aufgaben und Ämter in den Hauskirchen und christlichen Gemeinden wahrgenommen. Eine Neuorientierung ist darum angezeigt aus Gründen der Glaubwürdigkeit.

Neuorientierung ist aber auch nötig, weil Frauen auf Zukunft hin unter den bisherigen Voraussetzungen nicht mehr mitspielen und weniger zur Verfügung stehen werden. Die Forschungen zum weiblichen Ehrenamt nennen folgende Gründe:

Die Angleichung in den Bildungschancen gibt Frauen bessere Möglichkeiten, ihre Anliegen zu artikulieren, zu vertreten und durchzusetzen.

Die stärkere Erwerbsorientierung, wenn auch häufig in Teilzeittätigkeiten, gibt größere Partizipationschancen im öffentlichen Bereich, aber erfordert ein Ausbalancieren von Haus- und Familienaufgaben, ehrenamtlichen Arbeiten und Erwerbsarbeit gemäß der jeweiligen Lebensphase. Im Ergebnis stehen Frauen im Ehrenamt zeitlich weniger zur Verfügung, muss Ehrenamt begrenzt werden. Veränderungen in der Familie – wie eine kürzere aktive Familienphase, mehr Ein-Kind-Familien, mehr Scheidungen, mehr Ein-Personen-Haushalte – geben den außerfamiliären Bereichen im Leben von Frauen mehr Bedeutung. Wachsende Anforderungen gibt es zudem durch pflegebedürftige Angehörige.

Im ehrenamtlichen Engagement jüngerer Frauen ist dieser Wandel bereits deutlich greifbar. Sie engagieren sich am liebsten zeitlich klar befristet in Initiativgruppen und Projekten. Auch wenn der zu erwartende Rückgang ehrenamtlichen Engagements von Frauen nicht sofort massiv ausfallen sollte – da die individuelle Bedeutung ehrenamtlicher Arbeit nach wie vor hoch eingeschätzt wird – werden von Seiten der Frauen Veränderungen deutlich eingefordert.

### Ehrenamtliche Arbeit von Frauen sichtbar machen

Die ehrenamtliche Arbeit von Frauen bleibt auch in der Seelsorge allzu häufig im Hintergrund oder ganz unsichtbar und wird kaum öffentlich. Das bedeutet zum einen fehlende Anerkennung für die Frauen. Schwerer aber noch wiegt, dass ihre Erfahrungen kaum einfließen in den Lebensprozess der Gemeinden z.B. im Pfarrgemeinderat oder im Gottesdienst. Die soziale Arbeit, gerade der Dienst an den Armen und Geringen, bleibt ein notwendiger zentraler Lernort für christliche Gemeinden.

Ehrenamtliche Arbeit im diakonischen und katechetischen Bereich muss darum sichtbar gemacht und in den öffentlichen Dialog der Gemeinden einbezogen werden. Die betreffenden Frauen selbst sollten gezielt darauf achten, dass ihr ehrenamtliches Engagement sichtbar gemacht wird und dass sie die gängige Abwertung der geleisteten »Versorgungsarbeit« nicht mitvollziehen.

Die Sichtbarmachung, Dokumentation und Würdigung solcher ehrenamtlichen Arbeit kann bei verschiedensten Anlässen erfolgen: nicht nur bei Frauentagen, sondern darüber hinaus im Rahmen von Gottesdiensten, anlässlich von Caritas-Sonntagen, bei Pfarr- und Erntedankfesten, bei Pfarrgemeinderats- oder Kirchenvorstandswahlen, bei Dekanatsveranstaltungen, bei den Gemeindevisitationen durch die Bischöfe. Neben der gemeindeinternen Öffentlichkeitsarbeit eröffnen Infoveranstaltungen zum Internationalen Frauentag, politische Frühschoppen, der Internationale Tag des Ehrenamtes am 5. Dezember und das Internationale Jahr der Freiwilligen 2001 geeignete Gelegenheiten, die ehrenamtliche seelsorgliche Arbeit von Frauen in die öffentliche Diskussion zu bringen. Hilfreich ist in diesem Zusammenhang schließlich auch eine systematische Nachweisführung, wie sie von der kfd entwickelt und von einer Vielzahl von Trägerorganisationen 1997 eingeführt wurde.

### In das Potenzial ehrenamtlicher Mitarbeiterinnen investieren

Lange Zeit waren sie selbstverständlich da, die Fußtruppen des Pastors, und kaum einer kam auf die Idee, sich für die Fort- und Weiterbildung, etwa von Mitarbeiterinnen im Besuchsdienst, einzusetzen oder sich gar an der Finanzierung zu beteiligen. Das muss sich ändern: In die Begleitung und Weiterbildung Ehrenamtlicher sollten Zeit, Kraft, Ideen und Geld ebenso investiert werden wie in Kirchengebäude oder in die neue Orgel. Ehrenamtliche Seelsorgerinnen erwarten neben Angeboten zur Fort- und Weiterbildung und dem Erwerb neuer Kompetenzen auch Information, Arbeitsmöglichkeiten und eine gewisse Infrastruktur wie Zugang zu Räumen, Kopierer und Büro.

Weitere Vorschläge in dieser Richtung[10] beziehen sich auf eine vermehrte Beteiligung von Frauen an Planung und Entscheidung über Inhalte und Fragen, die ihre seelsorgliche Arbeit betreffen, auf die Schaffung flexibler Zeitstrukturen und -modelle, auf verbesserte steuer- und (sozial-)versicherungsrechtliche Voraussetzungen, auf die Gewährleistung eines Kinderbetreuungsangebots, auf Bescheinigungen und Zertifikate über die ausgeübten Tätigkeiten und erlangten Qualifikationen mit Blick auf den Wiedereinstieg ins Berufsleben, auf die gezielte Qualifizierung von Frauen in Fragen der Leitung und Mitarbeit in den Entscheidungsgremien der Verbände bis hin zur Quotierung des Ehrenamtes.

Partnerschaftliche Arbeitsteilung

Wenn Gemeinden, wenn Kirchen Frauen auch in Zukunft für ehrenamtliche Mitarbeit gewinnen wollen, müssen sie sich darum bemühen, »Gott selbst in den Charismen der Christen zu entdecken und kommen zu lassen«.[11] Pastoral ist dann zukunftsfähig, wenn sie die Vielfalt der Charismen erkennt und fördert – und zwar unabhängig von geschlechtsspezifischen Festlegungen, wenn sie Frauen und Männern Teilhabe am ganzen kirchlichen Leben ermöglicht, wenn sie Glaubensleben und -praxis aller miteinander in Dialog bringt.[12]

In diesem Sinne sollten Gemeinden darauf achten, dass in allen Tätigkeitsfeldern Frauen und Männer partnerschaftlich Arbeit teilen. Eine lebendige Gemeinde braucht nicht nur Frauen, sondern auch Männer in diakonischen Aufgaben und in der »Versorgungsarbeit«, braucht umgekehrt nicht nur Männer, sondern auch Frauen in der Leitung. Gerade mit ihren sozialen

Kompetenzen könnten Frauen den Stil von Leitung und Zusammenarbeit in Gemeinde und Kirche insgesamt bereichern und längst überfällige Veränderungen unterstützen. Hoffnungsvoll in die Zukunft geschaut: Wenn bei der Besetzung von kirchlichen Leitungsämtern Männer ebenso wie Frauen nach Erfahrungen im Umgang mit Kindern, Kranken und Pflegebedürftigen, nach Kompetenzen im Haushalt gefragt werden, weil die Bedeutung dieses Lernfeldes für Schlüsselqualifikationen erkannt und bewusst ist, wenn auf Erfahrungen in ehrenamtlicher Seelsorge geachtet wird, spätestens dann ist eine Arbeitsteilung gemäß persönlichen Begabungen und Talenten für Frauen und Männer selbstverständlich.

Männern andere Bereiche der Seelsorge erschließen

»Männer im Aufbruch«, die Diskussion um ein neues Männerleitbild ist voll im Gang. Es ist erfreulich, dass die katholische und evangelische Männerarbeit hier wichtige Impulse mit der Männerstudie gegeben haben.[13] Männer führen ein halbiertes Leben in ihrer einseitigen Orientierung auf Beruf, Karriere, Leistung und öffentliche Wirksamkeit. Gerade im Umgang mit Kindern, mit Pflegebedürftigen oder im Besuchsdienst könnten Männer lernen, ihre sozialen und persönlichen Kompetenzen zu entfalten, die andere Seite des Lebens kennen zu lernen, in der Zuhören und Gelassenheit wichtiger sind als Aktivität und Durchsetzungsvermögen, in der andere Zeitstrukturen gelten. Gemeinden sollten Männer ansprechen und ermutigen, Aufgaben zu übernehmen, die traditionell eher von Frauen wahrgenommen wurden. Auch Männer können Kommunion- oder Firmgruppen begleiten und bringen dabei unter Umständen ganz andere Ansätze oder Ideen mit. Sie können Feste vorbereiten und vielleicht würde manchem Mann auch das Kuchenbacken Freude machen, wenn er es denn gelernt hätte. Nicht zuletzt sollten sich Männer stärker in der seelsorglichen Begleitung von Kranken, Alten, Pflegebedürftigen und Sterbenden engagieren. Dass sie dazu gezielte Unterstützung sowie Fort- und Weiterbildung erfahren müssten, ist keine Frage.

Die Kompetenzen von Frauen in Wortverkündigung und Leitung stärken

Umgekehrt sollten Frauen ebenso wie Männer in den Bereichen, in denen sie unterrepräsentiert sind, gezielt gefördert werden. Konkret heißt das, Frauen nicht von vornherein auf Kuchen Backen, Kirche Putzen und Kinderkatechese festzulegen, sondern ihre Kompetenzen in der Verkündigung oder in seelsorglichen Leitungstätigkeiten anzuerkennen. Manches wird dann möglich, was vorher auch Frauen für unmöglich hielten. Das zeigen z. B. Weltgebetstagsgottesdienste, in denen Frauen zum ersten Mal predigen oder in neuen Formen die Schrift auslegen.

Dazu braucht es bisweilen die ausdrückliche Aufforderung und Einladung, die Zusicherung »Sie können es« und natürlich Hilfen bei der Vorbereitung. Die größten Hemmnisse liegen für viele Frauen in ihrer ausgeprägten »Defizitbrille«: »Das kann ich nicht, das fehlt mir.« Selbstbewusstsein hinsichtlich öffentlicher Aufgaben muss oft erst aufgebaut werden. Auch bei der Besetzung von Leitungsaufgaben ist es wichtig, frühzeitig Talente unter den in Frage kommenden Frauen zu suchen und ihnen Leitungskompetenz zuzutrauen.

Die Grenzen zwischen ehrenamtlichen und hauptamtlichen Tätigkeiten immer wieder neu prüfen

Gerade in Zeiten des Personalmangels in der Kirche ist das Verhältnis von notwendig professioneller, bezahlter und ehrenamtlich zu leistender seelsorglicher Arbeit immer wieder neu zu bestimmen. Ein solcher Klärungsprozess könnte sowohl für die hauptamtlich Tätigen eine größere Rollensicherheit schaffen, als auch die ehrenamtlich Tätigen von dem Anspruch entlasten, eine zu große Fülle von Aufgaben von den nicht mehr vorhandenen Priestern übernehmen zu sollen. Dies wird gerade in Diskussionen rund um die »kooperative Pastoral« eine wichtige Frage. Ehrenamtliche Tätigkeit ist auf Dauer nur dann befriedigend, wenn sie Ergänzung und nicht Ersatz zu hauptamtlichen Funktionen darstellt. So wie es in der Gesellschaft in Zeiten schrumpfender öffentlicher Sozialausgaben keine Inpflichtnahme des sozialen Ehrenamts geben darf zur preisgünstigen Wahrnehmung öffentlicher Aufgaben, so braucht es auch in der Kirche die ständige Überprüfung und Klärung, was genuin professionelle und was freiwillig ehrenamtliche Funktionen sind.

## Schlussbemerkung

»Die Kirche soll Modell für das gleichwertige und partnerschaftliche Zusammenleben und -wirken von Männern und Frauen sein«, so stand es im Wort der Deutschen Bischöfe »Zu Fragen der Stellung der Frau in Kirche und Gesellschaft«[15]. Dies gilt auch für die Ausgestaltung ehrenamtlicher Aufgaben und Ämter und für die Arbeitsteilung von Frauen und Männern in diesem Bereich.

Im zweiten Kapitel wurde dargestellt, wie festgelegt die Rollenverteilung in den ehrenamtlichen Aufgaben in Gesellschaft und Kirche noch ist. Die öffentliche Debatte zum Thema Ehrenamt lässt bisher nur vereinzelt Problembewusstsein, geschweige denn Änderungsbereitschaft erkennen. Die Kirche hat hier nicht nur eine Aufgabe, sie hat auch besondere Chancen. Noch engagieren sich Frauen zahlreich und relativ hoch motiviert in den Gemeinden. Grundsätzlich hat auch das kirchliche Amt Umkehrbereitschaft im Umgang mit Frauen signalisiert – ausgenommen die Zulassung zum Weiheamt. Kirchliche Männerseelsorge ist, verglichen mit anderen Männerdomänen in der Gesellschaft, aufgeschlossen und zeigt sich engagiert für ein neues Männerleitbild, für partnerschaftliche Arbeitsteilung mit den Frauen in Familie, Gesellschaft und Kirche. Starke kirchliche Frauenverbände haben entsprechende Forderungen in ihren Kirchen ebenso wie in der Gesellschaft seit langem vertreten.

Das paulinische Gemeindemodell mit der Vielfalt der Charismen stellt ein Leitbild vor, sozusagen eine Unternehmensphilosophie, die ebenso hochaktuell ist – eine biblische Fassung des »Managing Diversity« – wie innovativ und einladend. Die Orientierung daran erlaubt den einzelnen Frauen und Männern, ihre je persönlichen Talente, Erfahrungen und Werte zu entwickeln und in das Gemeindeleben einzubringen. Sie fordert die Gemeinde und ihre Leitung heraus, Hindernisse und Hemmschwellen abzubauen, wie sie z. B. ein traditionelles Rollenverständnis mit sich bringt, stattdessen Talente und Charismen zu entdecken, unabhängig vom Geschlecht zu fördern und in den Aufbau der Gemeinde einzubeziehen.

Dies wären ideale Wachstumsbedingungen für Seelsorgerinnen - zukünftig dann in partnerschaftlicher Arbeitsteilung mit Seelsorgern - im Ehrenamt. Dies wären auch ideale Wachstumsbedingungen für Gemeinden und Kirchen.

## Anmerkungen

1 von Rosenbladt, Bernhard (Hrsg.), Freiwilliges Engagement in Deutschland. Ergebnisse der Repräsentativerhebung 1999 zu Ehrenamt, Freiwilligenarbeit und bürgerschaftlichem Engagement, Stuttgart u. a. 2000.
2 Erlinghagen, M./Rinne, K./Schwarze, J., Ehrenamtliche Tätigkeiten in Deutschland - komplementär oder substitutiv? Analysen mit dem Sozioökonomischen Panel 1985 bis 1996, Bochum 1997.
3 Zum Folgenden Zierau, Johanna, Genderperspektive - Freiwilligenarbeit, ehrenamtliche Tätigkeit und bürgerschaftliches Engagement bei Männern und Frauen, in: von Rosenbladt, Bernhard (Hrsg.), Freiwilliges Engagement in Deutschland, vgl. Anmerkung 1.
4 Blanke, Karen/Ehling, Manfred/Schwarz, Norbert, Zeit im Blickfeld. Ergebnisse einer repräsentativen Zeitbudgeterhebung, Stuttgart u. a. 1996.
5 Die folgenden Ausführungen beziehen sich auf das Kapitel 6 »Frauen im Ehrenamt«, in: Beher, Karin/Liebig, Reinhard/Rauschenbach, Thomas, Strukturwandel des Ehrenamtes. Gemeinwohlorientierung im Modernisierungsprozess, Weinheim und München 2000, 185-218.
6 Dazu ausführlich: Bühler, Marianne, Frauen - Kirche - Ehrenamt. Entwicklungen und Perspektiven, Düsseldorf 1995.
7 So lautete eine markante Äußerung im Rahmen der Umfrage: Frauen und Kirche. Eine Repräsentativbefragung von Katholikinnen im Auftrag des Sekretariats der Deutschen Bischofskonferenz, durchgeführt vom Institut für Demoskopie Allensbach, herausgegeben vom Sekretariat der Deutschen Bischofskonferenz, Bonn 1993, 138.
8 A.a.O., 182
9 Praetorius, Ina, Geschlechtsspezifische Arbeitsteilung als theologisches Problem: ThPr 22 (1987), 136-144.
10 Vgl. Anmerkung 5, 217.
11 Fuchs, Ottmar, Dabeibleiben oder Weggehen? Christen im Konflikt mit der Kirche, München 1989, 134.
12 Vgl. Anmerkung 6, 245.
13 Zulehner, Paul M./Volz, Rainer, Männer im Aufbruch. Wie Deutschlands Männer sich selbst und wie Frauen sie sehen. Ein Forschungsbericht, Ostfildern 1998.
14 Auch dies war ein Ergebnis des Freiwilligen-Surveys 1999, vgl. Anmerkung 1.
15 Sekretariat der Deutschen Bischofskonferenz (Hrsg.), Zu Fragen der Stellung der Frau in Kirche und Gesellschaft, Bonn 1981, 19.

## Literatur

Beher, Karin/Liebig, Reinhard/Rauschenbach, Thomas, Strukturwandel des Ehrenamtes. Gemeinwohlorientierung im Modernisierungsprozess, Weinheim und München 2000.

Bühler, Marianne, Frauen – Kirche – Ehrenamt. Entwicklungen und Perspektiven, Düsseldorf 1995.

von Rosenbladt, Bernhard (Hrsg.), Freiwilliges Engagement in Deutschland. Ergebnisse der Repräsentativerhebung 1999 zu Ehrenamt, Freiwilligenarbeit und bürgerschaftlichem Engagement, Stuttgart u.a. 2000.

Veronika Prüller-Jagenteufel

# In doppelter Differenz: Seelsorge als Frauenberuf
## Von den Seelsorgehelferinnen zur heutigen Situation von Frauen in pastoralen Berufen

Seelsorge ist die wechselseitige Unterstützung beim Christ(in)-Sein bzw. beim Aufbau des Reiches Gottes.[1] Im Rahmen eines solchen offenen Verständnisses von Seelsorge zeigt sich im Blick auf Frauen, dass sie in diesem Sinne füreinander sowie für Männer und Kinder in verschiedenen Formen seit den christlichen Anfängen Seelsorgerinnen waren und sind. Die verhältnismäßig kleine Zahl von Frauen, die Seelsorge zu ihrem Beruf im Sinne der Erwerbsarbeit gemacht haben, erscheint von dieser Warte aus als Randphänomen der Seelsorge von Frauen. Wenn allerdings, wie es vielfach immer noch geschieht, Seelsorge in der römisch-katholischen Kirche als Sache der geweihten Priester angesehen wird, stechen die Frauen, die hauptamtlich Seelsorge betreiben, ins Auge. Nun gehören sie in dieser Kirche als Frauen quasi per definitionem zu denen, die kein Weiheamt ausüben können. Alle Frauen sind Laiinnen, auch die, deren Beruf die Seelsorge ist. Doch gerade sie sind damit innerhalb der amtlichen Strukturen der römisch-katholischen Kirche der sichtbare Beweis, dass Seelsorge (auch) Frauensache ist und sein kann. Diese doppelte Differenz als Frauen und Laiinnen im Gegenüber zu Männern und Priestern stellt also ein Charakteristikum der hauptberuflichen Seelsorgerinnen dar und ist zugleich ein durchaus ambivalentes Erbe aus der Geschichte ihres Berufes.

Im Folgenden soll daher nach der Geschichte und der Gegenwart dieses »Randphänomens Seelsorge als Frauenberuf« gefragt, sodann das Merkmal der doppelten Differenz beleuchtet und in einem Ausblick skizziert werden, wie positive Stränge aus der Berufsgeschichte aufgegriffen und Frauen im Seelsorgeberuf heute wirksam gefördert werden könnten.[2]

*Blick in die Geschichte*

Frauen als berufliche Seelsorgerinnen, von der Kirche angestellt und bezahlt, sind historisch ein recht junges Phänomen. Zwar haben Frauen seit jeher in Orden und Kongregationen seelsorgliche Arbeit geleistet, doch die Beschäftigung von Laiinnen in der Pfarrseelsorge begegnet uns erst im 20. Jahrhundert. Sie verdankt sich ebenso der sich verändernden Situation von Frauen in der Gesellschaft wie auch einem Neuaufbruch in der Pastoral.

Neue Verhältnisse

Für Frauen hatte sich um die Jahrhundertwende von 1900 die Lage insofern verändert, als eine Berufstätigkeit im sozial-karitativen Bereich auch von der bürgerlichen Frauenbewegung gutgeheißen und somit auch in kirchlichen Kreisen langsam akzeptiert wurde. Eine solche Tätigkeit konnte als »soziale Mütterlichkeit«[3] begriffen werden, sodass die Existenz als Lehrerin oder Fürsorgerin oder eben auch als Seelsorgehelferin zu einer neuen weiblichen Lebensform wurde: weltlich – also ohne Zugehörigkeit zu einem Orden oder einer Kongregation – und unverheiratet. Als »Mütter« für die ihrer Sorge anvertrauten Menschen übten diese Frauen einen Beruf aus, der in der damaligen Sicht der Geschlechterrollen mit einer eigenen Familie als unvereinbar galt bzw. diese vollwertig ersetzte.

In der Seelsorge wurde ab der Wende vom 19. ins 20. Jahrhundert sowohl angesichts der Not der Arbeiterschaft als auch der wachsenden Entfremdung der Massen in den Großstädten immer öfter ein radikal erneuerter pastoraler Stil gefordert. Als wesentliche Herausforderung der modernen, industrialisierten, individualisierten und vor allem urbanisierten Gesellschaft für die Pastoral sah man die Notwendigkeit, sich stärker auf die Menschen einzulassen und sich ihnen zuzuwenden, anstatt innerhalb der Kirchenmauern auf sie zu warten. Die »Komm-Struktur« der herkömmlichen Seelsorge sollte durch eine »Geh-Struktur« zumindest ergänzt werden.[4] So wurde neben den bewährten, mehr gemeinschaftsbezogenen Seelsorgeformen intensiv nach neuen Wegen der Individualseelsorge gesucht. Hausbesuche als direktes Bemühen um die Menschen und soziale Fürsorge als Teil des karitativen Auftrags der Kirche bekamen neue Bedeutung. Solche Formen galten als seelsorgliche Vorfeldarbeit und sollten auf die Sakramentenspendung und die Verkündigung ausgerichtet sein. Da einerseits der Klerus mit dieser Zunahme an seelsorglichen Aufgaben überfordert war und andererseits die gesellschaftliche Situation als Herausforderung für alle Glieder der Kirche erkannt wurde, entstand neben den Aufrufen zum Laienapostolat allgemein auch die Idee, Laien planmäßig in der Seelsorge einzusetzen. Während die Konzepte, z.B. des Deutschen Caritasverbandes, noch von ehrenamtlichen Kräften oder von einer Art Säkularinstitut für Männer ausgingen, begannen einfach Frauen damit, in Gemeinden zu arbeiten: Sie gingen in die Häuser, nahmen sich der seelischen wie materiellen Nöte der Menschen an, holten Kinder und Jugendliche zusammen, hielten Heimstunden etc. Sie hießen Gemeindehelferin, Pfarrschwester und dann gemeinhin Seelsorgehelferin.[5]

Die ersten Pionierinnen im Beruf der Seelsorgehelferin konnten sich auf keinerlei vorgegebene Strukturen verlassen. »Es gab keine Arbeitsverträge, keine Umschreibungen der Aufgaben, keine klaren Arbeitsverhältnisse, keine Gehaltsregelung. Sie arbeiteten zum Teil ohne Gehalt und lebten von erbettelten Mahlzeiten.«[6] 1922 gründeten deshalb Margarete Ruckmich und Wilhelm Wiesen in Deutschland in Zusammenarbeit mit dem Caritasverband die Freie Vereinigung für Seelsorgehilfe, die sich für die Seelsorgehelferinnen einsetzte. Mit dem Aufbau eigener Seminare, die durch Unterricht und gemeinsames Internatsleben Frauen für die Seelsorgehilfe ausbildeten und zunächst auch ihren Einsatz regelten, konsolidierte sich der junge Beruf ein erstes Mal.[7] Bis zum Zweiten Weltkrieg umfassten die Aufgabenbereiche der Seelsorgehelferinnen vor allem: Pfarrbüro, Pfarrbücherei, Hausbesuche, Kinder- und Jugendseelsorge, Frauenvereine, Krankenfürsorge, Pfarrcaritas. Die Aufgaben der Caritas traten im Zuge dieser Entwicklung immer mehr in den Hintergrund, denn Seelsorgehilfe galt als Erhöhung und Erweiterung der Caritas.

## Zwischen Priesterhilfe und Gemeindedienst

Das Berufsbild der ersten Jahrzehnte war ganz auf die Unterstützung des Klerus ausgerichtet. Im Kontext eines klerikalistischen Kirchenbildes, das Heilsvermittlung und daher Seelsorge einzig durch den Priester ermöglicht sah, wurde »nicht nach neuen Trägern der Seelsorge Ausschau gehalten, sondern nach einer *Hilfe* für die Hierarchie«[8]. So war nicht von der Mündigkeit der Laien oder einer Emanzipation der Frauen die Rede, wohl aber von einem spezifischen Vermögen von Frauen, das sie zu diesem Dienst besonders qualifiziere. Auch die sich in der Folge allmählich entwickelnde Sicht der Zusammengehörigkeit und gegenseitigen Verwiesenheit von Seelsorge und Seelsorgehilfe, von Laien und Klerus blieb dem Unterordnungsschema verhaftet, Seelsorgehilfe blieb Hilfstätigkeit, »Vorseelsorge«, die gegenüber der eigentlichen Seelsorge der Priester zurücktrat.[9]

Die Zeit des Nationalsozialismus unterbrach auch die organische Entwicklung der Seelsorgehilfe. Die Möglichkeiten seelsorglicher Tätigkeit waren zwar beschränkt, dennoch stieg der Bedarf an Seelsorgehelferinnen durch die große Zahl der zur Wehrmacht eingezogenen Priester. Einen wichtigen lehramtlichen Impuls für die Laienarbeit in der Seelsorge setzte in dieser Zeit die Enzyklika Mystici Corporis von Pius XII. (1943), denn sie ordnete die Seelsorge nicht mehr allein und ausschließlich dem Klerus zu. Den Priestern behielt sie zwar die Führung der Seelsorge vor, die Tätigkeit der Frauen konnte dennoch nun als »Seelsorge im eigentlichen Sinn des Wortes«[10] bezeichnet werden. Diese Sicht bedurfte aber erst der Bekräftigung und Weiterführung durch die Aussagen des Konzils, um sich stärker durchzusetzen.

Der konkrete Einsatz der Seelsorgehelferin war zuweilen voll von Belastungen: So mancher Kleriker missverstand sie als Dienstmagd, und so manche Pfarrhaushälterin witterte eine Konkurrentin in der männlichen Gunst des Pfarrherrn. Auch manche Gemeindemitglieder waren nur schwer davon zu überzeugen, dass die Betreuung »nur« durch die Seelsorgehelferin nicht weniger wert sei. Andererseits gab es in vielen Gemeinden auch Zustimmung und Rückhalt für die Seelsorgehelferinnen.

Oft erwiesen sie sich als diejenigen, die schneller, leichter und näher mit den Menschen in Kontakt kamen als ihre männlichen Vorgesetzten. Spätestens ab Mitte der Fünfzigerjahre lässt sich von einem deutlichen Aufschwung des Berufes sprechen. Zwischen 1946 und 1957 entstanden neun neue Seminare in Ost- und Westdeutschland sowie das Seminar in Wien. Auch die strukturelle Absicherung der Seelsorgehelferinnen festigte sich. Hatten sich bereits vor dem Zweiten Weltkrieg die argen Missstände der Anfangszeit gelegt, wurden jetzt verbindliche arbeits-, sozial- und tarifrechtliche Regelungen entwickelt. Wenn das auch von manchen als »Bürokratisierung« beklagt wird[11], so markiert das Ringen um Anstellungsformen und Strukturen doch, wie mühsam eine wirksame Anerkennung der Arbeit der Frauen in der Seelsorge errungen werden musste.

Entsprechend der neuen Sicht des Berufsbildes, die Mystici Corporis eröffnet hatte, erweiterte sich das Tätigkeitsfeld der Seelsorgehelferinnen und umgriff immer mehr die Grundfunktionen der Gemeinde. Dennoch blieb die Seelsorgehilfe weiterhin eine nicht eigenständige, sondern subsidiäre apostolische Funktion, deren Aufgabengebiet von der »eigentlichen« Seelsorge durch Liturgie und Verkündigung, die dem Priester vorbehalten sind, unterschieden wurde. Gültig und tragfähig für viele Frauen blieb aber auch die (Selbst)Definition über einen geschlechtsspezifischen Beitrag. Jenseits der Notwendigkeit zusätzlicher Kräfte in der Seelsorge – die Rede vom Priestermangel ist so alt wie die Rede vom Laienapostolat – fanden die Seelsorgehelferinnen hier eine eigenständige Fundierung ihres Berufes: Nicht (nur), weil es zu wenige Priester gibt, sondern weil alle Priester Männer sind, braucht es Frauen in der Seelsorge. Frauen eignen andere Sicht- und Herangehensweisen als Männern, daher kann der göttliche Auftrag, den Menschen möglichst umfassend zu dienen, nicht ohne den spezifischen Beitrag der Frauen erfüllt werden. – Diese Argumentationslinie sicherte den Seelsorgehelferinnen Selbstbewusstsein und sie konnte auf dem Hintergrund des traditionellen katholischen Frauenbildes mit Akzeptanz rechnen.

Ausdifferenzierung des Berufsfeldes

In der Folge der gesellschaftlichen Diskussionen kam es dann auch im kirchlichen bzw. theologischen Bereich zu kritischen Auseinandersetzungen mit dem traditionellen, allzu »dienstbereiten« Frauenbild, und sogar die oberste Kirchenleitung nahm das Selbstbestimmungsstreben der Frauen in neuer Weise positiv zur Kenntnis. Papst Johannes XXIII. zählte in seiner Enzyklika Pacem in terris (1963) die verstärkte Teilnahme der Frauen am öffentlichen Leben sowie ihr wachsendes Selbstbewusstsein unter die Zeichen der Zeit (PT 41). Zugleich brachten die neue Sicht der Kirche im Zweiten Vatikanum mit ihrer deutlichen Aufwertung der Laien und die folgende Ausfaltung und Differenzierung der Aufgaben der Seelsorge der Seelsorge*hilfe* sowohl neue praktische Möglichkeiten als auch einen neuen theologischen Stellenwert. Die Betonung der charismatischen Grundstruktur der Kirche sowie der Kirche als Communio, in der das gemeinsame Kirche-Sein aller Glieder ihren jeweiligen Differenzierungen vorangestellt ist, wurde zur Grundlage für das neue Berufsbild, das sich in den folgenden Jahrzehnten durchsetzen sollte: »Nicht mehr Seelsorge*hilfe*, sondern ein eigenständiger pastoraler Dienst, dem eine eigene Berufung und Begabung inmitten des Gottesvolkes zugrunde liegt; eine eigenständige Aufgabe, die ihren Teil beiträgt zur Auferbauung der Gemeinde.«[12] Im Zuge der Veränderung der Ausbildung durch die Einführung von Fachhochschulstudiengängen in den Siebzigerjahren wurde dann auch eine neue Berufsbezeichnung gefunden, die das neue Verständnis des Berufes besiegelte: GemeindereferentIn. Hier ist die Hilfe für den Klerus endgültig von der Bezogenheit auf die Gemeinde als solche abgelöst.

Bereits in den Sechzigerjahren aber verloren die Seelsorgehelferinnnen bzw. Gemeindereferentinnen – bis dahin die einzigen LaiInnen in der Seelsorge – schließlich ihre Monopolstellung. TheologInnen, zumeist Männer, aber auch einzelne Frauen, die an Universitäten Theologie studiert hatten, drängten in steigender Anzahl als LaiInnen in den kirchlichen Dienst. Das pastorale Berufsfeld hatte sich damit gravierend verändert: War es zuvor ein Feld gewesen, in dem sich Priester und Seelsorgehelferinnen im Fadenkreuz der Spannungsverhältnisse zwischen Klerus und Laien bzw. Männern und Frauen bewegten, prägten es nun die Profilierungsversuche der LaientheologInnen, die sich einerseits von den weniger »hoch« theologisch und dafür mehr praxisorientiert ausgebildeten GemeindereferentInnen abgrenzen und zugleich gegenüber den priesterlichen Kollegen einen eigenen Stand finden wollten.[13] Die früher bemerkbare Diskussion um Frauen und Männer und ihre eventuell spezifischen Aufgaben in der Seelsorge ist demgegenüber fast völlig erloschen. Erst jüngst thematisieren Beiträge wieder die Situation von Frauen in pastoralen Berufen und zeigen auf, dass Frauen beileibe nicht nur mit Beschränkungen aus ihrer nicht-priesterlichen Lage zu kämpfen haben, sondern auch gegenüber ihren männlichen Laienkollegen zumeist zurückstehen (müssen).[14]

*Keine Kirche der Gleichen*

»In der Regel existieren in den Bistümern weder Ist-Analysen zur Erhebung der Situation von Frauen im kirchlichen Dienst noch Frauen-Förderpläne und Gleichstellungsstellen als Instrumente gezielter, unternehmensspezifischer Personalplanung und –politik.«[15]

An diesem nüchternen Resümee von Stefanie Spendel aus dem Jahre 1995 hat sich bis heute meines Wissens nicht viel geändert, auch wenn mittlerweile an manchen Stellen verstärkt in diese Richtung gearbeitet wird. So sind etwa in einigen österreichischen Diözesen seit kurzem so genannte Frauenkommissionen tätig: Ihre Versuche, Frauen zu fördern, stecken aber einerseits erst in den Kinderschuhen, andererseits haben sie kaum Sanktionsmöglichkeiten. Wie sich ihre Einrichtung auf Dauer auswirken wird, ist noch nicht absehbar.[16]

Pilotprojekt Rottenburger Studie

Mit der 1996 veröffentlichten Studie eines Teams von SoziologInnen aus Heidelberg[17] liegt erstmals umfangreicheres Datenmaterial zur Situation berufstätiger Frauen in der Kirche vor. Für Rottenburg-Stuttgart wurden hier Informationen über Anzahl, Berufsgruppen, Einkommensverhältnisse, Teilzeitbeschäftigungen etc. sowie Stellungnahmen von Frauen zu ihrer eigenen Sicht auf ihre Lage zusammengetragen und interpretiert.

Die Studie geht von der allgemeinen Lage berufstätiger Frauen aus. Obwohl moderne Berufstätigkeit damit verbunden ist, »Chancengleichheit nach Qualifikationen, also unabhängig von Herkunft, Rasse, Religion und Geschlecht zu realisieren, ist der Zugang zur Berufswelt noch immer durch geschlechtsspezifische Schranken verstellt«[18]. Nach wie vor ist die so genannte geschlechtsspezifische Arbeitsteilung von Erwerbsarbeit außer Haus als Sache der Männer und reproduktiver Tätigkeit im Haus und für die Familie als Sache der Frauen in den Köpfen vieler sowie in den gesellschaftlichen Strukturen wirksam und bildet einen wesentlichen Grund dafür, dass Frauen aufgrund ihres Geschlechts im Berufsleben typische Nachteile in Kauf nehmen müssen. Bekannt sind die im Durchschnitt niedrigere Bezahlung auf vergleichbaren Posten, die »gläserne Decke«, die Frauen den Zutritt zu den oberen Führungsebenen verwehrt, oder das Problem der Vereinbarkeit von Beruf und Familie, das immer noch vornehmlich die Frauen und viel weniger die Männer beschäftigt. Die Heidelberger SoziologInnen weisen zudem darauf hin, dass das klassische Familienmodell mit erwerbstätigem Vater mit familiengerechtem Lohn und erwerbsloser Mutter und Hausfrau bis heute von der katholischen Kirche propagiert wird.

Aus dieser Grundperspektive kommen vor allem die Benachteiligungen von Frauen im kirchlichen Beruf in den Blick, wobei ein erstes Ergebnis der Studie besagt, dass eine ganze Reihe der typischen beruflichen Probleme von Frauen in der Kirche weniger mit Klerikalismus, sondern eben eher damit zu tun haben,

> »daß die Diözese Rottenburg-Stuttgart als Organisation auf dem männlichen Idealtypus des lebenslang Vollerwerbstätigen aufbaut und somit Mitarbeiterinnen durch ihre und in

ihren Strukturen benachteiligt. Davon sind sowohl Frauen mit Doppelorientierung als auch Frauen mit ausschließlicher Berufsorientierung betroffen. Die Benachteiligung läßt sich an verschiedenen Kriterien festmachen. Dazu gehören geringere berufliche Mobilität, Einkommensnachteile, geringere Karrierechancen, geringere berufliche Entfaltungsmöglichkeiten und der weitgehende Ausschluß von der aktiven Mitgestaltung der Organisationsstrukturen.«[19]

Nur das letzte der genannten Kriterien trifft dabei auch männliche Laien im kirchlichen Dienst, in den anderen Bereichen sind Frauen nicht nur gegenüber den Priestern, sondern auch gegenüber ihren männlichen Laien-Kollegen benachteiligt. So finden sich, wie auf dem gesellschaftlichen Arbeitsmarkt, auch im pastoralen Berufsfeld Frauen häufiger in dem Beruf, der weniger klar konturiert und nach wie vor deutlicher auf Hilfsfunktionen hin ausgelegt ist: Gemeindereferentin ist mit 90% Frauen ein fast reiner Frauenberuf, während 64% der PastoralreferentInnen, also der InhaberInnen des qualifizierteren Laienberufes in der Seelsorge, Männer sind. Aber auch innerhalb dieser Berufsgruppe sind Frauen viel öfter unter ihrer eigentlichen Qualifikation beschäftigt als die Männer und daher auch in den Leitungspositionen, die für LaiInnen zugänglich sind, deutlich unterrepräsentiert.

Erfahrungen im Beruf

Das Bild der Studie aus Rottenburg-Stuttgart wird auch durch anders gelagerte Studien bestätigt. So gaben 1995 zwei Drittel von den im Rahmen der Studie »Christsein als Beruf« befragten österreichischen Laientheologinnen an, sie würden in ihrem kirchlichen Beruf als Frau Nachteile erleben, vor allem in Bezug auf mangelnde Aufstiegschancen, die schwierige Vereinbarkeit von Beruf und Privatleben bzw. Familie, die Behandlung durch Vorgesetzte und den fehlenden eigenständigen Verantwortungsbereich.[20] Diesen Faktoren entgegenzuwirken, ist dabei nicht leicht, denn die aktiv betriebene Karriere ist im kirchlichen Bereich insgesamt und für Frauen erst recht verpönt und selten.

Ein ganzes Bündel typischer Belastungen für Frauen im kirchlichen Beruf geht dabei auf »Kircheninterna« zurück. Hier sind es vor allem Konflikte mit der »Amtskirche«, die aus dem tendenziellen Konkurrenzverhältnis zwischen Pfarrern und Laiinnen im pastoralen Dienst und einer latenten Entfremdung vieler von der Kirchenleitung resultieren. Gemeinsamer Nenner der Schwierigkeiten, die ebenso von älteren wie von jüngeren Kolleginnen beschrieben werden, ist die als fehlend empfundene grundlegende Anerkennung als Frauen und als Laiinnen im pastoralen Beruf.

*Ambivalentes Erbe*

Stellung und Arbeitsleben von Frauen, die in der römisch-katholischen Kirche einen pastoralen Beruf ergreifen, sind also seit den Anfängen dieser Berufssparte von einer doppelten Differenz geprägt: Hauptberufliche Seelsorgerinnen sind Frauen – und keine Männer; sie sind Laiinnen – und keine Priester oder Diakone. Wie gesagt, hat sich im Laufe der Berufsgeschichte das Berufsfeld auch in dieser Hinsicht verändert: Standen zunächst Frauen, die Laiinnen waren, Männern gegenüber, die Kleriker waren, gibt es heute Frauen, die immer noch Laiinnen sind, und Männer, von denen einige Kleriker sind, andere nicht. Für Frauen könnte diese geschlechtliche Auffächerung des pastoralen Berufsfeldes eine Entflechtung bedeuten und ermöglichen, genauer zu erkennen, wo bei Chancen oder Schwierigkeiten im Beruf das Frausein von Bedeutung ist und wo es sich um Folgen des Laienstatus handelt. Doch die ungebrochene Tatsache, dass *alle* Frauen im pastoralen Dienst Laiinnen sind, verstellt nach wie vor eine freie Sicht auf diese Frage. Es hat sich also in der konkreten Berufspraxis diesbezüglich für Frauen nicht viel verändert. Immer noch – so meine These – überlappen sich die Signata Weiblichkeit und Laienstatus, verstärken einander und bilden ein spezifisches Spannungsfeld, in dem Frauen in pastoralen Berufen agieren.

Selbstbewusst Frau

Historisch hatten diese Überlappung und Verstärkung dafür gesorgt, dass die Nachrangigkeit der Seelsorgehelferin nach dem Priester die längste Zeit unbeeinsprucht blieb. Es wurde zwar persönliches Fehlverhalten kritisiert und beklagt, dass die meisten Pfarrer weder mit einer qualifizierten Mitarbeiterin umzugehen wüssten noch in der Lage seien, die Anliegen einer Frau zu verstehen. Die Gegebenheit, dass die Leitung immer dem männlichen Kleriker zukam, wurde jedoch nicht in Frage gestellt. Hier wirkten Frausein und Laiinsein einträchtig zusammen: Der unhinterfragte theologische Vorrang des geweihten Priesters wurde durch die gesellschaftliche Vorrangstellung des Mannes bestätigt und umgekehrt. Eigenständigkeit gegenüber dem Klerus suchten die Seelsorgehelferinnen dabei eher darüber zu finden, dass sie Kleriker weniger als männliche Priester, sondern mehr als priesterliche Männer ansahen, denen gegenüber sie sich also weniger über ihr Laientum, denn über ihr Frausein selbstbewusst definierten und abhoben.

Diese »Strategie« mag sich auch von daher nahegelegt haben, dass in den Vierziger- bis Sechzigerjahren die Sicht des Priesters als dem alleinigen bzw. eigentlichen Seelsorger zwar schon brüchig geworden, aber noch sehr verbreitet war. Das traditionelle Frauenbild hatte sich dagegen im Kontext katholischen Schrifttums insofern weiterentwickelt, als auf der Basis der überkommenen stereotypen Zuschreibungen von Weiblichkeit und Männlichkeit formulierten Geschlechterpolarität bereits eine prinzipielle Gleichwertigkeit gedacht werden konnte, wiewohl der weibliche Tugendkatalog nach wie vor auch das Zurückstehen und den ergänzenden Dienst am Werk des Mannes umfasste. »Weiblichkeit« wurde als ein wichtiger und für eine gedeihliche gesellschaftliche Entwicklung unverzichtbarer Wert beschrieben und gepriesen. Die Misogynie früherer Jahrhunderte bzw. anderer geistiger Strömungen war in der Romantik tendenziell zur ideellen Höherbewertung des »Weiblichen« mutiert, die allerdings nicht nach einer grundlegenderen Transformation der Gesellschaft fragte. Diese Sicht der Geschlechterdifferenz wurde in der Kirche breit rezipiert, und bis heute ist das katholische Frauenbild von dieser spätromantischen Attitüde gekennzeichnet.[21] Für die Seelsorgehelferinnen bedeutete die Betonung ihres Frauseins eine spezifische Stärke. Die »weiblichen« Qualitäten, die ihnen insbesondere in Bezug auf die Begegnung mit Menschen, die Begleitung von Frauen und Kindern sowie die karitative Sorge um materielle und soziale Nöte der Pfarrmitglieder zugeschrieben wurden, sicherten ihnen den Platz im pastoralen Berufsfeld mindestens ebenso wie die durch den Priestermangel verursachte Nachfrage nach seelsorglichen Arbeitskräften. Die Ambivalenz dieser Hervorhebung der Differenz zeigte sich darin, dass sich die Seelsorgehelferinnen gegen andere Auswirkungen der klassischen Sicht von Frauen und ihrer Arbeit zu Wehr setzen mussten: Diese Frauenarbeit war nicht gratis und immer verfügbar, sondern erforderte Gehaltsschemata, Anstellungsverträge, Urlaubsregelungen – also verbindliche Strukturen mit gegenseitigen Rechten und Pflichten. Hierum musste über Jahrzehnte zäh gerungen werden. Zudem betrachteten die Seelsorgehelferinnen die gesamte Seelsorge und Gemeindearbeit als ihre Aufgabe und wollten sich nicht auf bestimmte eng umschriebene »Frauen«-Bereiche festlegen lassen. Sie verstanden sich in gewisser Weise als weibliches Pendant zum Priester, zuständig mit ihm und unter seiner Leitung für das Ganze der Seelsorge.

## Unbewusst Laiin

Dass die Seelsorgehelferinnen nicht nur Frauen, sondern als solche eben auch Laiinnen im Seelsorgeberuf waren, scheint demgegenüber außer der theologischen und dienstrechtlichen Unterordnung unter die Priester wenig Auswirkungen für das Selbstbild gehabt zu haben. Bemühungen um ein eigenes Profil als Laiinnen sind weit weniger greifbar und auch weniger griffig als die (Selbst-)Definition als Frauen in der Seelsorge.

So war der Beruf Seelsorgehelferin denn auch dem Priesterberuf in manchem sehr ähnlich bzw. parallel[22]: vom zunächst deutlich auf die Unterstützung des Pfarrers ausgerichteten Berufsbild bis zur geistlichen Berufsauffassung, die sich in Sendungsfeier und Sendungsversprechen ausdrückte. Hier zeigt sich eine Sicht des kirchlichen Berufes als ungeteilte Hingabe zum Dienst an den Menschen in der und durch die Kirche, wozu eine echte geistliche Berufung als notwendig erachtet wurde. Eine ehemalige Seelsorgehelferin meinte mir gegenüber einmal, es wäre gewesen wie bei den ersten Autos, deren Chassis wie Pferdewägen ausgesehen haben: Eine adäquate Form für den neuen Antrieb musste erst entwickelt werden.

In vieler Hinsicht geht die damit angesprochene Suche nach einem eigenen laikalen Profil eines pastoralen Berufes auch heute noch weiter. Bis dato erleben Gemeinde- oder PastoralreferentInnen immer wieder, dass sie an einer bestimmten Vorstellung vom geistlichen Beruf gemessen werden, die neben dem Priestertum auch noch die Ordensexistenz als Vorbild hat. Nach dieser – als solche schon verkürzten bzw. verzerrten – Vorstellung sollten auch LaiInnen ihren Beruf ganz und gar als ihr Leben auffassen: Eine Differenzierung zwischen Arbeitszeit und Freizeit ist in dieser »ganzheitlichen« Berufsauffassung nicht verständlich. Ebenso wird von LaiInnen erwartet, dass sie sich wie Priester oder Ordensleute an die Institution binden, indem sie den Bischof nicht bloß als Dienstgeber, sondern auch in Berufsfragen als geistliche Autorität anerkennen. Schließlich kann auch im vergleichsweise niedrigen Lohnniveau pastoraler MitarbeiterInnen ein Widerschein der Auffassung erkannt werden, dass geistliche Tätigkeit keinen materiellen Gewinn bringen soll. Nun ist es gewiss notwendig und sinnvoll, nach der Bedeutung der evangelischen Räte für jedes christliche Leben und für jeden kirchlichen Beruf zu fragen, es ist aber ebenso gewiss unzulässig, wenn mit dem Hinweis auf »Geistliches« die berechtigte Kritik an manchen Zuständen abgewehrt wird.[23] Für Frauen kann sich nun diese Maßnahme am Priester- und Ordensberuf besonderes stark auswirken: Beinhaltet der Vergleich mit dem Priester für einen Laien im pastoralen Dienst zumindest die Übereinstimmung im Mannsein, zu dessen Klischee ja auch Durchsetzungs- und Führungskraft gehört, so wird mit einer Ordensfrau landläufig nur noch stärker Dienstbarkeit, Unscheinbarkeit und Bravheit assoziiert.

## Doppelte Differenz

Seit den Siebzigerjahren spielt sich also die Auseinandersetzung im kirchlichen Berufsfeld nicht mehr entlang der Differenz zwischen Männern und Frauen ab, sondern entlang der Bruchlinie Klerus-LaiInnen. Immer wieder geht es um die Grundfrage, ob es sich bei den pastoralen Berufen von LaiInnen um spezifisch laikale Dienste handelt, oder ob hier eine Gruppe quasi latenter PriesterInnen entstanden ist, die sobald als möglich mit der Weihe auszustatten wäre. Parallel dazu pendelt die Suche nach beruflicher Identität zwischen dem affirmativen Aufgreifen der Orientierung am Priesterbild einerseits und dem Selbstverständnis als besonders verdichtete Form des Laienapostolats andererseits. Diese Fragenkreise zeigten sich bereits in Debatten rund um die Seelsorgehelferinnen, wurden damals jedoch durch das traditionelle Geschlechterverhältnis »entschärft«.

Heute entzündet sich die Diskussion gewöhnlich an den LaientheologInnen, also den PastoralreferentInnen, und es wird gesagt, sie sei für die Situation der GemeindereferentInnen, wenn überhaupt, dann nur abgeschwächt relevant, da hier die subsidiäre Hilfsfunktion akzeptierter sei.[24] Ich sehe allerdings in der Untergeordnetheit dieses *Frauen*berufes im Gegenteil eine Zuspitzung der Problematik, da die Überlappung der Ungleichheiten die Frage nach Machtstrukturen als gemeinsamen Nenner sichtbar macht. Ich möchte daher nun nicht die bekannten Argumente für und gegen eine Öffnung des Ordo für Pastoral- und GemeindereferentInnen wiederholen, sondern von der doppelten Differenz Mann-Frau und Klerus-LaiInnen her einen neuen Blick auf die Trenn- und Ausschlusslinien im pastoralen Berufsfeld werfen. Denn ich sehe zwischen dem androzentrisch gedachten Geschlechterdualismus und dem vom Amt her entworfenen Dualismus von Klerus und LaiInnen bestimmte Konstruktionsparallelen und Überschneidungen. Beide Male wird ein Gegenüber von A und B konstruiert, in dem A so absolut gesetzt ist, dass entgegen allen anderslautenden Beteuerungen B dagegen immer wieder als mindere Form erscheint.[25] Ein Beispiel dafür ist die im kirchlichen Diskurs über Ämter und Dienste gebräuchliche Rede, wenn von der *Mit*arbeit der LaiInnen gesprochen wird.

»›Mit ...‹ also als das Uneigentliche, das dem Eigentlichen bei- und zugeordnet ist, es nicht ersetzen und nicht bestimmen kann, die Wirklichkeit minderen Rechts.«[26]

Wie im Geschlechterverhältnis der Androzentrismus bewirkt, dass die Formel »gleichwertig, aber anders« nicht greifen kann, so läuft auch die Betonung der Unterschiede zwischen LaiInnen und Klerus darauf hinaus, »die über Jahrhunderte hinweg erfolgte Abwertung der Laien erneut festzuschreiben«[27]. Solange in Bezug auf den Zugriff auf Ressourcen, die Definition der symbolischen Ordnung, die Gestaltung der Strukturen und vor allem die Besetzung der entscheidungsrelevanten Positionen ein deutliches Machtgefälle besteht, bleibt die Rede von fundamentaler Gleichheit letztlich eine Farce[28] – im Geschlechterverhältnis ebenso wie in der Kirche. Differenz bedeutet also auch in Bezug auf Dienste und Ämter nicht einfach ein gleichberechtigtes Nebeneinander oder Aufeinander-Hingeordnet-Sein, wie etwa im Hinblick auf das Verhältnis von gemeinsamem und besonderem Priestertum wiederholt argumentiert wird. Vielmehr muss auch hier Differenz im Zusammenhang mit Macht und Ausschluss diskutiert werden.

Vorsicht scheint auch geboten, wenn bei gemeinsamem und besonderem Priestertum von einer je eigenen, genuinen Berufung und Sendung gesprochen wird. Wenn dabei bestimmte Weisen, den christlichen Auftrag zu leben, etwa der Heilsdienst für die Priester oder/und der Weltdienst für die LaiInnen quasi reserviert werden, dann kann dabei, wiederum ähnlich dem Geschlechterdiskurs, in dem zuweilen als allgemein menschlich zu qualifizierende Eigenschaften als »weiblich« oder »männlich« etikettiert werden, allzu leicht Gemeinsames bzw. Allgemeines zum Proprium nur einer Sorte von Menschen bzw. ChristInnen und zum Abgrenzungsmerkmal stilisiert werden. In beiden Diskursen führt es in Aporien, wenn allzu deutliche und allzu klar beschriebene Alternativen vorgestellt werden. In der Kirche kehrt nun mit der Trennung in Klerus und Laien, Leiter und Geleitete, Subjekte und Objekte der Pastoral auch die Trennung von Heilsdienst und Weltdienst wieder. Eine dualistische Sicht von Kirche und Welt wurde zwar in Gaudium et spes zugunsten einer »gegenseitigen Erschließungskraft von Kirche und Welt«[29] überwunden, sie prägt dennoch heute wieder viele lehramtliche Aussagen, z. B. die so genannte »Laien-Instruktion«. Es scheint, dass die klassischen Assoziationsketten dualistischen Denkens (»oben-rational-führend-... – Mann« und »unten-emotional-geführt-... – Frau«) in der katholischen Tradition als zusätzliche wesentliche Elemente »Geist-Kirche-Klerus« und »Fleisch-Welt-Laie« aufweisen. Von daher ist es logisch, dass in diesem Denken Klerus nur männlich sein kann und daher Seelsorge als Frauenberuf nur abgeleitet und untergeordnet – in doppelter mindernder Differenz – vorstellbar ist.

»Weibliche« Qualitäten

Wie wir gesehen haben, haben Frauen im Laufe der Berufsentwicklung dennoch aus ihrem behaupteten Anderssein durchaus Kapital geschlagen. Dabei war es nicht so sehr ihr Laiinsein als vielmehr ihr Frausein, das ihnen einen Platz im pastoralen Berufsfeld sicherte. Zu Hilfe kam ihnen dabei, dass sich im 20. Jahrhundert der Blick auf Seelsorge insgesamt veränderte. Nicht mehr Unterweisung und Eingliederung, sondern Begegnung und Begleitung galten als zentrale Elemente und die Fähigkeit, Beziehungen herzustellen und zu pflegen, wurde zur Kernkompetenz für SeelsorgerInnen. Nun liegen entsprechend dem klassischen, polaren Geschlechterkonzept genau hier die »weiblichen« Stärken. Dass Seelsorge daher auch als Frauenarbeit zu konzipieren ist, konnte von hier aus als geradezu notwendig und unumgänglich erwiesen werden. Für die Seelsorgehelferinnen bedeutete dies einen enormen Rückhalt. Ihre subjektive Gewissheit, zur Seelsorge berufen zu sein, von der viele Frauen in diesem Beruf getragen waren, fand hier eine objektive Vermittelbarkeit. Das Wissen, als Frauen einen wesentlichen Anteil an der Sendung der Kirche zu haben und somit eine unvertretbare Aufgabe, trug entscheidend zu der Kraft und Hartnäckigkeit bei, mit der diese Frauen ihren Platz behaupteten und für akzeptable Strukturen ihres Berufes kämpften. Wo es um die konkrete Umsetzung der verbalen Anerkennung der seelsorglichen Frauenarbeit ging, konnte so manche zur Frauenrechtlerin werden. Wenn auch in gewissen Grenzen, so war durchaus bereits hier Kritik an manchen Verhältnissen sowie an der Minderbewertung der Frauenarbeit in der Seelsorge insgesamt spürbar und wirkte sich auch positiv auf die Berufsentwicklung aus. In diesem zweifachen Blick auf die eigene Situation als Frauen in der Seelsorge, der sowohl die Stärken von Frauen als auch die Behinderungen aufgrund des Frauseins zu sehen vermag, liegt auch heute eine wichtige und weiterführende Perspektive für Frauen im pastoralen Berufsfeld.

So ist das Erbe dieser doppelten Differenz zumindest in meinen Augen keineswegs nur oder notwendig negativ, sondern ambivalent. Ob es in Zukunft gelingen wird, seine Chancen zu nutzen und seinen Gefahren auszuweichen, muss sich erst zeigen.

*Förderung von Frauen in pastoralen Berufen heute*

Während in der Analyse des historischen wie gegenwärtigen Befunds der Situation von Frauen in pastoralen Berufen eher die problematischen Punkte der Entwicklungen im Vordergrund standen, soll jetzt der Blick mehr auf die Inspirationen aus der Geschichte und die Chance der Gegenwart gelenkt werden.

Stattfindendes sichtbar machen

Die Geschichte der Seelsorgehelferinnen begann damit, dass Frauen eine Aufgabe sahen und sie annahmen, sich engagierten und Fakten schufen. Immer wieder ist in der Folge die fruchtbare Arbeit der Frauen in der Praxis das stärkste Argument für den Ausbau des Berufes. Auch heute geht es darum, immer wieder neu sichtbar zu machen, was Frauen in der Seelsorge leisten. Nach wie vor versteckt sich Frauenarbeit oft unter dem Schleier der bescheidenen Zurückhaltung, der ja lange Zeit als das Symbol weiblicher Tugend galt.[30] Verstärkte Sichtbarkeit verdienen heute sowohl die Arbeit der Frauen, die als Gemeinde- oder auch Pastoralreferentinnen wesentlich die Lebendigkeit der Pfarren stützen und fördern, als auch die Tätigkeit von Frauen, die als De-facto-Gemeindeleiterinnen nach can. 502 § 2 neuerlich Pionierarbeit in der Pastoral leisten. Nicht nur was die Gemeindeglieder anbelangt, auch vom Personalstand der Diözesen her ist die Kirche ein Frauenbetrieb. Dennoch gibt es weder in Österreich noch in der Schweiz noch in Deutschland leicht zugängliche Zahlen über die Beschäftigung von Frauen in kirchlichen, respektive pastoralen Berufen.[31] Da auch in der pastoralsoziologischen wie in der pastoralpsychologischen Forschung ein geschlechtsspezifischer Blickwinkel noch eine Seltenheit ist, gibt es noch sehr wenig gesichertes Wissen über das, was Frauen in der Seelsorge an Arbeit leisten.[32]

Sichtbar zu machen wäre darüber hinaus auch der große Beitrag, den gerade Frauen aus dem Seelsorgeberuf für die Entwicklung dessen erbringen, was unter dem Stichwort »Frauenkirche« beschrieben werden kann. Unter diesem Titel werden seit den Neunzigerjahren auch im deutschsprachigen Raum die vielfältigen Initiativen von Frauen in Bezug auf eine feministische Transformation von Kirche und Christentum zusammengefasst. Frauenrunden, in denen Erfahrungen ausgetauscht und ein kritischer Blick auf Gesellschaft und Kirche geworfen wird, gehören ebenso dazu wie z. B. Frauenliturgiekreise, die nach neuen frauengerechten Ausdrucksformen des Glaubens suchen, oder Wissenschaftlerinnen, die die Theologie aus Frauenperspektive neu durchleuchten.[33] Frauen in pastoralen Berufen sind wichtige Trägerinnen dieser Bewegung, die für manche ihre eigentliche ekklesiale Heimat darstellt und ihrer Zukunftshoffnung Gestalt gibt. Zugleich sind es vor allem diese Frauen, die Erkenntnisse und Anliegen feministischer Theologie in die Gemeinden hineintragen bzw. die in der Lage sind, die Themen, die kritische Frauen in den Gemeinden beschäftigen, kompetent aufzugreifen. Oft erleben sich solche feministisch interessierten Gemeinde- oder Pastoralreferentinnen als Grenzgängerinnen.[34] Von manchen Bischöfen, Generalvikaren und Pastoralamtsleitern wegen mangelnder Identifikation mit der real existierenden römisch-katholischen Kirche als Gefahr angesehen, könnten gerade diese Frauen sich als wichtige Botinnen und Vermittlerinnen zwischen der Frauengeneration der ausgehenden Moderne und christlicher Glaubensgemeinschaft erweisen. Auch wenn derzeit viele noch vor einem

Sichtbar-Werden aufgrund der zumeist zu erwartenden kirchenobrigkeitlichen Ablehnung zurückschrecken, so meine ich doch, dass auf Zukunft hin ihre Bemühungen stärkere öffentliche Rezeption im Interesse der Kirche verdienen würden.

Anerkennung und Förderung strukturell verankern

An verbalem Lob für den Einsatz der Frauen hat es in der Geschichte der Seelsorgehelferin nicht gemangelt. Doch schon damals gab es glücklicherweise nicht nur die, die dazu scheu und verlegen ein »Danke« lächelten, wie es einem Frauenzimmer zu geziemen schien, sondern eben auch die, die die Kirchenleitung vehement und beharrlich aufforderten, aus der rhetorischen Anerkennung praktische Konsequenzen zu ziehen. Hildegard Holzer, die von 1945 bis 1968 das einzige österreichische Seminar für Seelsorgehelferinnen leitete und sich für die Frauen in diesem Beruf sehr einsetzte, strich in ihren Erinnerungen mehrfach hervor, wie langsam bei vielen maßgeblichen Klerikern ein Verständnis für die Situation der Frauen in der Seelsorgearbeit wuchs bzw. wie mühsam und hartnäckig sie und andere hier Bewusstseinsbildung betreiben mussten.

Auch heute genügt es nicht, die Wichtigkeit des Beitrags der Gemeinde- und PastoralreferentInnen für die Seelsorge in Reden, Artikeln und Präambeln von Pastoralplänen zu betonen, sie muss sich auch strukturell erweisen und erhärten lassen. Ein wichtiger Schritt wäre hier z.B. die geregelte verantwortliche Einbeziehung von VertreterInnen aller Berufsgruppen bei der Erstellung von Richtlinien, Rahmenordnungen etc., die das pastorale Berufsfeld betreffen. Bei der Erarbeitung von speziell auf eine Berufsgruppe ausgerichteten Bestimmungen sollten die anderen, die ja immer auch mitbetroffen sind, zumindest ein Anhörungsrecht haben. Selbstverständlich ginge es dabei nicht nur um die LaiInnen im pastoralen Dienst, sondern wirklich um alle pastoralen Berufsgruppen, also auch Priester und Diakone.

Wenig Augenmerk wird bislang in den meisten Diözesen auf eine spezielle Förderung von Frauen in pastoralen Berufen gelegt. Ihrer schlechten Sichtbarkeit entspricht ein in den diözesanen Führungsetagen noch weit verbreiteter Mangel an Bewusstsein und Gestaltungswillen in Richtung auf Geschlechtergerechtigkeit im pastoralen Berufsfeld. Auch ohne die kirchenamtlich strittige Frage der Frauenordination berühren zu müssen, könnte hier vieles geschehen und bleibt hier noch vieles zu tun. Wie im staatlichen oder betrieblichen Bereich sollte es längst auch in der Kirche Frauenförderungs- bzw. Gleichstellungspläne geben, die auch Ausschreibungs- und Auswahlverfahren für Arbeitsstellen in den Gemeinden wie auf Dekanats- oder Bistumsebene regeln und transparenter gestalten sollten. Wenn es auch heute noch stimmt, dass Frauen und ihre speziellen Begabungen und Charismen in der Pastoral nicht nur Zubrot, sondern notwendiger Bestandteil der ausgewogenen Grundnahrung sind und zudem die typischen »Fraueneigenschaften« dem entsprechen, was als pastorale Herangehensweise allgemein propagiert wird, dann müsste es auch den Bistumsleitungen ein dringendes Anliegen sein, verlässlich dafür zu sorgen, dass Frauen nicht nur unter den Gemeinde-, sondern auch unter den PastoralreferentInnen sowie in den diözesanen Stellen in stärkerem Ausmaß vertreten sind. Zu den dafür geeigneten Maßnahmen gehört unter anderem, Frauen zu ermöglichen, auch auf einer Teilzeitstelle Leitungsverantwortung zu übernehmen. Weiter gehört dazu, gerade Frauen zu ermutigen, eine bewusste Planung ihrer Karriere zu betreiben, oder Mentoring für Frauen z.B. dadurch zu fördern, dass ein bestimmter Prozentsatz der Arbeitszeit einer Führungskraft, insbesondere bei weiblichen Leitungspersonen, dafür zur Verfügung steht.[35] Frauenförderung in kirchlichen bzw. pastoralen Berufen zur »Unternehmensphilosophie« der Kirche zu machen, würde allerdings ein weitgehendes Umdenken bezüglich des offiziellen katholischen Frauen- und Familienbildes bedeuten.

Autorität von Frauen stärken

Eine der wichtigen Kraftquellen der Pionierinnen der Seelsorge als Frauenarbeit war ihr Zusammenhalt als Frauen. Dass sie ihr Frausein als Stärke definieren und erleben konnten, hatte wesentlich damit zu tun, dass sie einander unterstützten und sich auf weibliche Autoritäten beriefen. Sie sahen sich in der Nachfolge der Frauen um Jesus und der apostolisch wirkenden Frauen, die bei Paulus erwähnt werden. Die Begegnung mit den Viten weiblicher Heiliger gehörte zumindest im Wiener Seminar ebenso zur Ausbildung der Seelsorgehelferinnen wie die Beschäftigung mit der Literatur weiblicher zeitgenössischer Schriftstellerinnen. Margarete Ruckmich und später Barbara Albrecht für Deutschland und Hildegard Holzer für Österreich waren Vorkämpferinnen, Vorbilder, Mentorinnen für mehrere Generationen von Seelsorgehelferinnen. Und die Seelsorgehelferinnen selbst bildeten eine starke Berufsgemeinschaft, zusammengeschweißt vom Bewusstsein, in Neuland vorzudringen.

Feministisches Denken hat heute den Rückbezug auf andere Frauen sowie auf eine weibliche Genealogie als wichtige Bausteine dafür erkannt, dass Frauen Stärke und Autorität entwickeln und vor allem in größerer Freiheit gegenüber den Maßstäben einer androzentrischen Gesellschaft zu agieren lernen.[36] Auch im kirchlichen Diskurs um die pastoralen Berufe scheint neuerlich wichtig zu sein, dass sich Seelsorgerinnen wieder als Frauen zusammentun. Da innerhalb der Berufsverbände die Fragen, die sie als Frauen betreffen, selten zur Sprache kommen, brauchen Seelsorgerinnen ein anderes Forum, um einander Halt und Autorität zu geben, um gemeinsam auf die Suche zu gehen nach ihren eigenen Konzepten und Vorstellungen von Seelsorge, um sich freizuspielen von den verinnerlichten Grenzen der negativ erlebten doppelten Differenz als Frauen und Laiinnen. Mag sein, dass die dagegen positiv in Anspruch genommene Differenz sich als Freiraum erweist, in dem mehr und Weiterführendes entstehen kann als in den derzeit nur mit angezogener Handbremse geführten Diskussionen um Ämter und Dienste.

Die Seelsorgehelferinnen gewannen aus ihrem Miteinander und dem Blick auf andere bedeutende Frauen Kraft, um sich für konkrete Interessen ihrer Berufsgruppe einzusetzen. Dementsprechend plädiere ich nicht für einen Rückzug der pastoralen Berufsträgerinnen in Frauen-Seelsorge-Räume oder gar für eine Sistierung der Frage danach, wer Macht und Einfluss auf die Gestaltung der gemeinsamen Kirche von Männern und Frauen ausübt. Wenn die Frauen in pastoralen Berufen sich dezidierter als Frauen verstehen und vernetzen würden, könnte das Spannungsfeld der doppelten Differenz vielmehr zum Entstehungsort neuer Impulse für die anstehenden Reformen der römisch-katholischen Kirche werden.

Gottverwurzelung als Grundlage

Grundlage und tragfähige Basis ihres Engagements wie auch ihres Durchhaltevermögens trotz Widrigkeiten fanden viele der ersten Frauen in der Seelsorgearbeit im festen Bewusstsein, von Gott berufen und gesendet zu sein, sowie in einer aktiv gepflegten Verwurzelung in christlicher Spiritualität. Hier möchte ich kurz den Blick auf die Person Hildegard Holzer lenken, die in ihren Einstellungen zugleich typisch und prägend für viele Seelsorgehelferinnen in Österreich war. Sie betonte immer wieder, wie sehr die Überzeugung von ihrer eigenen Berufung und Sendung ihren Einsatz trug. Die göttliche Quelle dessen, was sie als Auftrag und Ziel erkannte, gab ihr durchaus auch kämpferischen Bemühungen zugleich eine große Gelassenheit. Sie kämpfte nicht für sich, sondern folgte ihrer Berufung. Auch in Auseinandersetzungen mit der Kirchenleitung war sie daher im Grunde keine Bittstellerin, sondern eine, die um die Einsicht in den gemeinsamen Auftrag als Kirche mit anderen rang.

In einem Gespräch formulierte Holzer mit über neunzig Jahren einen dementsprechenden Rat an Frauen in der Seelsorge heute: Es komme darauf an, »einen Auftrag klar [zu] sehen und erkennen, auch wenn der völlig außerhalb der noch gegebenen Norm ist«. Wenn also eine ihre Aufgabe klar sieht, eine Berufung als echt erkannt hat, dann soll sie dem nachgehen, ganz egal, auf welche Schwierigkeiten sie stößt, ganz egal, ob es für die Erfüllung dieser Berufung bereits kirchliche Strukturen gibt, ob das, was der Auftrag beinhaltet, sozusagen in der Kirche schon vorgesehen ist oder nicht.[37]

Der Gefahr der Borniertheit und Verbissenheit, in die ein solches Verhalten auch führen kann, suchte Holzer einerseits durch eine wirklich tiefe Fundierung ihrer Spiritualität in ihrer Gottesbeziehung zu entkommen. Andererseits betonte sie neben der Beharrlichkeit auch die von ihr so genannte »Tugend der Veränderungsbereitschaft«. Bei aller Standfestigkeit erkannte sie also die Notwendigkeit, sich immer wieder geschmeidig auf neue Verhältnisse und neue Anforderungen einzulassen. So ging es ihr um das Hinhören auf das, was jetzt und hier, heute und ganz konkret von einer/m gefordert ist, letztlich um eine Verbindung von erkannter grundsätzlicher Berufung und täglich erspürter Sendung in der jeweils konkreten Situation.

## Signal

Seelsorge als berufliche Frauenarbeit mag zahlenmäßig ein Randphänomen der Frauen-Seelsorge sein, doch diese spezielle Gruppe von seelsorgenden Frauen ist in meinen Augen so etwas wie ein Gradmesser für die Situation von Frauen in der römisch-katholischen Kirche. Wie die amtliche Seelsorge gesehen und organisiert wird und wie die dort beruflich tätigen Frauen anerkannt werden, wirkt sich nämlich auch auf Motivation und Möglichkeiten aller seelsorglich wirkenden Frauen aus. Denn schließlich prägt die doppelte Differenz als Frau und Laiin alle Frauen in dieser Kirche, ob sie sich im eigenen Umfeld oder als ehrenamtlich bestellte Seelsorgerinnen verstehen oder eben in einem pastoralen Beruf erwerbstätig sind. Wenn es besser gelingen könnte, für Frauen in pastoralen Berufen diese doppelte Differenz positiv zu nutzen und zugleich ihren Gefahren entgegenzuwirken, hätte das für alle anderen Frauen Signalwirkung.

## Anmerkungen

1  Vgl. Schmid, Peter F., "Von der Macht des Dialogs oder: Wer hat das Sagen? Dialog als Lebensprinzip von Seelsorge, Kirche und Theologie, in: Diakonia 31 (2000) 5–12, hier 8.
2  Die Überlegungen dieses Beitrages basieren auf den Forschungen für meine Dissertation an der theologischen Fakultät der Universität Innsbruck: Werkzeug und Komplizin Gottes. Hildegard Holzers Einsatz im Seminar für kirchliche Frauenberufe 1945–1968. Eine feministische praktisch-theologische Untersuchung zur Geschichte der Seelsorgehelferinnen in Österreich, kath.-theol. Diss, Innsbruck 2001. Der Arbeit liegen umfangreiche Aktenauswertungen sowie ausführliche Gespräche mit Hildegard Holzer zugrunde, die im Folgenden nicht eigens belegt werden.

3 Vgl. Schenk, Herrad, Die feministische Herausforderung. 150 Jahre Frauenbewegung in Deutschland, München ⁶1992, 44–45.
4 Vgl. Swoboda, Heinrich, Großstadtseelsorge. Eine pastoraltheologische Studie, Regensburg ²1911.
5 Vgl. zur Geschichte der Seelsorgehelferinnen vor allem: Ruckmich, Margarete, Die berufliche Mitarbeit der Frau in der kirchlichen Seelsorge, (Neue Schriften zur Seelsorgehilfe I) Freiburg 1950, 122–125; Schüssler, Elisabeth, Der vergessene Partner. Grundlagen, Tatsachen und Möglichkeiten der beruflichen Mitarbeit der Frau in der Heilssorge der Kirche, Düsseldorf 1964, 133–151; Köhl, Georg, Der Beruf des Pastoralreferenten, Pastoralgeschichtliche und pastoraltheologische Überlegungen zu einem neuen pastoralen Beruf, (Praktische Theologie im Dialog 1) Freiburg i.S. 1987, 126–152; sowie Loretan, Adrian, Laien im pastoralen Dienst. Ein Amt in der kirchlichen Gesetzgebung: Pastoralassistent/assistentin, Pastoralreferent/referentin, (Praktische Theologie im Dialog 9) Freiburg i. S. 1994, 20–28.
6 Fritz, Martin, Die Frau erwacht in der Kirche. Zur Geschichte und Spiritualität des Berufes der Seelsorgehelferinnen, in: Birkenmaier, Rainer (Hrsg.), Werden und Wandel eines neuen kirchlichen Berufes. Sechzig Jahre Seelsorgehelferinnen/Gemeindereferent(inn)en, Freiburg 1989, 8–18, 11.
7 Das erste derartige Seminar wurde 1928 in Freiburg eröffnet. Margarete Ruckmich war dessen erste und langjährige Leiterin. Vgl. Wuckelt, Agnes, »Margarete Ruckmich (1894–1985): hartnäckig – zielstrebig – selbständig weiterdenken« in: Pithan, Annabelle (Hrsg.), Religionspädagoginnen des 20. Jahrhunderts, Göttingen-Zürich 1997, 80–98.
8 Müller, Hubert, Von der Seelsorgehilfe zum pastoralen Dienst. Die Stellung der Seelsorgehelferin/Gemeindereferentin in kirchenrechtlicher Sicht, in: ThPQ 124 (1976), 360–369, hier 362. Hervorhebung im Text.
9 Vgl. Kohl, Christoph, Zwischen Laien und Amtsträgern? Zum ekklesiologischen Ort der Gemeindereferent(inn)en, in: vgl. Anmerkung 6, 29–69, hier 36–37.
10 Wiesen, Wilhelm, Im Dienst des göttlichen Hirten. Berufsethische Erwägungen für Seelsorgehelferinnen, Freiburg 1962, 21.
11 Vgl. Wothe, Franz-Josef, Von der Seelsorgehelferin zur Gemeindereferentin – über Ursprung und Entwicklung der Seminar- und Fachschulausbildung, in: Hochstaffel, Josef (Hrsg.), Von Beruf Gemeindereferent. Aufnahme eines Bestandes – Perspektive einer Zukunft, Paderborn 1985, 169–186, hier 177.
12 Vgl. Anmerkung 9, 364. Hervorhebung im Text.
13 Vgl. Prüller-Jagenteufel, Veronika, »Der Einbruch der Frau in die Seelsorge«: Ein pastorales Berufsfeld für zwei Geschlechter?«, in: Diakonia 28 (1997), 189–194.
14 Vgl. z. B. Bender, Christiane/Graßl, Hans/Motzkau, Heidrun/Schuhmacher, Jan, Machen Frauen Kirche? Erwerbsarbeit in der organisierten Religion, Mainz 1996; Hermetschläger, Karin, Frau, Laiin, Theologin. Die spezifische Lage von Theologinnen in kirchlichen Berufen, in: Friesl, Christian (Hrsg.), Christsein als Beruf. Neue Perspektiven für theologische Karrieren, Innsbruck 1996, 161–175; Mantler-Felnhofer, Alexandra, »Ich akzeptiere nicht, daß ich nur gleichgesetzt werde mit der Institution«. Feministische Frauen und die Arbeit in der Kirche, in: Prüller-Jagenteufel, Veronika u.a., Frauen-Kirche-Feminismus, (AfkS-Dossier 13) Graz-Wien 1998, 89–112; Pemsel-Maier, Sabine, Frauen in der Seelsorge – theologische Begründung und praktische Konsequenzen, in: ThPQ 148 (2000) 70–78.

15 Spendel, Stefanie, Artikel Frau. IX. Frauen im kirchlichen Dienst, in: LThK3, Bd. 4, 71–72, hier 72.
16 Vgl. Kienesberger, Gabriele, Frauen in Solidarität mit der Kirche. Diözesane Frauenkommissionen – Ansprüche und Widersprüche, in: Der Apfel 50/51 (1999) 14–15.
17 Vgl. Anmerkung 14 Bender u.a. Zu ähnlichen Ergebnissen kommt auch eine Vorstudie zur beruflichen Situation von Frauen in der Diözese Linz: Singer, Gudrun/Kienesberger, Gabriele/ Stadtler, Bettina, Die Arbeitssituation von Frauen in Einrichtungen der katholischen Kirche in der Diözese Linz. Eine Untersuchung der Beschäftigungsstruktur und Gehaltsverteilung unter geschlechtsspezifischer Perspektive, Eigenverlag, Linz-Wien 2000.
18 Vgl. Anmerkung 14 Bender u.a., 19.
19 A. a. O., 44.
20 Vgl. Friesl, Christian, Christsein als Beruf. Chancen und Problemfelder theologischer Karrieren, Dokumentation, Innsbruck-Wien 1996, 102–103.
21 Prägend wurde für mehrere Frauengenerationen etwa die Betrachtungen über das Wesen der Frau von Le Fort, Gertrud von, Die ewige Frau. Die Frau in der Zeit. Die zeitlose Frau, München 1934. Zum Frauenbild heute vgl. Schneider, Birgit,»Wer Gott dient, wird nicht krumm«. Feministische Ethik im Dialog mit Karol Wojtyla und Dietmar Mieth, Mainz 1997.
22 Vgl. Prüller-Jagenteufel, Veronika, Die linke Hand vom Pfarrer? Pastorale Laienberufe als kirchliche Reformkraft, in: vgl. Anmerkung 20, 53–70.
23 Vgl. zum Ordensberuf als Maßstab für Frauen im kirchlichen Dienst Lau, Else Ephrem, Ordensfrauen und Laienchristinnen als Mitarbeiterinnen in der Kirche, in: Concilium 23 (1987), 492–495.
24 Vgl. Anmerkung 4: Loretan, 211; Kohl, 9–10.
25 Vgl. Klinger, Cornelia, Beredtes Schweigen und verschwiegenes Sprechen: Genus im Diskurs der Philosophie, in: Bußmann, Hadumod/Hof, Renate, Genus. Zur Geschlechterdifferenz in den Kulturwissenschaften, (Kröners Taschenausgabe, Bd. 492) Stuttgart 1995, 34–59.
26 Spendel, Stefanie,»Mitarbeit der Laien«. Diskussionsbeitrag gegen einen häretischen Begriff, in: Hünermann, Peter (Hrsg.), Und dennoch . . . Die römische Instruktion über die Mitarbeit der Laien am Dienst der Priester. Klarstellungen – Kritik – Ermutigungen, Freiburg i. Br. 1998, 117–127, hier 118.
27 Mette, Norbert,»Habe ich denn alles falsch gemacht?«. Kirchlicher Ordo im Wandel, in: Diakonia 29 (1998) 189–195, hier 190.
28 Vgl. Gerber, Jörg, Ungleichheiten im Volk Gottes. Die Besetzung des ordinierten Amtes als Phänomen »sozialer Schliessung«, (Praktische Theologie im Dialog 16), Freiburg i. S. 1998.
29 Anmerkung 25, 123.
30 Die Frauenarbeit unter dem Schleier ist ein zentrales Motiv von Le Fort, Frau, vgl. Anmerkung 21.
31 Eine Nachschau im Internet ergab im August 2000 nur auf der Homepage der deutschen Bischofskonferenz überhaupt Zahlen zu den pastoralen MitarbeiterInnen, die jedoch nicht geschlechtsspezifisch differenziert waren. Laut Auskunft des Schweizer Pastoralsoziologischen Instituts sind für die Schweiz diesbezügliche geschlechtsspezifische Daten nicht zugänglich. Für Österreich ergab ein Durchsuchen der Homepages der Diözesen nur bei zwei eine Angabe zu den LaiInnen im pastoralen Dienst, jeweils aber ohne Angaben über Männer und Frauen.

32 Vgl. für den evangelischen Bereich diesbezüglich z. B. Enzner-Probst, Brigitte, Pfarrerin. Als Frau in einem Männerberuf, Stuttgart 1995.
33 Vgl. zur Frauenkirche u.a.: Meyer-Wilmes, Hedwig, Zwischen lila und lavendel. Schritte feministischer Theologie, Regensburg 1996, 140–158; und Berlis, Angela/Hopkins, Julie/Meyer-Wilmes, Hedwig/Vander Stichele Caroline (Hrsg.), Frauenkirchen. Vernetzung und Reflexion im europäischen Kontext (Jahrbuch der Europäischen Gesellschaft für theologische Forschung von Frauen 3), Mainz 1995.
34 Vgl. Prüller-Jagenteufel, Veronika/Kampf, Barbara/Mantler-Felnhofer, Alexandra/Moser Michaela, Frauen – Kirche – Feminismus. Die Teilnehmerinnen der Ersten Europäischen Frauensynode als Avantgarde kirchlicher und gesellschaftlicher Erneuerung (AfkS-Dossier 13), Graz-Wien 1998, insbes. den Schlussteil: Christliche Feministinnen als Grenzgängerinnen und Vagabundinnen. Pastoraltheologische Thesen zu den Ergebnissen der Studie »Frauen-Kirche-Feminismus«.
35 Vgl. Anmerkung 16: Singer/Kienesberger/Stadtler, 21–23.
36 Vgl. u.a. Libreria delle donne di Milano, Wie weibliche Freiheit entsteht. Eine neue politische Praxis, Berlin ³1991 und Günter, Andrea, Weibliche Autorität, Freiheit und Geschlechterdifferenz. Bausteine einer feministischen politischen Theorie, Königstein i.T. 1996.
37 Aus einem der im Zuge meiner Dissertationsarbeit mit Hildegard Holzer 1994 geführten Gespräche.

## Literatur

Bender, Christiane/Graßl, Hans/Motzkau, Heidrun/Schuhmacher, Jan, Machen Frauen Kirche? Erwerbsarbeit in der organisierten Religion, Mainz 1996

Gerber, Jörg, Ungleichheiten im Volk Gottes. Die Besetzung des ordinierten Amtes als Phänomen »sozialer Schliessung«, (Praktische Theologie im Dialog 16), Freiburg i. S. 1998.

Silvia Becker

# Eine Chance für die Kirche
Der spezifische Beitrag von Frauen für die Seelsorge

*Begegnungen mit weiblicher und männlicher Seelsorge in einer priesterzentrierten Kirche*

Süßer Likör und Schlüsselblumen im Wasserglas

Die grauen Stufen vor dem Portal der Kapelle sind eiskalt, vom herannahenden Frühling keine Spur. Seit zehn Minuten sitze ich hier und spüre, wie die Kälte langsam hinauf in den Nacken kriecht, aber das ist in diesem Augenblick völlig egal. Zum ersten Mal in meinem Leben habe ich einen Gottesdienst vorzeitig verlassen, fluchtartig geradezu. Und das ausgerechnet hier im Benediktinerinnenkloster in Bernried, und – was noch schwerer wiegt – ausgerechnet in einem Frauengottesdienst. Mein Fluchtimpuls setzte genau in dem Augenblick ein, als wir, allesamt Teilnehmerinnen einer Tagung, tanzen mussten, und ich nicht tanzen konnte. Der frühe Tod meiner Mutter und – fast zeitgleich – meiner Großmutter lagen damals etwa zehn Wochen zurück. Das Gefühl der Unwirklichkeit, das sich in der ersten Zeit wie ein barmherziger Schleier über mich gesenkt hatte und die Welt in einen Film verwandelte, wich langsam einem Begreifen der Realität. Ein kritischer Punkt in der Trauerverarbeitung, wie ich heute, zehn Jahre später, weiß. Während ich vor dem Portal noch darüber nachgrübele, ob ein guter Gottesdienst nicht so gestaltet sein sollte, dass auch ein trauernder Mensch ihn ertragen kann, nähert sich ein schwarzer Schatten. »Warum sind Sie nicht bei den anderen? Hier können Sie jedenfalls nicht bleiben«, fragt eine üppige Benediktinerin mit tadelndem Unterton. Ich erkläre ihr meine Flucht, so gut es eben geht. Wenige Minuten später wandern Schwester Unbekannt und ich durch den Bernrieder Wald; zwei – oder waren es drei – geschlagene Stunden sprechen wir über das, was geschehen ist, bis uns der Hunger irgendwann wieder zurückführt. Es war ein schwieriges, anstrengendes Gespräch, an das ich mich heute noch gut erinnere. Mehr als die Worte aber hat sich mir die damalige Situation tief eingeprägt. Und häufig stellt sich, wenn ich wieder einmal daran denke, das Gefühl, mehr noch die tiefe Überzeugung ein: Ein Mann, ein Priester, hätte dies wohl kaum getan – eine wildfremde junge Frau von den Stufen des Portals auflesen, die Pflichten des Tages versäumen, das Stundengebet verpassen, um sich der geballten Trauer eines anderen Menschen auszusetzen. Und das ganz ohne Sprechstunde und Termin. Am Abend dieses Tages stehen auf dem Schreibtisch meines Zimmers ein selbst gepflückter Strauß Schlüsselblumen und ein Glas brauner, klebriger Likör.

Auf der Suche nach dem Vater

Obwohl ich damals selbst schon über drei Jahre in München als kfd-Referentin im Bereich der Frauenseelsorge arbeitete, war dies für mich meine erste persönliche Begegnung mit der Seelsorge durch eine Frau. Ob sich die unbekannte Schwester wohl selbst als Seelsorgerin bezeichnet hätte? Ich bin mir da nicht sicher. Zu stark ist der Begriff »Seelsorge« besetzt durch den Priester, den Mann, den Beichtvater, vielleicht auch durch das archetypische, tief in der Seele verankerte Bild einer überlegenen Vaterinstanz, die die Macht hat, Sünden zu vergeben, Tränen zu trocknen und die angeknackste Beziehung zur Transzendenz zu kitten. Auch heute erfahre ich – als Redakteurin einer Zeitschrift für Frauenseelsorge – im Gespräch mit Autorinnen und Leserinnen, dass das Vaterbild in der Seelsorge immer noch eine nicht zu unterschätzende Rolle spielt, tief verinnerlicht ist. Der hoffnungsvolle Neuansatz des Zweiten Vatikanums, das Seelsorge als Aufgabe der ganzen Kirche definierte, führt nicht automatisch zu einer Veränderung des menschlichen Bewusstseins oder gar der menschlichen Psyche. Die Seele braucht lange, um tief verinnerlichte Vaterbilder loszulassen, um – von der Kirche durchaus gewollte und geförderte – Projektionen zu überwinden. Daran ändert offenbar auch die Tatsache wenig, dass der »geistliche Vater«, ähnlich dem leiblichen Vater im Familienleben, in der Realität immer häufiger abwesend ist. Selbst intellektuelle Frauen mit einem hoch entwickelten Frauen- und Problembewusstsein gestehen bisweilen errötend ein, dass in einem verborgenen Seelenwinkel die Sehnsucht nach einem geistlichen »Vater« immer noch lebendig ist und in schwachen Momenten zu einer Priesterzentrierung führt, über die sie sich selbst am meisten ärgern. Die katholische Sozialisation hat hier ganze Arbeit geleistet.

Erwachsen werden verboten

Und was soll schließlich unrecht daran sein? Mir jedenfalls ging es als jungem Mädchen und als junger Frau eigentlich immer ganz gut mit Männern als Seelsorgern, wenn ich – selten genug – solchen einmal begegnete. Warum also Seelsorge durch Frauen? Der erfahrene Priester und das junge, suchende Mädchen, dem kirchliches Leben nicht gerade an der Wiege gesungen worden ist: Das passte doch prima zusammen. Und ich gebe gern zu, dass ich auf meinem Weg zu Mutter Kirche, aber auch auf meinem Weg zum Glauben, Priestern eine Menge verdanke, auch wenn es in diesem Miteinander natürlich nicht ohne Verletzungen und Missverständnisse abging. Zunehmend schwierig wurde es allerdings, als das junge Mädchen, die junge Frau irgendwann nicht mehr ganz so jung war, sondern richtig erwachsen wurde – mit immer mehr eigener Verantwortung und Kompetenz. Und das auch noch im Bereich von Theologie, Seelsorge und Spiritualität. Die heimelige Vater-Tochter-Idylle, die geistliche Gespräche zwischen einem Priester und einer Frau häufig unausgesprochen prägt (und zwar auch unabhängig vom Lebensalter), begann gewaltig zu bröckeln. Es knirschte im Gebälk. Und ich machte die Erfahrung, dass sich Priester – von Ausnahmen abgesehen – offenbar sehr schwer tun, eine gleichwertige Beziehung zu einer Frau aufzubauen oder zu akzeptieren. Sie haben dies einfach nicht gelernt. Womöglich spielt dabei auch eine tief sitzende Angst vor Frauen eine Rolle, die mit dem drohenden Verlust der Vaterfunktion auf einmal virulent wird. Jedenfalls funktionierte – wenn ich beispielsweise an Einzelexerzitien teilnahm – die alte, vertraute Beziehungsstruktur immer weniger. Der von mir sehr bewusst unternommene Versuch, eine neue, andere, gleichsam erwachsene Beziehung aufzubauen, stieß unweigerlich an Grenzen, prallte ab wie an einer unsichtbaren Wand. Unmut und Enttäuschung machten sich breit, wohl auf beiden Seiten. Ich litt unter dem beklemmenden Gefühl, spirituell nicht ganz erwachsen werden zu dürfen.[1] Andererseits spürte ich die Notwendigkeit, nicht nur alle zwei oder drei Jahre auf Einzelexerzitien eine geistliche Begleitung zu haben, sondern wünschte mir eine regelmäßige geistliche Begleitung im Alltag. Geschlecht Nebensache. Ich begann zu suchen, suchte eine ganze Weile – und fand schließlich eine Frau, eine Seelsorgerin: kompetent, spirituell erfahren, bestens ausgebildet, mit gutem psychologischen Hintergrundwissen und einer verblüffenden Menschenkenntnis.

## *Professionelle Seelsorge durch eine Frau*

### Hürden auf dem Weg

Vielleicht ist es kein Zufall, dass ich mich bereits dem 40. Lebensjahr näherte, als vor etwa zwei Jahren eine Frau meine Seelsorgerin wurde. Soweit ich es beurteilen kann, sind es überwiegend Frauen in der Lebensmitte, die aufbrechen und dabei um die geistliche Begleitung einer Frau bitten: Seelsorge an einem wichtigen Wendepunkt des Lebens. Geistliche Begleitung im Alltag und Seelsorge durch eine Frau: Beides ist in unserer Gesellschaft nicht gerade selbstverständlich. Geistliche Begleitung erscheint als Privileg, das – obwohl es jedem Christen und jeder Christin offen steht – heutzutage nur wenigen Menschen zuteil wird. Die meisten verbinden sie intuitiv mit der Gestalt eines »Beichtvaters« und mit Ordensleben oder priesterlicher Berufung. Nichts für Normalbürger also. Bringt eine Frau trotzdem den Mut auf, geistliche Begleitung durch eine andere Frau in

Anspruch zu nehmen, muss sie dabei also gleich zwei hartnäckige Klischees überwinden. Ganz abgesehen davon, dass sich die Suche häufig schwierig gestaltet. Denn Seelsorgerinnen sind längst nicht so stark institutionell eingebunden wie Priester. Wo also finde ich überhaupt »meine« Seelsorgerin? Woher weiß ich und wie kann ich beurteilen, ob die Frau, der ich etwas so Kostbares wie meinen Glauben anvertraue, kompetent, ausgebildet und vertrauenswürdig ist?[2] Wer also die individuelle Seelsorge durch eine Frau sucht, muss dabei eine Reihe von Hürden bewältigen. Das heißt: Er oder sie trifft diese Entscheidung zumeist sehr bewusst und reflektiert – in einem Alter eben, in dem man weiß, was man will und was man nicht (mehr) will, in einem Alter, in dem man vielleicht auch schon diverse negative Erfahrungen mit Seelsorge gemacht hat. So möchte ich hier die These wagen: Wer sich der geistlichen Begleitung einer Frau anvertraut, besitzt normalerweise schon eine gewisse Reife, einen gewissen Selbststand. Es geht hier gerade nicht um das (unreife) Aufsuchen einer überlegenen »Rettergestalt« oder gar eines geheimnisvollen »Mittlers« zwischen Mensch und Gott – ein unbewusster, tief sitzender Wunsch, der häufig auf Priester projiziert wird. In der Frauenseelsorge geht es vielmehr um eine geistliche Begegnung »gleich auf gleich«, um den miteinander geteilten Glauben und – wenn das nicht möglich ist – so doch um die redliche, gemeinsame Suche nach der verschütteten Spiritualität.[3]

Seelsorge und Selbstverständnis

Ob eine Frau eine andere Frau als Seelsorgerin zu respektieren vermag, hängt zutiefst mit ihrem eigenen Selbstverständnis und ihrem Frauenbild zusammen: damit, ob sie ihrer eigenen spirituellen Kompetenz vertraut, sich selbst ernst nimmt als »Glied des Volkes Gottes« und als »Angehörige des königlichen Priestertums«. Erschwerend kommt immer hinzu: Eine Seelsorgerin – und sei sie noch so gut ausgebildet – wird durch keine Amtsvollmacht, durch keine Weihe gestützt, die ihr einen Vertrauensvorschuss einräumen würde. Allein an der Person, ihrer konkreten Arbeit (etwa in Gemeinde, Bildungseinrichtung oder

Krankenhaus), ihrer Kompetenz und Glaubwürdigkeit, entscheidet sich die Wahl der geistlichen Begleiterin. Und natürlich daran, ob die Begleiterin auf ihrem geistlichen Weg weiter fortgeschritten ist als die um Seelsorge anfragende Person.

Exkurs: Erfahrungen einer Exerzitienbegleiterin

Wie aber sieht eine geistliche Begleiterin selbst die Besonderheiten der Seelsorge durch eine Frau? Schwester *Roswitha Bach IBMV*, Mary-Ward-Schwester aus Augsburg, die ich im Rahmen einer großen Reportage kennen lernte, sagt dazu: »Im Erspüren, was entwickelt sich, was bewegt sich bei einem Menschen, haben Frauen manchmal eine besondere Gabe. Sie haben mitunter auch mehr Gespür für den Rahmen, für die Atmosphäre einer Begleitung.« Schon früh – bereits im Jahre 1968 – erkannte ihr Orden, dass eine Erneuerung der Gemeinschaft nur durch eine Erneuerung der Exerzitienspiritualität möglich sein würde. So absolvierte Schwester Roswitha, ursprünglich Lehrerin an der ordenseigenen Realschule, von 1978 bis 1980 eine Exerzitienausbildung bei der GCL (Gemeinschaften christlichen Lebens), anschließend ging sie bis 1982 nach Kanada, um dort an der Jesuitenhochschule in Toronto und am Regiscollege in Guelph ihre Ausbildung zu vollenden. Rückblickend spricht sie von einer »entscheidenden Phase, um nach vielen Jahren des Suchens zu entdecken, was Gottes Weg mit mir ist«. 1982, so erinnert sie sich, war es noch ungewöhnlich, dass eine Frau Exerzitien gibt. »Erst kam nur eine einzige Frau«, erinnert sie sich. Dann – ein wichtiger Wendepunkt – fragten ihre Mitschwestern um Begleitung nach. Heute ist sie eine weithin bekannte und anerkannte Seelsorgerin, deren Kurse im In- und Ausland ausgebucht sind. Eine Exerzitandin sagt über sie: »Für mich ist es wichtig, dass eine Frau die Exerzitien gibt. Eine Frau empfindet ganz anders, gerade jetzt, wo ich bei dem Thema Maria bin. Ich frage mich, ob sich ein Priester so auf mich einlassen könnte, mir diesen Freiraum geben würde. Oft haben Priester ja auch Angst vor Frauen. Mit einer Frau als Begleiterin ist es viel einfacher.« Nur äußerst zurückhaltend, fast ungern, spricht Schwester Roswitha dagegen über ihre besondere Rolle als Frau und die damit verbundenen Probleme. »Wenn ich einen Menschen acht oder bei den großen Exerzitien dreißig Tage begleite, wird oft der Wunsch nach einer Lossprechung geäußert«, sagt sie mit leisem Bedauern. Und fügt wenig später, auf die Vatikan-Instruktion über die Mitarbeit der Laien im pastoralen Dienst angesprochen, hinzu: »Die Leute kommen mit oder ohne römisches Papier zu mir. Als Frau darf ich auch ohne Ordination tun, was Frauen in ihrem Sosein bestärkt ... Natürlich habe ich meinen persönlichen Selbststand, und natürlich begleite ich beispielsweise auch geschiedene Frauen.« Für welche Frauen aber sind Exerzitien – ihrer Meinung nach – besonders wichtig? Bei dieser Frage fallen ihr spontan zwei Gruppen von Frauen ein, nämlich zum einen »Mütter mit kleinen Kindern, die oft kaum einmal durchatmen können« und zum anderen »Frauen im gewissen Alter«. Damit meint sie Frauen in der Lebensmitte, um oder jenseits der 40, die darum ringen, ihren Weg für die zweite Lebenshälfte zu finden. In dieser Lebensphase sei noch einmal eine grundlegende Neuorientierung möglich. Im Zentrum stehe dabei der rechte Umgang mit der Angst: Was geschieht, wenn die Kinder größer sind, nachdem die Karriere ihren Höhepunkt erreicht hat, nachdem das Leben sich etabliert hat? »Es ist wichtig«, sagt sie nachdenklich, »mit 40 noch einmal neu zu spüren: Das Leben hat ein Ziel.« Im Zentrum stehe dabei immer die Faszination des *eigenen* Weges.

Die Exerzitienbegleiterin weiß jedoch auch: Es ist nicht einfach, die Erfahrungen der Exerzitien in der Welt oder im Gemeindealltag umzusetzen. »Ich wünsche mir sehr, dass sich mehr Frauen als Begleiterinnen für Exerzitien im Alltag ausbilden lassen.« Und sie verweist auf ihre Erfahrungen in Amerika, wo mittlerweile in vielen Gemeinden erfahrene Laien oder Ordensfrauen eine spirituelle Begleitung anbieten.

Die Welt als Sturzbach

Wenn ich auf dem Hintergrund meiner persönlichen Exerzitienerfahrung (mit ausschließlich männlichen Begleitern) Schwester Roswitha und ihre Arbeit betrachte, fällt mir vor allem ihre außergewöhnliche Sensibilität für schwierige Situationen auf.

Ein Beispiel: Bei Einzelexerzitien – insbesondere bei solchen mit strengem Schweigen – erweist sich der Abschied und die erneute Konfrontation mit der Welt als kritischer Punkt. Die Einzelexerzitien, auf die ich mich in der Vergangenheit eingelassen habe – und zwar überwiegend mit guten Erfahrungen –, endeten meistens mit einem netten geselligen Beisammensein. Das klingt harmloser, als es ist. Denn auf diese Weise bricht – nach acht oder zehn Tagen Schweigen – die laute Welt gleichsam als Sturzbach wieder ins eigene Leben ein. Während der Exerzitand/die Exerzitandin noch ganz mit dem Exerzitienprozess beschäftigt ist, möglicherweise völlig neue, umwälzende Erfahrungen verarbeiten muss, den Rhythmus des Schweigens tief verinnerlicht hat, muss er oder sie schlagartig wieder den gesellschaftlichen Konventionen entsprechen und Smalltalk machen. Ganz anders Schwester Roswitha. »Das Schweigen macht verletzlich«, sagt sie. »Deshalb muss der Abschied langsam geschehen, zwei Tage vor Ende der Exerzitien sollte die Vorbereitung beginnen.« Auch ihre Einzelexerzitien enden mit einem gemeinsamen Abschluss. Aber das ist kein geselliger Abend im Gewölbekeller, sondern ein eigens gestaltetes Element, das die Exerzitanden dabei unterstützt, wieder ins Alltagsleben zurückzukehren und das umzusetzen, was sie in der Exerzitienphase erfahren haben. Die Seelsorge durch eine erfahrene, sensible, gut ausgebildete Frau bietet also große Chancen, wie das eben beschriebene Beispiel zeigt. Die Qualität der Seelsorge – sei es bei der Exerzitienbegleitung, sei es bei der unspektakulären Begleitung im Alltag – steht und fällt jedoch mit dem gesunden Selbstbewusstsein und dem reflektierten Selbstverständnis sowohl der Seelsorgerin als auch der begleiteten Person. Denn die Rollen sind hier viel weniger fixiert, ausdefiniert, durch kirchenamtliche Strukturen festgelegt als bei der traditionellen priesterlichen Seelsorge. Das eröffnet einerseits große Freiräume – bis hin zur Entwicklung und Ausgestaltung eigener liturgischer Formen (etwa in der Krankenhausseelsorge) –, andererseits kann es zu Rollenunsicherheiten und mangelnder Eindeutigkeit in der Beziehung führen.

## Muss Seelsorge grenzenlos sein?
## Oder: Das Problem der Nähe

Wenn ich als Redakteurin einer katholischen Fachzeitschrift mit Frauenseelsorgerinnen Interviews geführt habe, fiel mir häufig auf, dass sie den begleiteten Personen viel mehr Nähe anbieten als männliche Seelsorger. Auch wenn dies nur eine persönliche Einschätzung sein kann, so entspricht sie doch dem Verhaltensmuster einer Mehrheit von Frauen in unserer Gesellschaft. Kein Wunder also, wenn dieses Muster auch in der Frauenseelsorge wieder auftaucht. Während Männer – auch in der Rolle des Priesters und Seelsorgers – eher zurückhaltend mit Nähe umgehen, bis hin zur Angst vor Nähe (insbesondere gegenüber Frauen), schlagen Frauen eher den umgekehrten Weg ein.

Diese Fähigkeit der Frau, menschliche Nähe und Wärme zu geben – sei sie nun gesellschaftlich erworben oder angeboren –, stellt einerseits eine wertvolle Begabung dar. Andererseits aber kann diese so typisch weibliche Seite der Seelsorge auch eine Gefahr, eine Falle bedeuten.

Die *Vorteile* dieser Grundhaltung sind offensichtlich. Empathie, Herzlichkeit, Zuwendung, selbstvergessenes Dasein für andere: All diese für die Seelsorge unverzichtbaren Fähigkeiten müssen Frauen häufig nicht erst lernen. Oft besitzen sie – um auf das Beispiel zu Beginn dieses Beitrags zurückzukommen – eine besondere Begabung, mit menschlichem Leid, mit Trauer, mit seelischen Erschütterungen umzugehen. Frauen haben keine Angst vor Tränen. Sie halten souverän dem Leid eines anderen Menschen stand, harren auch dort noch aus, wo Männer fast instinktiv Fluchtimpulse entwickeln.[4]

Aber diese Haltung birgt auch *Gefahren* in sich. Mangelnde Distanz in der Seelsorge kann leicht dazu führen, dass das seelsorgliche Verhältnis sich irgendwann in Freundschaft auflöst. Die Kunst der guten Seelsorge besteht jedoch genau darin, Nähe anzubieten und dennoch die Grenzen dieser ganz besonderen Beziehung zu wahren. Wenn die individuelle Seelsorge auch grundsätzlich eine Beziehung zwischen Gleichen ist, die wiederum gnadenhaft getragen und umfangen ist von der Gegenwart Christi, so muss die Seelsorgerin doch ihre besondere Autorität schützen, um ihr Gegenüber »führen« und unterstützen zu können.[5] Sie muss – auch innerlich – die Rolle derjenigen akzeptieren, die »einige Schritte« voraus ist, die ein »Mehr« an spiritueller Übung, Erfahrung und Kompetenz besitzt. Das aber fällt vielen Seelsorgerinnen schwer, und zwar ungeachtet dessen, dass sie häufig für ihren besonderen Dienst weitaus besser ausgebildet und qualifiziert sind als viele Priester.

Zu den Gefahren einer solchen Haltung gehört selbstverständlich auch der Aspekt einer *persönlichen Überforderung*, der sich eine Seelsorgerin durch ein Zuviel an Nähe aussetzt. So lernte ich vor einigen Jahren bei einem Rechercheinterview eine geistliche Begleiterin und Exerzitienleiterin kennen, die – neben ihrer normalen Arbeitszeit – Tag für Tag am späten Abend eine Telefonstunde für all die Menschen anbietet, die jemals bei ihr an Exerzitien teilgenommen haben. Auf Wunsch können ihre Exerzitanden täglich ein zweites Begleitgespräch anfordern – das natürlich aus Zeitgründen nur am Abend stattfinden kann. Außerdem steht sie mit den meisten ehemaligen Exerzitand/inn/en in regelmäßiger Korrespondenz. Bei allem Respekt vor einer solchen Haltung: Ich kann mir keinen männlichen Exerzitienbegleiter vorstellen, der eine solche Rundum-Verfügbarkeit, eine solche Selbstaufgabe, aus freien Stücken anbieten würde.

Die Frage, die jede Seelsorgerin nur für sich selbst beantworten kann, lautet wohl:

* Ist eine solche Selbstaufgabe wirklich Frucht einer tiefen Spiritualität?
* Oder: Wurzelt sie vielleicht in der typisch weiblichen Unfähigkeit, sich vor Überforderungen und wuchernden Ansprüche anderer Menschen zu schützen?
* Oder: Bricht sich hier vielleicht ein sehr weibliches Bedürfnis Bahn, ständig gebraucht zu werden und gleichsam unersetzbar zu sein?

Wie in vielen anderen Bereichen erweisen sich auch in der Seelsorge die besonderen Stärken der Frauen, besonders ihre hohe Beziehungskompetenz, zugleich als Schwächen. Und das umso mehr, als die Seelsorgerin – anders als der Priester – nicht durch eine klare amtliche Einbindung, durch Ordination und Priesterrolle, geschützt und getragen ist.

## Unausgesprochene, implizite Seelsorge durch Frauen

Bisher hat sich dieser Beitrag im Wesentlichen mit der professionellen Frauenseelsorge auseinander gesetzt. Ein weitaus größerer Bereich der Frauenseelsorge aber spielt sich, meiner Überzeugung nach, außerhalb dieses Rahmens ab. Damit meine ich einmal Frauenseelsorge als ehrenamtliches Engagement – mit oder ohne entsprechende Ausbildung –, das sich beispielsweise in den katholischen Frauenverbänden *(Katholische Frauengemeinschaft Deutschlands kfd und Katholischer Deutscher Frauenbund KDFB)* immer stärker etabliert.[6] Man denke aber auch an das stark weiblich geprägte ehrenamtliche Engagement von Frauen in der Telefonseelsorge, in der Krankenhausseelsorge und an die ehrenamtliche Sterbebegleitung in den Hospizen.

### Die im Verborgenen sieht man nicht

Neben dieser reflektierten, ausdrücklichen Form von Frauenseelsorge gibt es aber auch so etwas wie eine implizite, unausgesprochene Seelsorge von Frauen für Frauen, eine Seelsorge, die sich nicht im Licht der Öffentlichkeit abspielt, sondern im Verborgenen wirkt und von den Seelsorge-Leistenden häufig gar nicht als Seelsorge wahrgenommen wird. Das mag daran liegen, dass die meisten Menschen Seelsorge eng verknüpfen mit dem priesterlichen Dienst oder mit einer theologischen Ausbildung. Erschwerend kommt hinzu, dass sich die unausgesprochene Seelsorge zumeist in einem komplizierten, vielfältigen Beziehungsgeflecht bewegt, in der Freundschaft und Seelsorge oder beispielsweise auch berufliche Beziehungen und Seelsorge eine enge Allianz miteinander eingehen.

Bei Männerfreundschaften und kollegialen Beziehungen zwischen Männern spielt dieser Aspekt des persönlichen Beistands dagegen eine eher untergeordnete Rolle. In der Welt der Männer und Macher sind Beziehungen im Allgemeinen klar begrenzt und umrissen, eindeutig definiert und damit weniger offen für eine tiefere personale und spirituelle Dimension.[7] Wenn ein Mann sich überhaupt dazu durchringt, seine Probleme oder seine persönliche Sinnsuche mit einem anderen Menschen zu teilen, dann ist »dieser andere« nicht selten eine Frau – und nicht der nette Kumpel von der Arbeit, nicht der gute Freund, mit dem er schon seit zehn Jahren Schach spielt und den er allenfalls um »handfeste« Hilfe angehen würde.

Frauenfreundschaften, Beziehungen zwischen Frauen überhaupt, sind demgegenüber viel durchlässiger. Sie besitzen viele Dimensionen, die – je nach Situation – urplötzlich aufbrechen können. Eine Frau, die eben noch Freundin, Kollegin oder Pultnachbarin im Orchester war, kann mir – mit viel Glück – im nächsten Augenblick zur Seelsorgerin werden – genauso wie ich ihr.

Ist dann aber nicht alles und jedes Seelsorge? Verschwimmt hier nicht ein Begriff bis zur Unkenntlichkeit und Beliebigkeit? Ich möchte hier zunächst eine eigene Erfahrung beschreiben, um mich dann dieser Frage zuzuwenden.

Zwischen Seelsorge und menschlicher Zuwendung:
Ein Abgrenzungsversuch

Im vergangenen Sommer wurde ich aus heiterem Himmel mit der Diagnose einer Krankheit und damit verbunden einer baldigen Operation konfrontiert. Vermutlich sei es nicht lebensbedrohlich, hieß es. Aber immerhin reagierte ich – mit Krankheit bislang unvertraut – einigermaßen erschrocken. Als erstes musste ich einer Autorin absagen, mit der ich am nächsten Tag die Karnevalsbeiträge für die Januarausgabe durchsprechen wollte. Ich schilderte ihr am Telefon kurz die Situation. Und obwohl wir uns nur ein einziges Mal persönlich gesehen hatten und ansonsten eine rein berufliche Beziehung – im Wesentlichen über Telefon und Schriftverkehr – pflegten, wurde sie mir von einem Augenblick zum nächsten mit der größten Selbstverständlichkeit zur Seelsorgerin. Von nun an telefonierte sie regelmäßig mit mir, holte Informationen bei befreundeten Ärzten ein, schickte mir Listen von Krankenhäusern und »Kapazitäten« zu – und war mit aufrichtigem Interesse gegenwärtig in meinem plötzlich gar nicht mehr wohlgeordneten Leben. Eine berufliche Beziehung hatte sich geöffnet auf eine neue Dimension hin. Ich erfuhr zu meinem eigenen Erstaunen, wie hilfreich es war, in dieser Situation einen Menschen im Hintergrund zu wissen, der gerade nicht zum engsten Familien- und Freundeskreis gehörte, sondern aus der Distanz heraus unbefangen und offen seine Hilfe anbieten konnte. Und, was vielleicht noch wichtiger war, seine Begleitung und Gegenwart[8].

Über Gott gesprochen haben wir eigentlich nicht, wohl aber über das Leben, über die Angst vor dem Ungewissen, über echte und vermeintliche Prioritäten und über den vermessenen Anspruch des Menschen, ständig und zu jeder Zeit über sein Leben verfügen zu können. War diese Begegnung wirklich schon Seelsorge oder war sie einfach »nur« menschlicher Beistand? Ganz sicher bin ich mir nicht. Eines aber ist klar: Es ist nicht die Rede von Gott oder Jesus Christus[9], die ein Gespräch – gleichsam automatisch – schon als Seelsorge qualifiziert, auch wenn bei einer längeren seelsorgerischen Begleitung irgendwann diese tiefste Dimension, dieser tiefste Grund unseres Lebens, auch explizit zur Sprache kommen sollte. Was aber ist dann dieses »Magis«, dieses »Mehr«, das Seelsorge von anderen Formen der Zuwendung unterscheidet?

Es ist ein »Mehr«, das nach außen hin nicht ohne weiteres sichtbar ist, sondern in der Grundhaltung verborgen liegt, aus der heraus Zuwendung geschieht. Grundhaltungen aber sind ihrem Wesen nach weder messbar noch beweisbar, so dass es im Einzelfall nicht leicht fällt, Seelsorge von anderen Formen der Zuwendung sicher zu unterscheiden. Dies ist wohl auch der Grund dafür, warum unausgesprochene, implizite Seelsorge häufig nicht wahr- und ernst genommen wird, sondern nur professionelle Seelsorge den Nimbus »echter« Seelsorge besitzt.

Trotz dieser Schwierigkeiten gibt es mehrere Aspekte, die das Wesen von Seelsorge eindeutig definieren können:

* Persönliche Begleitung (oder auch Begleitung von Gruppen) und Zuwendung auf dem individuellen Glaubens- und Lebensweg. Und zwar besonders auch in Krisen, Konflikten

und kritischen Übergängen. Das schließt nicht aus, dass zu dem Menschen, der Seelsorge anbietet, auch darüber hinaus noch eine andere Art von Beziehung existieren *kann*.

* Der Seelsorger/die Seelsorgerin wendet sich dem/der anderen *nicht oder jedenfalls nicht vorrangig* nach Gesichtspunkten der Sympathie zu – auch wenn eine persönliche Zuneigung vorhanden sein *kann* –, sondern fühlt sich im Engagement für den anderen letztlich getragen von und tief verbunden mit Jesus Christus, der die Kranken heilt, die Traurigen tröstet und den Besorgten und Bekümmerten Hoffnung schenkt durch die Botschaft des Evangeliums. Auch wenn das Wort Gott bei der Begegnung nicht notwendigerweise fällt, so muss die Seelsorgerin/der Seelsorger doch letztlich aus dem Bewusstsein heraus handeln, Jesus Christus in ihrer/seiner Zuwendung zum Nächsten nachzufolgen und ihm im Antlitz des anderen zu begegnen. Die gläubig-liebende Grundhaltung, aus der heraus die Zuwendung geschieht, ist also entscheidend.
* Die seelsorgliche Zuwendung besteht weniger in konkreter Hilfeleistung (wie sie etwa eine Krankenschwester oder Altenpflegerin anbietet), sondern vielmehr darin, das Leben eines Menschen als Ganzes wahrzunehmen – in seinen Nöten, Freuden, Ängsten, in seinem Getragensein durch Gott, in seiner Tiefendimension –, um dann mit dem Seelsorge suchenden Menschen darüber ins Gespräch zu kommen.
* Dabei rechnet der Seelsorger/die Seelsorgerin damit, »dass der Geist Gottes längst im Herzen des anderen am Werk ist« (Rolf Zerfaß). Er/sie möchte den anderen nicht dominieren oder manipulieren, sondern ihn wieder in Beziehung bringen mit dem tiefsten Grund seines Lebens: Jesus Christus. »Dadurch«, so Zerfaß, »kommt es innerhalb des seelsorgerischen Gesprächs häufig zu einem geheimnisvollen Rollentausch, d.h. zu der Erfahrung, dass beide geben und beide empfangen, d.h. wechselseitig einander trösten durch den Gott allen Trostes.«

Seelsorge – eine weibliche Naturbegabung?

Wenn es Frauen auch generell leichter fällt, sich anderen Menschen zuzuwenden, Nähe und Empathie anzubieten, so kann es doch keinen Zweifel daran geben, dass auch Frauen die Befähigung zur Seelsorge nicht einfach qua Geschlecht in den Schoß fällt. Seelsorge definiert sich nicht durch Mann- oder Frausein, aber auch nicht durch Amt, Ordination und Theologiestudium. Seelsorge definiert sich vielmehr durch ganz bestimmte spirituelle und persönliche Voraussetzungen (siehe oben), die durch Ausbildung diszipliniert und weiterentwickelt werden können, auch wenn es auf diesem Gebiet – gerade unter Frauen – ausgesprochene »Naturbegabungen« zu geben scheint. Und auch das Leben selbst kann Fähigkeiten reifen lassen: Beziehungskompetenz, Selbsttranszendenz, Erfahrungen mit Gott, die Fähigkeit zur Hingabe an Christus und den Nächsten.

Beim Leben in die Schule gehen: Was diesen Aspekt der seelsorgerischen Kompetenz angeht, haben Frauen den meisten Männern eine Menge voraus. Ob es die Einseitigkeit der durchschnittlichen Männerbiographie ist, die – keineswegs immer frei gewählte, sondern gesellschaftlich geforderte – Fixierung auf Beruf, Karriere, Leistung, Statusgewinn, die Männer so häufig immunisiert gegen das Leben selbst? Tatsache ist: Männer entwickeln weitaus bessere Schutzmechanismen gegenüber den Abgründen und Zumutungen des Lebens als Frauen.[10] Sie neigen dazu, Leid und Tränen, aber auch allzu viel Nähe und Vertrautheit zu fliehen – manchmal aus emotionaler Trägheit, manchmal aus Angst und Hilflosigkeit. Frauen, die immer noch die Hauptlast der Familien- und Beziehungsarbeit tragen, werden dagegen mit den kleinen und großen Katastrophen des Lebens viel unmittelbarer konfrontiert und entwickeln dadurch lebenspraktische Kompetenzen, aber auch Kompetenzen des Tröstens, Schützens und Aufrichtens, von denen Männer nur träumen können.[11] Kein Wunder also, dass unausgesprochene Seelsorge im Alltag eine Domäne der Frauen ist.

Ein kleines, aber typisches Beispiel: Nie werde ich vergessen, wie ich vor vielen Jahren im Krankenhaus am Bett eines sterbenden Menschen saß, als eine gute Bekannte, eine ältere Frau, den Raum betrat. Ich wusste, dass sie nicht Auto fährt, und deshalb fragte ich, wie sie denn in die außerhalb des Ortes liegende Klinik gekommen sei. »Mein Mann hat mich gebracht«, sagte sie unumwunden, und fügte mit entwaffnender Offenheit hinzu: »Er sitzt unten im Foyer und möchte nicht heraufkommen.« Der Ehemann war dem sterbenden Menschen genauso verbunden wie seine Frau. Aber er weigerte sich, dem Tod und dem Leid ins Angesicht zu sehen – gerade so, als könne er sie durch seine Ignoranz vertreiben.

## *Ausblick*

»Den Seelen helfen« – typisch weiblich?

In einer Publikation über Frauenseelsorge ist die Versuchung groß, dass man Frauen übermäßig idealisiert oder typisiert und dadurch unversehens geschlechtstypische Zuweisungen trifft, die alte Klischees von Frauen und Männern wieder aufleben lassen, anstatt sie zu überwinden. Dennoch gibt es zweifellos geschlechtsspezifische Tendenzen, die Seelsorge durch Frauen von der Seelsorge durch Männer unterscheidet. Wie sollte es auch anders sein? Das Geschlecht prägt einen Menschen so existenziell, dass nicht nur die Seelsorge, sondern auch der Zugang zum Leben, zur Welt, durch das Geschlecht entscheidend mit geprägt wird. Frauen haben eine andere Art zu lieben, eine andere Art, berufstätig zu sein und eine andere Art, Freundschaften zu pflegen und Konflikte zu bewältigen als Männer. Dennoch wäre es naiv zu glauben, dass verschiedene Stile der Seelsorge eindeutig und ausschließlich dem männlichen oder weiblichen Geschlecht zugeordnet werden können. Signifikante Unterschiede etablieren sich eben nicht nur zwischen den Geschlechtern, sondern auch zwischen Individuen.

Seelsorge ist kein Handwerk, das man erlernen kann wie ein neues Computersystem. Seelsorge – altmodisch ausgedrückt: der Versuch, den Seelen zu helfen – setzt voraus, dass ich zunächst einmal mit der Landschaft meiner eigenen Seele vertraut bin, dass ich mich in meiner Einzigartigkeit und Individualität als von Gott geliebt annehmen kann. Aus diesem Grunde ist

Seelsorge höchst individuell, tief geprägt durch die eigene Biographie – und zwar ungeachtet aller Richtlinien, was man warum als professionelle Seelsorge bezeichnen darf. Deshalb verfügen nicht nur Frauen und Männer, sondern jeder Seelsorger und jede Seelsorgerin über eine ganz eigene Weise, »den Seelen zu helfen«.

Entscheidend ist dabei vor allem eines: Die Seelsorgerin oder der Seelsorger sollte Erfahrungen mit sich selbst und mit Jesus Christus gemacht haben, sollte über eine reflektierte und selbstverständliche spirituelle Praxis verfügen. Dass gerade in den Pfarrgemeinden so wenig Seelsorge geschieht, die Beichtstühle und Sprechzimmer veröden, immer mehr Menschen ihre Seelsorger/innen außerhalb der Gemeinde suchen, wurzelt nicht zuletzt darin, dass Aktivismus und Machbarkeitsdenken, aber auch schlichte Überlastung und Überforderung keine tiefere spirituelle Verwurzelung der Verantwortlichen mehr zulassen. Die Konsequenz: Gute Seelsorge wandert aus in Klöster, Bildungshäuser, bestimmte spirituell geprägte Gruppen und Gemeinschaften, in denen der vertraute Umgang mit Christus die seelsorgliche Praxis trägt und lebendig hält.

An dieser Stelle wandelt sich die Problematik der weiblichen Seelsorge in eine Chance: Da Frauen als Seelsorgerinnen häufig institutionell nur locker oder gar nicht verankert sind, befreit sie das von dem Zwang, eine funktionale, flächendeckende Seelsorge leisten zu müssen. Anders ausgedrückt: Frauen dürfen und müssen in Freiheit ihren Weg der Seelsorge suchen, freilich mit dem »Makel« belastet, nicht Mann und Priester zu sein. Diese ambivalente Situation zu bestehen, ohne dabei innerlich zu zerbrechen und an der eigenen Berufung zu zweifeln, verlangt Phantasie, Kreativität, Mut, Humor und einen gesunden Selbststand, der sich nicht an kirchlichen Strukturen, sondern an Gott selbst festmacht. Zu dieser Bewältigung gehört auch der Versuch vieler Seelsorgerinnen, den »Makel« ihres Frauseins durch eine hervorragende, umfassende Ausbildung wettzumachen. Der überhebliche Irrtum, bereits die Priesterweihe qualifiziere zur Seelsorge, kann bei Frauen naturgemäß nicht aufkommen.

*Resümee*

Auf den Punkt gebracht bedeutet dies: Frauen sind nicht selten die besseren Seelsorger, weil sie die steinigere Biographie haben, mit mehr Schwierigkeiten kämpfen müssen, ihre Berufung als Seelsorgerin den Realitäten der Amtskirche immer wieder abtrotzen müssen. Wer dies dauerhaft bewältigt, ohne an der Kirche und ihrer Sendung irre zu werden, muss seine Stärke aus der liebenden Beziehung zu Christus schöpfen und aus tiefer Leidenschaft für den Menschen, der in gebrochener Weise Christus repräsentiert. Und so wandelt sich am Ende dieses Beitrags die Problematik weiblicher Seelsorge in eine Stärke, auf die die Kirche im 21. Jahrhundert nicht wird verzichten können.

*Anmerkungen*

1   Das hat mit dem tatsächlichen Lebensalter übrigens gar nichts zu tun. Es gibt mehr als genug erwachsene und sogar alte Menschen, die spirituell kindlich und abhängig geblieben sind.
2   Bei Priestern geht der/die Gläubige meistens ganz unreflektiert davon aus, dass eine fachliche Kompetenz zur geistlichen Begleitung vorliegt – obwohl diese Einschätzung durchaus trügerisch sein kann.
3   Selbstverständlich gilt dies grundsätzlich auch für die priesterliche/männliche Seelsorge. Auch hier geht es im Tiefsten um ein Teilen von Glauben und Leben. Dennoch besteht bei der priesterlichen Seelsorge die Gefahr, dass diese Elemente zu wenig zum Tragen kommen, dass ein überhöhtes Priesterbild – auf beiden oder auch nur auf einer Seite – zu den beschriebenen Projektionen und Blockierungen führt.
4   Schon die Passionsgeschichte Jesu weist dieses geschlechtsspezifische Muster auf: Die hoch emotionale Salbung Jesu durch eine Frau – und das Murren der Männer über diese Verschwendung; das Ausharren der Frauen beim Kreuz – und die vorausgegangene Jüngerflucht; der Gang der Frauen zum Grab, während die männlichen Jünger – besonders Petrus – sich offenbar bereits nach Galiläa in Sicherheit gebracht hatten.
5   Nicht umsonst nannte man in der Vergangenheit Seelsorge auch »die Kunst der Seelenführung«.
6   Hier eröffnet sich übrigens auch ein interessantes Feld für die hauptamtliche, professionelle Frauenseelsorge. So gibt es in der Katholischen Frauengemeinschaft Deutschlands (kfd) in einigen Diözesen (z.B. in der Diözese Magdeburg) statt eines priesterlichen Frauenseelsorgers (Diözesanpräses) eine bischöflich beauftragte Frauenseelsorgerin, im Allgemeinen eine ausgebildete Theologin. Dieser Prozess begann in der kfd vor etwa zehn Jahren und hat sich mittlerweile auf immer mehr Diözesen ausgeweitet. – Im Katholischen Deutschen Frauenbund (KDFB) ist sogar die Position des

Geistlichen Beirats auf Bundesebene seit 1995 durch eine Frau besetzt: durch Sr. Dr. Benedikta Hintersberger.

7 Das hat auch unübersehbare Vorteile. Gerade die personale Durchlässigkeit von Frauenbeziehungen führt nicht selten dazu, dass zum Beispiel rein berufliche Konflikte und Meinungsverschiedenheiten häufig auf der personalen Ebene weitergeführt und ausgetragen werden – bis hin zu persönlichen Feindschaften. Die männlich dominierte, klar begrenzte Beziehungsstrategie bedeutet zwar weniger Nähe und Zuwendung, aber auch weniger Verletzungen und persönliche Kränkungen.

8 Dagegen ging die offizielle Krankenhausseelsorge mit ihren gut gemeinten Besuchen völlig an meiner Situation vorbei, erschöpfte sich in gebildeten Alltagsgesprächen und einem Gottesdienst, der an Trostlosigkeit nicht zu überbieten war. Wie viel Ignoranz und innere Distanz ist wohl nötig, um angesichts teilweise schwerkranker Menschen eine Predigt über alte Kriegszeiten zu halten und die augenfällige Situation von Krankheit und Leiden schlicht zu übersehen?

9 Bedauerlicherweise gibt es innerhalb der Kirche, innerhalb der Gemeinde, viele Worte über Gott und Jesus Christus, die meilenweit entfernt sind von Seelsorge; Worte, die den Menschen in seinem Innersten nicht erreichen; Worthülsen – gelernt, gelesen, aufgeschrieben –, die nie der persönlichen Erfahrung, nie dem Leben und seinen Zumutungen ausgesetzt wurden.
Daneben gibt es auch ein völlig legitimes Sprechen über Gott und Jesus Christus, das keine Seelsorge ist, sein will und sein kann, nämlich in der theologischen Wissenschaft.

10 Das ist auch der Grund, warum Männer dann, wenn eine Krise nicht länger verleugnet werden kann, weitaus tiefer fallen, eine bemerkenswerte Hilflosigkeit an den Tag legen. Studien belegen, dass Männer z.B. wesentlich schlechter mit dem Schicksal der Arbeitslosigkeit klarkommen als Frauen – ganz zu schweigen vom Thema »Männer und Krankheit«.

11 Möglicherweise ist die Frau durch ihre Fähigkeit zu Geburt und Mutterschaft auch von der Natur in diesem Bereich besser ausgestattet worden, besitzt eine natürliche Lebensnähe, die Männer oft vermissen lassen. Dennoch sollte man mit solchen biologischen Deutungsmustern zurückhaltend umgehen. Denn sie schlagen erfahrungsgemäß leicht in einen ideologischen Biologismus um, der Frauen zurück an den Herd schickt und Männer hinaus »ins feindliche Leben«.

## *Literatur*

Rotter, Margit/Schüle, Rita (Hrsg.), Trotz allem. Frauen sagen ja zur Kirche, Würzburg 1994.

Spendel, Stefanie, Weibliche Spiritualität im Christentum, Regensburg 1996.

Dirks, Marianne, Glauben Frauen anders? Erfahrungen, Freiburg 1983.

# Autorinnen

SILVIA BECKER, Dr. phil., geb. 1958, lebt in Düsseldorf. Studium der Philosophie und der katholischen Theologie. Von 1987–1991 Bildungsreferentin bei der Katholischen Frauengemeinschaft Deutschlands (kfd), seitdem freiberufliche Journalistin und verantwortliche Redakteurin der Zeitschrift »Die Mitarbeiterin«, Werkheft für Frauenbildung und Frauenseelsorge.

GERTRUD CASEL, Dipl. Psych., geboren 1954, lebt in Bonn. Studium der Psychologie und katholischen Theologie. Von 1989 bis 1997 Generalsekretärin der Katholischen Frauengemeinschaft Deutschlands (kfd), seitdem Referatsleiterin »Gesellschaftliche Teilhabe, freiwilliges Engagement, Ehrenamt« im Bundesministerium für Familie, Senioren, Frauen und Jugend, Bonn.

HILDEGARD KÖNIG, Dr. theol., geb. 1954, lebt in Chemnitz und Aachen. Studium der katholischen Theologie und Germanistik. Hochschuldozentin für Historische Theologie an der RWTH Aachen, Forschungsschwerpunkt: Patristik und Geschichte der frühen Kirche, arbeitet an einer Habilitation über den Seelsorgebegriff bei Clemens von Alexandrien.

GISELA MUSCHIOL, Dr. theol. habil., geb. 1959, lebt in Münster. Studium der katholischen Theologie, Geschichte und Volkskunde. Oberassistentin am Fachbereich Erziehungswissenschaften der Universität Hannover, Privatdozentin und Lehrstuhlvertreterin für Mittlere und Neuere Kirchengeschichte an der Universität Bonn. Dissertation, Habilitation und Forschungsschwerpunkt in den Bereichen »Frauen – Ordensgeschichte – Liturgie«.

SABINE PEMSEL-MAIER, Dr. theol., geb. 1962, lebt in Freiburg. Studium der katholischen Theologie, Philosophie, Germanistik und Pädagogik. Professorin für Dogmatik und Religionspädagogik an der Katholischen Fachhochschule Freiburg, Forschungsschwerpunkt: Ekklesiologie, theologische Frauenforschung.

VERONIKA PRÜLLER-JAGENTEUFEL, Dr. theol., geb. 1965, lebt in Wien. Studium der katholischen Theologie, Assistentin am Institut für Pastoraltheologie der Universität Wien, Dissertation zur Geschichte der Seelsorgehelferinnen in Österreich. Chefredakteurin der praktisch-theologischen Zeitschrift DIAKONIA.

ILONA RIEDEL-SPANGENBERGER, Dr. theol. habil., Dr. iur. can., geb. 1948, lebt in Mainz. Professorin am Lehrstuhl für Kirchenrecht, Kirchliche Rechtsgeschichte und Staatskirchenrecht an der Johannes-Gutenberg-Universität Mainz; Vorsitzende des Katholisch-Theologischen Fakultätentages. Im Rahmen der universitären Frauenförderung Projekt zu Fragen der Rekrutierung des weiblichen wissenschaftlichen Nachwuchses in Katholischer Theologie.

HANNELIESE STEICHELE, Dr. theol., geb. 1942, lebt in Mainz. Studium der katholischen Theologie und Latein. Professorin für Altes und Neues Testament an der Katholischen Fachhochschule Mainz, seit 1999 Vorsitzende des Katholischen Deutschen Frauenbundes (KDFB).